소재집

한국고전번역원 한국문집번역총서

소재집 5

蘇齋集

노수신 지음
盧守愼
임정기 옮김

일러두기

1. 이 책의 번역 대본은 한국고전번역원에서 간행한 한국문집총간 35집 소재《소재집(穌齋集)》으로 하였다. 번역 대본의 원문 텍스트와 원문 이미지는 한국고전종합DB(http://db.itkc.or.kr)에서 확인할 수 있다.
2. 역주는 내용이 간단하면 간주(間註)로, 길면 각주(脚註)로 처리하였다.
3. 한자는 필요한 경우 이해를 돕기 위하여 넣었으며, 운문(韻文)은 원문을 병기하였다.
4. 맞춤법과 띄어쓰기는 '한글 맞춤법'을 따르고, 한글 어휘는 '표준어 규정'을 따르는 것을 원칙으로 하였다.
5. 문장 부호는 '한글 맞춤법'에 규정된 용법을 따라서 사용했으며, 그 밖에 새로 만들거나 용법을 달리하여 사용한 부호는 다음과 같다.

《 》: 책명 및 각주의 전거(典據)를 나타낼 때 사용한다.

〈 〉: 편명, 작품명, 논문 제목을 나타낼 때 사용한다.

…… : 번역문에서 원문의 '云云'을 처리할 때, 각주에서 긴 인용문을 처리할 때, 각주 표제어가 네 어절 이상일 경우 생략되는 말을 처리할 때 사용한다.

차례

소재집 제5권

시 詩

소재집

제5권

詩시

16일 밤에 탄식하며 시를 짓다 을축년(1565, 명종20)[1] 8월이다.
十六夜感嘆成詩 乙丑八月

팔월이라 조수 소리는 하도 요란스럽고	八月潮聲大
삼경 밤에 달그림자는 맑고도 깨끗해라	三更桂影踈
깃든 곳 놀라 떠나 자는 도깨비는 없고	驚棲無定魍
나무를 잃고 달아나는 다람쥐도 있구려[2]	失木有犇鼯
세상만사는 추풍낙엽으로 돌려버리고	萬事秋風落
외로운 회포는 백발이나 빗을 뿐이로다	孤懷白髮梳
부모님을 바라봄은 부역을 나와서가 아니라	瞻望匪行役
나의 죽을 날이 머지않기 때문이리네	生死在須臾

1 을축년 : 이때 소재의 나이 51세였다.

2 깃든……있구려 : 도깨비가 깃든 자리를 놀라 떠나고, 다람쥐가 나무를 잃고 달아난 것은 모두 달빛이 워낙 밝아서 몸을 숨길 수 없기 때문이다.

20일 밤에 두 분을 받들어 생각하다

二十夜奉懷二公

일재(一齋)와 퇴계(退溪)이다.

두 아름다운 분[3]이 호남 영남에 각기 있는데	有美二人湖嶺邊
가을바람은 쌀쌀하고 찬 이슬은 줄줄 내리네	秋風颯颯露漣漣
묻노니 당신들은 무엇으로 몸을 보중하시는지	問君底事能相保
나의 마음을 몹시 스스로 졸이게 하는구려	令我中心苦自煎
한 시대에 함께 늙고 나면 또한 그만이거니와	共老一時亦已矣
백세를 함께 근심하는 것은 아득하기만 하여라	同憂百世空茫然
두 분을 만나지 못한 채 가을밤이 다해 가니	二人不見秋宵盡
바람 쌀쌀코 이슬 내린 밤 걸상만 걸려 있네[4]	風颯露漣寒榻懸

3 두 아름다운 분 : 전북 태인(泰仁)에 거주한 일재(一齋) 이항(李恒)과 경북 안동(安東)에 거주한 퇴계(退溪) 이황(李滉)을 지칭한다.

4 걸상만 걸려 있네 : 후한(後漢) 때의 고사(高士) 진번(陳蕃)이 예장 태수(豫章太守)가 되었을 때 본디 빈객을 전혀 접대하지 않았는데, 당대의 고사였던 서치(徐穉)가 찾아오면 특별히 한 걸상을 내려서 정중히 접대하고 그가 떠난 뒤에는 다시 걸상을 걸어 두곤 했던 데서 온 말이다. 《後漢書 陳蕃列傳》 여기서는 소재가 이항, 이황이 찾아오지 않으므로 접대할 일이 없어 걸상이 그대로 걸려 있다는 뜻이다.

조[5]가 곧 온다는 말을 듣다 9월이다.

聞趙且至 九月

가을 산길에 새벽달은 넘어가고	落月秋山路
맥동[6] 하늘에 가을바람 쌀쌀하겠네	高風麥洞天
금낭은 후세에 전할 것이거니와[7]	錦囊傳世後
제구는 묘소 가에 표해야 할 텐데[8]	虀臼表封邊
이런 일을 내가 할 수 있겠는가	此事今能否

5 조(趙) : 하서(河西) 김인후(金麟厚)의 문인이자 사위인 조희문(趙希文)을 가리키는 듯하다. 이때 조희문이 자신의 스승이자 장인인 김인후의 문집을 내는 일과 묘비문(墓碑文)을 받는 일로 소재를 찾아왔던 듯하다.

6 맥동(麥洞) : 전남 장성군(長城郡) 황룡면(黃龍面)에 소재한 마을로 김인후가 태어나서부터 작고할 때까지 거주하였다.

7 금낭(錦囊)은……것이거니와 : 당(唐)나라 때 시인 이하(李賀)가 매일 제공(諸公)과 함께 명승지를 놀러 다니면서 그때마다 해노(奚奴)에게 비단 주머니를 지고 따르게 하여 시를 얻는 족족 그 주머니에 담았던 데서 온 말이다. 《新唐書 文藝列傳 李賀》 여기서는 김인후의 저서가 장차 후세에 전해질 것이라는 뜻이다.

8 제구(虀臼)는……텐데 : 제구는 후한(後漢) 때 채옹(蔡邕)이 위(魏)나라 한단순(邯鄲淳)의 조아비문(曹娥碑文)을 보고 그 비석의 배면(背面)에 은어(隱語)로 '황견유부외손제구(黃絹幼婦外孫虀臼)' 여덟 글자를 새겨 놓았는데, 뒤에 양수(楊脩)가 이것을 해석하여 "황견은 색사(色絲)이니 글자로는 절(絶) 자이고, 유부는 소녀(少女)이니 글자로는 묘(妙) 자이며, 외손은 여자이니 글자로는 호(好) 자이고, 제구는 매운 맛을 받는 절구이니 글자로는 사(辭) 자이다. 이른바 '아주 절묘한 좋은 문장〔絶妙好辭〕'이라는 뜻이다."라고 하였다. 《世說新語 捷悟》 여기서는 훌륭한 문장으로 김인후의 묘표(墓表)를 새겨야 한다는 뜻이다.

내 인생은 이미 흐리멍텅해졌다네　吾生已惘然
죽지도 못하고 사물 변화 보노라니　未亡看物變
어느 곳에 배를 숨겨 둔단 말인가[9]　何處欲藏船

'차(此)'가 다른 본에는 '이(二)'로 되어 있고, '오생이(吾生已)'가 다른 본에는 '고회상(孤懷尙)'으로 되어 있다.

9 배를……말인가 : 《장자(莊子)》 〈대종사(大宗師)〉에 "배를 큰 구렁에 숨겨 두고, 산을 큰 늪에 숨겨 두고서 안전하다고 말하지만 한밤중에 힘센 자가 그 배와 산을 짊어지고 달아나 버리면 어리석은 자는 그것을 알지 못한다.〔夫藏舟於壑, 藏山於澤, 謂之固矣. 然而夜半有力者, 負之而走, 昧者不知也.〕"라고 하였으니, 사물의 끝없는 변화를 비유한다.

벽파진에서 두 사람[10]과 만나서 석교의 시를 기억하여 차운하다

波津會二人記次石橋韻

살펴보건대 자정(子靜)과 경인(景仁)이다.

장렬한 절조로 나그네 도왔고 壯節供羈旅
위험한 길에선 친구 의지 삼았었지[11] 危途仗友生
선주는 벽해와 단절되었고[12] 仙舟截碧海
필마는 용성에서 나갔었네[13] 匹馬出龍城
이틀 밤 외론 달을 구경하면서[14] 兩夜孤輪月

10 두 사람 : 《소재집》 권4 〈석교원에서 경인에게 주다〔石橋院贈景仁〕〉의 시제(詩題) 아래 자주(自註)에 의하면, 경인은 윤강원(尹剛元)이고, 자정(子靜)과 함께 석교원(石橋院)에 이르러 세 사람이 함께 놀다가 잤다는 말이 있다. 그렇다면 여기서 말한 두 사람 또한 윤강원과 자정이란 사람을 지칭한 것은 분명한데, 자정이 누구인지는 알 수가 없다.

11 장렬한……삼았었지 : 1555년(명종10) 을묘왜변(乙卯倭變) 피란 도중에 소재가 강진(康津) 석교원에서 윤강원과 자정의 도움을 받은 것을 말한다.

12 선주(仙舟)는 벽해와 단절되었고 : 선주는 본디 후한(後漢)의 고사(高士) 이응(李膺)과 곽태(郭太)가 함께 배를 타고 강을 건널 적에 사람들이 그 광경을 보고 신선같이 여겼다는 고사에서 온 말이다. 여기서는 상대방이 탄 배에 대한 미칭(美稱)으로 쓰였다. 《後漢書 郭太列傳》 벽해(碧海)는 진도(珍島)를 가리킨다. 벽해와 단절되었다는 것은 을묘왜변 당시에 윤강원과 자정이 배로 진도에 들어갈 수 없었음을 의미한다.

13 필마(匹馬)는 용성(龍城)에서 나갔었네 : 용성은 진도의 용장산성(龍藏山城)의 약칭이다. 을묘왜변 당시 소재가 필마를 타고 진도를 빠져나와 피란길에 올랐음을 의미한다.

우리 세 사람 똑같은 심정이었지　三人一概情
백발 나이로 지기와 이별하려니　白頭知已別
근심하는 내 자신이 가벼워 보였네　憂畏視吾輕

'위도(危途)'가 다른 본에는 '잔년(殘年)'으로 되어 있고, '선주(仙舟)'가 다른 본에는 '편방(扁方)'으로 되어 있다.

14 이틀……구경하면서 : 소재가 7월 12일, 13일 밤에 석교원에서 윤강원, 자정과 함께 달구경을 하였다는 뜻이다.

13일에 벽파정에 이르러 사람을 기다리다

十三日到碧亭待人

새벽 달 아래 그림자와 더불어 가노라니	曉月空將一影行
국화꽃 단풍잎이 은은한 감정을 보내오누나	黃花赤葉政含情
하늘 땅 아득하고 묻는 이 없는	雲沙目斷無人問
벽파진 누정 기둥에 두루 기대어 보네	倚遍津樓八九楹

지씨 노인의 귤정[15]에서 술 마시며 동네 서생 홍이원에게 보이다

池老橘亭飮示洞生洪理元

옥주에서 만난 이는 건천동 옛 친구요	沃州傾蓋乾川舊
망덕산에서 마시는 맛 낙선방 옛정일세[16]	望德銜杯樂善情
세상일이 하나라도 득 됨이 없을 수 없거니와	世事不能無一得
인생살이 어디선들 길이 영화로우랴	人生何處有長榮

옥주군(沃州郡)의 망덕산(望德山)이고, 건천동(乾川洞)의 낙선방(樂善坊)이다.

15 지씨(池氏) 노인의 귤정(橘亭) : 지씨는 지진손(地進孫)으로, 그의 집에는 대사(臺榭)가 있고 유자나무도 세 그루가 있었다고 한다. 《소재집》 권3에 〈지씨의 임정 연회에서 읊다〔池氏林亭燕集〕〉라는 제목의 시가 있고, 또 그 뒤에 〈지진손이 유자를 보내왔다……〔池進孫送柚子……〕〉라는 제목의 시가 있다.

16 옥주(沃州)에서……옛정일세 : 소재가 홍이원(洪理元)과 진도(珍島) 망덕산 아래에서 술 마시면서 홍이원에게 보여 준 시이다. 건천동 낙선방은 소재가 태어나고 자란 경제(京第)가 있는 곳인데, 여기서 홍이원을 건천동의 옛 친구라고 말한 이유는 자세하지 않다. 다만 《소재집》 권4 〈홍치문에게 주다〔贈洪致文〕〉에서 "월출산 가에서 만난 사람은, 건천동에서 알았던 사람일세.〔月出山邊遇, 乾川洞裏知.〕"라고 한 것을 보면, 아마도 홍치문과 홍이원은 서로 일가이거나 한 가족으로서 예전에 서울 건천동에서 살았던 적이 있지 않을까 추측할 뿐이다.

준마를 꿈꾸다 20운

夢驥 二十韻

용도 아닌 범도 아닌 이 어떤 상서인고	非龍非虎是何祥
꿈속에서 광채 어린 한 필 말을 만났네	我夢相逢一匹光
자색 거울 튀어나온 듯 눈은 높이 달렸고	紫鏡凸縣高做眼
검은 활이 숙여 걸린 듯 눈자위 조그마한데	旅弓俯掛小安眶
얼굴은 박토[17] 같고 머리는 송골매 같고	面如剝兎頭如隼
뇌개골 둥그렇고 이마는 모가 졌네	腦自成圓顙自方
가을 대통 깎은 귀[18]로 질풍을 일으키니	緊削秋筒疾風起
금잔 같은 콧구멍엔 큰 주먹도 숨기겠네[19]	洞開金盞大拳藏
아랜 둥글고 위는 모난 건 입술 드리운 상이요[20]	下規上矩垂脣象

17 박토(剝兎) : '가죽 벗긴 토끼'라는 뜻으로, 말의 얼굴에 살집이 적은 것을 뜻한다. 백락(伯樂)의 《상마경(相馬經)》에 "머리 부분은 되도록 가죽 벗긴 토끼 머리처럼 살집이 적어야 한다.〔頭欲少肉如剝兎首.〕"라고 하였다.

18 가을……귀 : 두보(杜甫)의 〈이호현장인호마행(李鄠縣丈人胡馬行)〉에 "머리 위의 날카론 귀는 가을 대를 깎아 놓은 듯하고, 다리 아래 높은 굽은 맑은 옥을 깎아 놓은 듯하네.〔頭上銳耳批秋竹, 脚下高蹄削寒玉.〕"라고 하였다. 《杜少陵詩集 卷6》

19 금잔(金盞)……숨기겠네 : 금잔은 말의 큰 콧구멍을 비유한다. 《상마경》에 "말의 코는 금잔처럼 둥그렇되 크기가 주먹을 숨길 만하다.〔鼻如金盞可藏拳.〕"라고 하였다.

20 아랜……상이요 : 《제민요술(齊民要術)》 권6에 "말의 입술이 이를 덮지 못하면 먹는 것이 적다. 윗입술은 아래로 처진 것을 얻고자 하고 아랫입술은 늘어진 것을 얻고자 하며, 윗입술은 모난 것을 얻고자 하고 아랫입술은 두툼하면서 살결이 고운 것을 얻고자 한다.〔脣不覆齒, 少食. 上脣欲得急, 下脣欲得緩, 上脣欲得方, 下脣欲得厚而多理.〕"라고 하였다.

깊숙한 곳 붉은 불빛 입으로 뿜어낸 광채로다[21]　邃火幽□噴口章
조구 넓고 구차 깊고 이와 어금니 거리 멀고[22]　槽闊叉深牙遠齒
협골 둥글고 뺨 널찍하고 선모 상[23]에 닿았네　頰環顋豁旋臨箱
엷은 목 갈기 두툼한 상투에 높은 등 갈기 늘어졌고　薄鬃厚髻嵬鬐永
편편하고 널찍한 가슴 팽팽한 목 길기도 해라　夷臆寬胸彀頸長
성곽 주위는 밀선을 배열한 듯[24]　城郭周遭排密扇
봉만은 일제히 내리눌러 평량과 연접했는데[25]　峯巒齊壓接平梁
살은 안장 등자에 딱 붙어라 허리는 단촉하고　肉叢鞍鐙仍腰促
힘줄은 등심 어깨에 드러나라 골격 또한 강강하네　筋露脢肩更骨强
허구리는 작고 텅 비어 배 밑 역모[26] 이어졌고　膁小虛連肚毛逆

21 깊숙한……광채로다 : 《제민요술》 권6에 "말의 입속은 불빛처럼 붉고도 흰빛을 띤 것을 얻고자 한다. 이런 말이 좋은 자품으로 기운이 세고 좋으며 장수한다.〔口中色欲得紅白如火光, 爲善材多氣, 良且壽.〕"라고 하였다.

22 조구(槽口)……멀고 : 조구는 말의 뱃구레로, 전하여 식욕을 말한다. 구차(口叉)는 말의 입을 벌리고 닫는 아가리를 가리킨다. 《제민요술》에 "말의 어금니는 이와 한 치쯤 벌어진 것이 좋고, 어금니가 칼날처럼 예리하면 천 리를 간다.〔牙欲去齒一寸, 牙如劍鋒則千里.〕"라고 하였다.

23 상(箱) : 눈자위이다.

24 성곽(城郭)……듯 : 성곽은 말의 몸통을 비유한 것이고, 밀선(密扇)은 말의 몸통 양쪽에 마치 부챗살처럼 죽 벌여 있는 갈빗대를 말한다.

25 봉만(峯巒)은……연접했는데 : 봉만은 말의 등에도 마치 타봉(駝峰)과 같은 것이 있는 것을 가리키는데, 모양이 마치 안장과 같다 하여 육안(肉鞍)이라고도 한다. 평량(平梁)은 말의 판판한 척주(脊柱)를 가리킨다.

26 배 밑 역모(逆毛) : 역모는 거꾸로 말아 올라간 터럭인데, 《제민요술》에 "말의 배 밑 생식기 앞에 양쪽 가로 역모가 나서 배 띠 속으로 들어가는 놈이 천 리를 간다.〔腹下陰前, 兩邊生逆毛入腹帶者, 行千里.〕"라고 하였다.

꽁무니 처져서 선명한 한구[27]와 멀리 떨어졌네　尻頹廣隔汗溝彰
꼬리 밑동 뼈 바르고 짧고 긴 털 더부룩이 늘어지고　尾株端短脩茸髀
넓적다리는 비파 같고 넓은 어깨 높직하네　腿格琵琶愽膊亢
곡지[28]가 치우치게 움푹 파였나 의아했더니　始訝曲池偏陷凹
단국[29]이 너무 넓게 벌어진 것에 문득 놀랐네　便驚團麴太軒張
후각 후제 녹절 장골[30] 어찌 서로 같으랴만　脚蹄鹿掌寧同狀
경완의 아선 모양[31] 서로 다르지 않누나　脛腕鵝蟬不異相
쭈그린 개 우는 닭 앞뒤로 모양이 나타나고[32]　蹲狗鳴鷄見前後
살별[33]과 나는 안개 숙이고 쳐드는 데서 발산하네　流星飛霧散低昂

27 한구(汗溝) : 말의 앞 넓적다리와 복부가 연결된 곳의 움푹한 부위이다.

28 곡지(曲池) : 무릎 바깥쪽의 움푹한 곳에 있는 경혈(經穴)의 명칭이다. 《상마경》에, 말의 곡지는 깊을수록 좋다고 하였다.

29 단국(團麴) : 둥글게 뭉쳐진 누룩이라는 뜻이다. 말의 무릎이 둥근 누룩처럼 생기면 제일 잘 달린다고 한다. 《상마경》에 "무릎이 둥그런 누룩처럼 생긴 말은 삼군이 따라잡을 수 없어 출발하는 것만 알 뿐 멈추는 곳은 알 수 없다.〔膝如團麴, 三軍莫逐, 但知所發, 不知所宿.〕"라고 하였다.

30 후각(後脚)……장골(掌骨) : 《설부(說郛)》 권107 〈양마삼십이상도(良馬三十二相圖)〉에 "뒷다리는 되도록 오므려야 하고, 뒷발굽은 색이 선명해야 하고, 녹절은 가늘어야 하고, 발바닥 뼈는 섬세해야 한다.〔後脚欲縮, 後蹄欲然, 鹿節欲細, 掌骨欲細.〕"라고 하였다.

31 경완(脛腕)의 아선(鵝蟬) 모양 : 경은 정강이이고, 완은 다리오금이고, 아선은 거위 털처럼 하얀 깁〔鵝絹〕과 매미 날개처럼 얇은 비단〔蟬紗〕이다. 말의 정강이와 오금의 터럭이 모두 이처럼 희고 섬세하고 부드럽다는 뜻인 듯하다.

32 쭈그린……나타나고 : 쭈그린 개란 말의 앉은 모습이 쭈그려 앉은 개와 같고 우는 닭이란 말이 앉았을 때 머리를 쳐드는 모습이 닭이 머리를 쳐들고 우는 것과 같다는 뜻이다.

재능에다 힘 갖춰야 덕을 칭찬하는 건데[34] 器須有力方稱德
자질에 재능 없으면 어찌 양마라 부를쏘냐 資苟非才豈號良
시운이 태평하면 천구 안에 채워지련만[35] 運泰合充天廄裏
세상이 위태하면 화산 남쪽 가기 어려우리[36] 時危難去華山陽
천금 들여 마른 뼈를 사 올 길 없거니와[37] 千金無地收枯髑
석 달 만에 어떤 이가 누른 암말로 실패했던고[38] 三月何人失牝黃

33 살별 : 살별의 꼬리처럼 생긴 말의 꼬리를 말한다. 《비아(埤雅)》 권12에 "머리를 쳐들면 매와 같고, 꼬리를 드리우면 살별과 같다.〔擎頭如鷹, 垂尾如彗.〕"라고 하였다.

34 재능에다……건데 : 공자(孔子)가 이르기를 "준마는 그 힘을 칭찬하는 것이 아니라 그 덕을 칭찬하는 것이다.〔驥不稱其力, 稱其德也.〕"라고 하였다. 《論語 憲問》

35 시운(時運)이……채워지련만 : 천구(天廏)는 황실의 말을 기르는 곳이다. 즉 세상이 태평할 때는 천구 안에서 편안히 지낼 것이라는 뜻이다. 태평한 세상에는 훌륭한 인재가 반드시 등용되는 것을 비유한 말이기도 하다.

36 세상이……어려우리 : 《서경》 〈무성(武成)〉에 "사월 삼일에 왕이 상나라를 정벌하고 돌아와 풍도에 이르러서는 무력을 쉬고 문덕을 닦으시어 말을 화산의 남쪽에 돌려보내고 소를 도림의 들판에 풀어놓아 천하에 무력을 쓰지 않을 것을 보였다.〔厥四月哉生明, 王來自商, 至于豐, 乃偃武修文, 歸馬于華山之陽, 放牛于桃林之野, 示天下弗服.〕"라고 하였다. 말을 화산의 남쪽으로 돌려보낸 것은 전쟁을 끝내고 말을 쓰지 않으려는 의도이다. 화산의 남쪽으로 가기 어렵다고 한 것은 세상이 위태로우면 준마(駿馬)가 당연히 쓰이기 때문에 한 말이다.

37 천금(千金)……없거니와 : 마른 뼈란 죽은 말의 뼈이다. 전국 시대 연 소왕(燕昭王)이 현사(賢士)를 구하자 곽외(郭隗)가 소왕에게 옛날 어느 임금이 천리마를 구하려고 죽은 말의 뼈를 500금에 사 들여왔는데, 그 후로 1년도 채 안 가서 천리마 3필을 얻었다는 전설을 말해 주었다. 《戰國策 燕策1》 여기서는 훌륭한 인재를 알아줄 사람이 없다는 뜻이다.

38 석……실패했던고 : 춘추 시대 진 목공(秦穆公)이 말의 상(相)을 잘 보는 구방고(九方皐)에게 천리마를 구해 오게 했는데, 구방고가 누런 암말이 아닌 검은 수말을 구해 왔다. 목공이 그를 천거한 백락(伯樂)을 불러 책망하였다. 백락이 말하기를 "구방

운무 자욱한 때 안 기다리고 월정이 내려온지라[39] 不待晦冥精降陟
깨고 나선 눈물 흘리며 동쪽 방성[40] 쳐다보노라 覺來霑灑仰東房

고가 본 것은 천기입니다. 그 정한 것만 얻고 추한 것은 잊어버리며 내면의 것만 중시하고 외면의 것은 잊어버리며 보아야 할 것만 보고 보지 않아야 할 것은 보지 않으며 살필 것만 살피고 살피지 않아야 할 것은 살피지 않은 것입니다. 구방고가 말의 상을 보는 데는 말보다 더 귀중한 것이 있습니다.〔若皐之所觀, 天機也. 得其精而忘其麤, 在其內而忘其外, 見其所見, 不見其所不見, 視其所視, 而遺其所不視. 若皐之相馬, 乃有貴乎馬者也.〕"라고 하였다. 말을 데려와서 보니 과연 천하의 양마였다.《列子 說符》 여기서는 말의 상을 잘 보는 구방고처럼 진정한 인재를 알아보는 사람이 없다는 뜻이다.

39 운무……내려온지라 : 구름과 안개가 자욱하여 어두운 때에 달의 정기(精氣)가 내려와서 용마(龍馬)로 탄생한다고 한다. 두보(杜甫)의 〈총마행(驄馬行)〉에 "세상에서 갑자기 이런 말이 나올 수 있으랴, 운무 자욱하여 어두운 때에야 달의 정기가 내린다네.〔時俗造次那得致? 雲霧晦冥方降精.〕"라고 하였다.《杜少陵詩集 卷4》 소재가 꿈속에서 준마를 보았기에 한 말이다.

40 방성(房星) : 방은 이십팔수(二十八宿) 가운데 천마(天馬)를 상징하는 별이다.《晉書 天文志上》

극포수[41]에게 올리다. 지난번에 고아한 시를 나에게 주고 수답하기를 거듭 요구하므로 의리상 시를 잘못한다는 이유로 감히 사양할 수 없어 다시 한 편을 써서 회포를 다 토로하고 겸하여 홍, 한 두 군자에게 보이다 12월이다.

上極浦守往者蒙賜高韻重相責酬義不敢以拙辭復題一篇以究下懷兼示洪韓二君子 十二月

살펴보건대 진도(珍島) 유배 시절에 지은 시는 이 편까지이다.

늙은 말 길을 알아 갈는지[42] 불안한데	老馬危知道
낙락장송마다 모두 가을바람 만났네	喬松儘受秋
나그네 시름겨워 잠 못 이루고	客情長炯炯
세상일은 몹시 근심스럽기만 하여라	世事劇悠悠
어진 마을 중년 이후 상심이 되고[43]	仁里中年惡

41 극포수(極浦守) : 양녕대군(讓寧大君)의 증손으로, 관례에 따라 수직(守職)에 제수된 이희남(李希男)이다. 자는 효숙(孝叔)이다. 《五山集 卷5 極浦守墓誌銘》

42 늙은……갈는지 : 춘추 시대 제(齊)나라 관중(管仲)과 습붕(隰朋)이 환공(桓公)을 수행하여 고죽국(孤竹國)을 정벌하고 돌아오면서 길을 잃어버리고 헤매게 되자, 관중이 말하기를 "늙은 말의 지혜를 쓸 만하다.〔老馬之智可用也.〕" 하고, 늙은 말이 가는 대로 따라가다 옛길을 찾았다고 한다. 《韓非子 說林》

43 어진……되고 : 진(晉)나라 때 사안(謝安)이 왕희지(王羲之)에게 말하기를 "중년 이후로는 슬픔과 즐거움에 마음이 상하여 친구와 작별할 때마다 수일 동안 불쾌한 마음이 이어진다오.〔中年以來, 傷於哀樂, 與親友別, 輒作數日惡.〕"라고 한 데서 온 말이다. 《晉書 王羲之列傳》 여기서는 중년 이후에 와서 유배지의 정들었던 마을을 작별하고 떠나려 하니 몹시 상심하다는 뜻이다.

연세 높은 부모님 걱정된다오　　高堂暮日憂
장인뻘인 우리 왕손[44]은　　王孫丈人行
아낌없이 머무를 곳 빌려주었네　　不惜借淹留

죽어서 조문 온 장사의 여름이요[45]　　死吊長沙夏
살아서 초혼하던 송옥의 가을이네[46]　　生招宋玉秋
수주를 품 안에 숨겨 둔 지 오래이고[47]　　隨珠入懷久
두주[48]로 마음 푼 지 아득하여라　　杜酒遣心悠

44 장인뻘인 우리 왕손(王孫) : 장인뻘은 존장(尊丈)뻘인 노인을 가리키고, 왕손은 극포수이다.

45 죽어서……여름이요 : 상사(長沙)의 여름은 한 문제(漢文帝) 때 태중대부(太中大夫) 가의(賈誼)가 참소(讒訴)를 입어 장사왕 태부(長沙王太傅)로 좌천된 지 3년 만에 올빼미가 그의 집에 날아들었다. 가의는 장사 지방은 본래 지대가 낮고 습기가 많아서 스스로 오래 살지 못하리라 상심했던 데다 집에 올빼미까지 날아들자 올빼미는 상서롭지 못한 새라서 불길한 생각에 〈복조부(鵩鳥賦)〉를 지어 스스로 위로하였다.《史記 賈誼列傳》 죽어서 조문 왔다는 것은 소재가 유배지에 있는 동안 홍(洪), 한(韓) 두 사람이 계절마다 찾아 준 것을 고맙게 여겨 한 말인 듯하다.

46 살아서……가을이네 : 초혼(招魂)은 본디 사자(死者)의 넋을 부른다는 뜻인데 생자(生者)의 넋을 부르는 것을 말하기도 한다. 여기서는 후자를 가리킨다.《초사(楚辭)》〈초혼〉에 대한 왕일(王逸)의 제해(題解)에 "송옥은 스승 굴원이 충성을 바치다 버림받고 산택 사이에서 시름겹게 지내다가 생명이 끊어질까 염려하여 이 〈초혼〉을 지어 그의 정신을 회복시켜 수명을 늘리고자 했던 것이다."라고 하였다. 소재도 굴원과 같은 처지였는데 홍, 한 두 사람이 계절마다 찾아 주어 자신의 넋을 불러 준 것과 다름이 없었다는 뜻이다.

47 수주(隨珠)를……오래이고 : 수주는 옛날 수후(隨侯)가 상처 입은 뱀을 보고 약을 발라 주었더니 그 뱀이 강중(江中)의 명월주(明月珠)로 은혜에 보답했다는 고사에서 온 말이다. 여기서는 재능을 의미한다.

언의 집에 가는 것 무방하지만[49] 偃室趣何害
방공은 나갈 때마다 걱정이네[50] 龐公出每憂
형만[51]에 눈보라 몰아치는 이때 荊蠻正風雪
두 군자 머물러 줌 진중도 하여라 珍重二君留

48 두주(杜酒) : 두강(杜康)이라는 사람이 맨 처음 술을 만들었다고 하여 술의 별칭으로 쓰인다.

49 언(偃)의……무방하지만 : 언은 공자(孔子)의 제자 자유(子游)의 이름이다. 자유가 무성(武城)의 원이 되었을 때 공자가 인재를 얻었냐고 물었는데, 자유가 대답하기를 "담대멸명이라는 사람이 있는데, 길을 다닐 때는 지름길을 다니지 않고 공적인 일이 아니면 제집에 온 적이 없습니다."라고 하였다. 《論語 雍也》 여기서는 사적인 일이 없기 때문에 군(郡)의 관사(館舍)로 관리를 찾아가도 무방하다는 뜻이다.

50 방공(龐公)은……걱정이네 : 방공은 후한(後漢)의 은사(隱士) 방덕공(龐德公)을 가리킨다. 그는 일찍이 처자(妻子)를 거느리고 녹문산(鹿門山)에 들어가 약을 캐 먹고 살면서 다시 세상에 나가지 않았다. 《後漢書 逸民列傳 龐公》 소재가 자신을 방덕공에 빗대서 한 말이다.

51 형만(荊蠻) : 남초(南楚) 지방을 지칭하는데, 여기서는 남해(南海) 진도(珍島)를 가리킨다.

5월 3일 고을 사람이 시냇가에서 나를 맞아 위로해 주었다

병인년(1566, 명종21)[52] 5월이다.

五月三日邑人邀勞溪上 丙寅五月

살펴보건대 이때는 이미 괴산(槐山)으로 이배(移配)된 뒤였다.

예전엔 청금의 땅에서 지내다가[53] 伊昔靑衿地
이제는 백발의 남녘 촌부 되었는데 如今白首傖
슬퍼함과 기뻐함 위로의 예를 행하고 悲欣慰禮擧
이십칠종 반찬에 술병까지 올리었네[54] 二十七壺呈
눈앞에 가득한 시내와 산 고요하고 滿目溪山靜
이 한 몸은 성상 은혜 듬뿍 입었네 渾身雨露傾
실컷 취해 돌아감도 사양하지 않으리 不辭歸酩酊
채색옷에 어린애 장난은 할 줄 알거니[55] 解作綵衣嬰

52 병인년 : 이때 소재의 나이는 52세였다.

53 예전엔……지내다가 : 청금(靑衿)은 푸른 옷깃으로 옛날 학생들의 복장이다.《詩經 鄭風 靑靑子衿》일찍이 성균관에 있던 때를 회상하여 이른 말이다.

54 이십칠종(二十七種)……올리었네 : 남제(南齊) 때의 문신(文臣) 유고지(庾杲之)가 청빈하여 먹는 것이라고는 부추김치〔韭葅〕, 삶은 부추〔瀹韭〕, 생부추〔生韭〕 등 잡채(雜菜)뿐이었으므로, 임방(任昉)이 그를 희롱하기를 "누가 유랑을 가난하다 이르는고, 항상 27종의 규채를 먹는 걸.〔誰謂庾郎貧? 食鮭常有二十七種.〕"이라고 하였다. 27종이란 구(韭)의 음은 구(九)와 같으므로 세 종류의 부추 나물에 9를 곱한 것이다. 유고지는 실상 세 종류의 부추만을 먹었을 뿐이었는데 임방이 장난삼아 많은 종류의 규채(鮭菜)를 먹는다고 말했던 데서 온 말이다.《南史 庾杲之列傳》괴산 사람들이 형편에 따라 소박한 음식으로 자신을 맞아 대접했음을 의미한다.

조카의 연적에 대한 절구에 차운하다

次韻從子硯滴絶句

속 비우고 구멍 뚫어 한운[56] 저장했다가	虛中竅外貯寒雲
천지 만물 모든 문채 적시어 만들어 내네	潤作乾坤萬物文
종이와 붓 벼루와 먹 구사할 수 있으니	四友只堪驅使在
신령한 공력 끝내는 그대에게 돌아가리	神功畢竟也歸君

55 채색옷에……알거니 : 춘추 시대 초(楚)나라의 은사(隱士)인 노래자(老萊子)의 효성(孝誠)에서 연유한 말로, 부모에게 효도하는 것을 의미한다.《藝文類聚 卷20 人部4 孝》 소재가 괴산으로 이배(移配)된 뒤라 당시 상주(尙州)에 거주하는 부친을 가서 뵙고자 하여 이른 말이다.

56 한운(寒雲) : 차가운 구름으로, 연적에 담긴 물을 지칭하는 듯하다.

송면[57]에서

松面

필마 타고 송면 깊숙이 들어오니	匹馬深松面
발자취 위태로워라 돌머리 미끄럽네	危蹤滑石頭
바람은 화령현[58]에서 불어오고	風來化寧縣
구름은 시안주[59]에 어우러졌네	雲合始安州
조석정성은 형제가 다르지만[60]	定省晨昏異
근심 걱정은 오나가나 똑같다네	憂虞去住猶
어느 때나 우리 형제 채색옷 입고	幾時雙綵服
좋은 집서 나란히 축수 드릴꼬	齊壽一紅樓

57 송면(松面) : 충북 괴산군 청천면(青川面) 송면리(松面里)이다.

58 화령현(化寧縣) : 경북 상주(尙州)의 현명(縣名)으로, 소재의 고향이다.

59 시안주(始安州) : 소재가 이배(移配)된 충북 괴산의 옛 이름이다.

60 형제가 다르지만 : 아우만이 부모를 시봉할 수 있고 자신은 그럴 수가 없기 때문에 한 말이다.

아버지께서 차운하라고 명하셨으므로 지어 올리다

家君命次韻製上

화령현 지세는 동방에 으뜸이기에	化寧爲地冠吾東
궁벽한 고을에 순후한 고풍 있습니다	僻遠淳厖有古風
오늘은 부모님께 한 잔 축배 올리면서	今日高堂一杯酒
하늘에 정성이 통하길 기원합니다	共祈眉壽與天通

외삼촌의 시에 차운하다

次舅氏韻

여기저기 그늘져 갠 날임에도 흐리더니	陰駁晴猶澁
석양에야 해가 구름 뚫고 나오려 하네	陽暉晩欲穿
시냇물이 한밤중에 불어났으니	溪流生半夜
금년 농사 풍년이 들겠구려	禾稼有今年
삼한의 나라에서 백발이 다 되도록	白髮三韓國
한 치 충심은 하늘만을 우러렀네	丹心一寸天
부모님은 부쩍부쩍 늙어 가는데	高堂夕照急
변변한 봉양 못해 부끄럽구려	料理愧索然

오미자와 석청을 부쳐 준 제천 군수에게 사례하다

謝堤川宰寄五味子石淸

군수는 김적원(金積源)이다. ○이때 어머니께서 소갈증을 앓았다.

약초로서 사람에게 유익한 오미자는 草有益於人
산함감고신 오미를 다 갖추었는데[61] 酸鹹甘苦辛
누가 이런 좋은 약재를 마흔 홉이나 誰將四十合
이 외론 신하에게 보내 준단 말인가 相濟獨孤臣
맛 좋은 석청엔 향과 빛깔 더했고 崖蜜添香色
산 샘물은 절로 청결하고 신선하여라[62] 山泉自潔新
반악의 수레에 기쁜 일 자주 보내오니[63] 潘輿頻送喜
쌀 지고 가난 걱정 없는 자로가 되었네[64] 由負不傷貧

61 산함감고신(酸鹹甘苦辛)……갖추었는데 : 《본초강목(本草綱目)》의 주(註)에 "오미자 껍질과 살은 달고 시고 씨의 속은 맵고 쓰고 전체에는 짠맛이 있음을 이른 것이니, 이것이 바로 다섯 가지 맛이 갖춰진 것이다.〔五味, 皮肉甘酸, 核中辛苦, 都有鹹味. 此則五味具也.〕"라고 하였다. 《本草綱目 草7 五味子》

62 산……신선하여라 : 두보(杜甫)의 〈가인(佳人)〉에 "산에 있으면 샘물이 맑았다가, 산을 나가면 샘물이 흐려진다네.〔在山泉水淸, 出山泉水濁.〕"라고 하였다. 《杜少陵詩集 卷7》

63 반악(潘岳)의……보내오니 : 진대(晉代)의 문장가 반악이 현달(顯達)하던 시절에 그의 모친에게도 영화(榮華)가 미쳤던 데서 온 말이다. 《文選註 卷16 閑居賦》《杜少陵詩集 卷21》 제천 군수(堤川郡守)에게 오미자와 석청을 선물로 받아 모친의 약으로 쓰게 된 것을 매우 영화롭게 생각하여 반악의 고사에 빗대어 한 말이다. 《杜少陵詩集 卷21》

궂은비를 읊어 외삼촌께 받들어 올리다
苦雨奉呈舅氏

외삼촌 여행길은 비에 막혔고　行李淹吾舅
이내 몸은 타관에서 늙어만 가누나　羈棲老此公
빗소리 멀리서 쏟아져 들어오자　雨聲才落遠
바람세 잇따라 동녘에서 몰려오네　風色又驅東
볏논에는 새 이삭 나온 것을 보겠고　禾畝看生角
나무 베던 산은 민둥산이 되었구려　樵丘覺已童
밤 깊도록 곤궁한 시름에 잠겼을 뿐　窮愁到昏黑
아침상에도 맛난 음식 못 해 드리네　甘旨闕晨供

64 쌀……되었네 : 쌀을 졌다는 것은 자로가 공자에게 “예전에 제가 두 어버이를 섬길 때에는 항상 명아주와 콩잎만 먹는 형편이었으므로 어버이를 위해 백 리 밖에서 쌀을 져다가 봉양하곤 하였습니다.〔昔者由也事二親之時, 常食藜藿之實, 爲親負米百里之外.〕”라고 한 데서 온 말이다.《孔子家語 致思》 가난 걱정 없다는 것은, 역시 자로가 “마음 아파라 가난이여, 어버이가 생존했을 때는 봉양할 것이 없었고 돌아가셔서는 예를 행할 수가 없도다.〔傷哉貧也! 生無以爲養也, 死無以爲禮也.〕”라고 한 데서 온 말이다.《禮記 檀弓下》 자신은 도와주는 이들이 있어 가난을 걱정하지 않게 되었다는 뜻이다.

조카 지의 시에 차운하여 주다 7월이다.

次姪沚韻贈 七月

살펴보건대 이지(李沚)는 선생의 생질이다.

반드시 낮은 데서 쉬운 것부터 먼저 알고	必自卑先易
다시 유추하여 그 나머지를 다해야 한다	還推類盡餘
한 가지 경전을 깊이 연구하고	沈潛一經傳
산만한 시서는 읊기만 해야 한다	諷詠散詩書
공경에 머물면 마음 항상 곧게 되고	在敬常心直
자기를 안 속이면 맘이 절로 허령해지리	毋欺自內虛
사랑스러워라 너의 긴요함을 얻은 말이	憐渠得緊語
이치를 궁구하여 본성을 회복한다니	窮理復其初

용탄 선생[65]의 묘를 배알하다

謁龍灘先生墓

십구 년에 올 반년을 지나서야 배알하니[66]	昔十九年今半年
가을바람 아름드리나무[67]에 눈물이 갑절 흐르네	秋風拱木倍潸然
공서적은 지를 가지고 어디로 간단 말입니까[68]	公西抱志歸何處
그래도 새 비석이 옛 묘도에 누워 있구려	猶有新碑臥古阡

65 용탄(龍灘) 선생 : 소재의 장인이며 스승인 이연경(李延慶)으로, 본관은 광주(廣州), 자는 장길(長吉), 호는 탄수(灘叟)・용탄자(龍灘子)이다.

66 십구……배알하니 : 19년은 소재가 예전에 진도(珍島) 배소(配所)에서 지낸 기간이고, 올 반년은 소재가 괴산으로 이배(移配)된 시간이다.

67 아름드리나무 : 《춘추좌씨전(春秋左氏傳)》 희공(僖公) 32년에 "일찍 죽었더라면 그대의 묘 앞에 심은 나무가 하마 한 아름이나 되었을 것이다."라고 한 데서 온 말로, 사람이 죽어서 묘를 쓴 지 오래임을 의미한다.

68 공서적(公西赤)은……말입니까 : 공서적은 공자(孔子)의 제자인데, 《예기》 〈단궁 상(檀弓上)〉에 "공자의 상에 공서적이 하・은・주의 삼대의 제도에 따라 예를 갖추어 지를 하였다.〔孔子之喪, 公西赤爲志焉.〕"라고 하였다. 여기서 지(志)는 《예기》의 주소(註疏)에 의하면 "공자의 뜻을 현양한 것이다.〔章明志識.〕"라고 하였고, 또 다른 설(說)에 "지는 기록한다는 뜻으로, 그 예를 써서 기록한 것이다.〔志, 記也, 書其禮而記之也.〕"라고 하였다. 제자로서 스승의 초상(初喪) 때에 이런 일을 의당 했어야 하는데, 갇힌 몸이 되어 할 수 없었다는 뜻이다.

허 영천[69]에게 부쳐 주다

寄贈許永川

구차한 목숨 보전해 바다 속에 있다가　假息臨冥海
특별한 은혜로 고향 가까이 옮겨 왔네　殊恩近故都
삼천께선 우거처에서 모시길 허락하셨고[70]　三遷聽寓侍
독립께선 뜨락 지나는 자식을 보시었네[71]　獨立見過趨
자로는 천 리 밖에서 상심만 했을 뿐인데[72]　季路傷千里
증원은 양쪽의 봉양을 모두 힘써 왔지[73]　曾元飭兩廚
늙은 적각은 데려오기 어렵거니와[74]　難追老赤脚

69 허 영천(許永川) : 당시 영천 군수(永川郡守)였던 허시(許時, 1513~1566)를 가리킨다. 1566년 12월 영천 군수로 재직 중에 죽었다. 《陽川許氏世譜 卷1》

70 삼천(三遷)께선……허락하셨고 : 삼천은 맹모삼천지교(孟母三遷之教)에서 온 말로, 여기서는 어머니의 대칭(代稱)으로 쓴 말이다. 우거처에서 모시기를 허락했다는 것은 1565년 소재가 괴산으로 이배(移配)된 뒤에 바로 서울의 모친을 모시고 괴산으로 돌아와 시양(侍養)하게 되었던 일을 말한다.

71 독립(獨立)께선……보시었네 : 독립은 "공자(孔子)가 일찍이 홀로 서 계시는데 아들 리가 총총걸음으로 뜰 앞을 지나다.〔嘗獨立, 鯉趨而過庭.〕"라는 말에서 온 것으로, 아버지의 대칭으로 쓰였다. 뜨락 지나는 자식을 보았다는 것은 소재가 괴산으로 이배되어 가는 길에 바로 상주(尙州) 화령(化寧)으로 가서 부친을 뵈었던 일을 말한다.

72 자로(子路)는……뿐인데 : 자로는 공자의 제자로 효성이 뛰어났다. 자신을 자로에 빗대어, 진도(珍島)의 배소(配所)에 있는 동안 부모를 시양하지 못하고 상심만 했다는 뜻이다.

73 증원(曾元)은……왔지 : 증원은 증자(曾子)의 아들로 아버지를 잘 봉양한 효자이다. 아우를 증원에 빗대어, 상주의 부친과 서울의 모친을 힘써 봉양해 왔다는 뜻이다.

예전 단도는 영영 돌아가지 않으리니[75] 不返舊丹徒
맛 좋은 음식은 기름을 곁들여야 하거니와 甘旨須脂膏
흐리고 갬은 반드시 참고[76]에 기록해야지 陰晴必槧觚
마음은 형체가 없지만 항상 분란스럽고 心無卽膠膠
형적은 있는 것이라 도리어 얽매이누나 迹有却拘拘
영교 밖 현부의 나그네 되어[77] 嶺嶠懸符客
효성으로 봉양 못해 슬픈 회포 그지없네 悲懷服綵辜
그대 만났을 땐 밤비가 부슬부슬 오더니[78] 相逢夜雨細

74 늙은……어렵거니와 : 적각(赤脚)은 본디 여비(女婢)를 가리킨다. 한유(韓愈)의 〈기노동(寄盧仝)〉에 "하나뿐인 노복은 긴 수염에 머리도 싸매지 않았고, 하나뿐인 여종은 맨발에 늙어서 이도 다 빠졌네〔一奴長鬚不裹頭, 一婢赤脚老無齒.〕"라고 한 데서 온 말이다. 《韓昌黎集 卷5》 여기서는 소재가 진도를 떠나올 때 그곳에 남겨 둔 소실(小室)을 이렇게 지칭한 듯하다.

75 예전……않으리니 : 단도(丹徒)는 지명으로, 남조 송(南朝宋)의 재상 유목지(劉穆之)가 대대로 단도에서 살았다. 그가 소싯적에 집이 워낙 가난하여 늘 처형 집에 가서 걸식을 하곤 했으므로, 이백(李白)이 그를 '단도포의(丹徒布衣)'라 일컬었다. 《李太白集 卷8 玉眞公主別館苦雨贈衛尉張卿》 자신을 유목지에 빗대면서 다시는 부모의 곁을 떠나지 않으리라는 뜻으로 한 말인 듯하다.

76 참고(槧觚) : 옛날 종이 대신 사용했던 나뭇조각과 댓조각으로, 여기서는 종이를 가리킨다.

77 영교(嶺嶠)……되어 : 영교는 오령(五嶺) 밖의 지역으로, 소재의 유배지를 말한다. 현부(懸符)는 죄인을 체포 구금하라는 내용의 관청 문서이다. 현부의 나그네가 되었다고 한 것은 소재의 유배 생활을 의미한다.

78 그대……오더니 : 밤비는 당(唐)나라 시인 이상은(李商隱)의 〈야우기북(夜雨寄北)〉 시에 "그대에게 물으니 돌아올 기약은 없고, 파산의 밤비만 가을 못에 넘치는구나. 어찌하면 함께 서창의 촛불 똥을 자르면서, 파산의 밤비 속에 얘기를 나누어 볼꼬.〔君問歸期未有期, 巴山夜雨漲秋池. 何當共剪西窓燭, 却話巴山夜雨時?〕"라고 한 데서 온 말

이별하고 나니 저녁 구름만 외롭구려[79]	一別暮雲孤
사일은 다가와 돌아갈 제비 재촉하고[80]	逼社催歸鷰
숲에서는 반포하는 까막 소리 급하여라[81]	空林急反烏
형편 어려워 내 얼굴은 누렇거나 말거나	艱虞從頷顑
발섭하자니 병든 말과 마부가 안타깝네[82]	跋涉惜痡瘏
계칙은 어느 때나 내려올런고[83]	鸂鶒何時下

로, 정의(情誼)가 두터운 친구를 그리는 뜻으로 쓰인다.《李義山詩集註 卷1》 소재가 친구인 허시와 만났던 때를 상기하며 그리워한다는 뜻이다.

79 이별하고……외롭구려 : 저녁 구름은 두보(杜甫)의 〈춘일억이백(春日憶李白)〉에 "위수 북쪽엔 봄 하늘의 나무요, 강 동쪽엔 해 저문 구름이로다. 어느 때나 술 한 동이를 두고서, 우리 함께 글을 조용히 논해 볼꼬.〔渭北春天樹, 江東日暮雲. 何時一樽酒, 重與細論文?〕"라고 한 데서 온 말로, 멀리 떨어져 있는 친구를 그리워하는 뜻이다.《杜少陵詩集 卷1》

80 사일(社日)은……재촉하고 : 입춘 후 다섯 번째 무일(戊日)을 춘사일(春社日)이라 하고 입추 후 다섯째 무일을 추사일(秋社日)라 한다. 돌아갈 제비를 재촉한다는 것은 제비가 춘사일이 되면 남쪽 나라에서 우리나라로 오고 추사일이 되면 우리나라에서 다시 남쪽 나라로 간다는 전설에서 온 말이다.

81 숲에서는……급하여라 : 자식으로서 부모를 잘 봉양하고자 하나 봉양할 길이 없음을 한탄하는 뜻이다.

82 발섭(跋涉)하자니……안타깝네 : 발섭은 산을 넘고 물을 건너서 어버이를 찾아뵙는 것이다. 이렇게 하려 해도 마부와 말이 모두 병들어 실천하기가 어렵다는 뜻이다.

83 계칙(鸂鶒)은……내려올런고 : 계칙은 원앙류의 물새 이름이다.《극담록(劇談錄)》에 의하면, 하남부(河南府) 이궐현(伊闕縣) 앞에 큰 시내가 있는데, 요좌(僚佐) 중에 어사대(御史臺)의 임명을 받을 자가 있을 때마다 시내 가운데서 먼저 작은 여울이 생겨나 자갈과 금빛 모래가 맑게 비치어 사랑스러운 광경이 나타나곤 하였다. 당(唐)나라 우승유(牛僧儒)가 그 현위(縣尉)로 있을 적에 여울이 생겨나자, 읍재(邑宰)가 노숙(老宿)한 이를 불러 그 사실을 갖추 자문하였다. 그가 말하기를 "이는 반드시 동도(東都)의 분사어사(分司御史) 임명에 해당하는 조짐이요, 장안(長安)의 서대어사(西臺御

금계는 내가 부를 수 없고말고[84] 金鷄不可呼
남은 생에 거듭 즐겁게 만나만 준다면 殘生重良覿
미친한 나에게 넉넉히 위로가 되련만 猶足慰榛蕪

史)의 임명에 해당하는 조짐은 아니다. 만일 서대어사의 임명에 해당하는 조짐이라면 의당 여울 위에 계칙 한 쌍이 서 있어야 한다."라고 하였다. 우승유가 현료(縣僚) 중에는 자기보다 나은 자가 없다는 것을 알고는 "이미 여울이 생겨났는데, 어찌 한 쌍의 계칙을 아쉬워할 것이 있겠는가.〔旣能有灘, 何惜一雙鸂鶒?〕"라고 하였는데, 갑자기 계칙 한 쌍이 날아 내려왔다. 이로부터 10여 일 만에 우승유가 과연 서대어사로 임명을 받았다고 한다.《太平御覽 卷925》 소재가 허시를 위하여 그가 언제쯤이나 조정의 부름을 받게 될까 기대하는 뜻이다.

84 금계(金鷄)는……없고말고 : 옛날 조정에서 대사령(大赦令)을 내리려고 할 때 황금으로 머리를 장식한 금계를 장대 끝에 걸어 게시했던 데서 온 말이다. 자신은 감히 자청해서 사면령을 받을 수 없다는 뜻이다.

동쪽 언덕에 오르다

登東皐

귀양 온 늙은이 곧 죽을 터인데	謫老行將死
은혜로 이배되어 앉았으니 또 가을일세	恩移坐復秋
언덕 올라 길이 휘파람 부노라니	登皐一長嘯
시야에 가득한 건 고금의 시름이로다[85]	滿眼古今愁
첩첩 산봉우리 높고 낮게 서 있고	疊嶂高低立
두 시냇물은 한데 모여서 흐르누나	雙溪會合流
이리저리 배회하매 흥은 끝이 없는데	徘徊不盡興
햇볕은 들판 절반쯤 걷히었구나	半野日華收

삼 일 동안 동쪽 언덕 한 자리에 앉았노라니	三日東皐坐不遷
마음이 세속과 멀기에 땅 또한 외지구나[86]	也從心遠地還偏
주위의 오만 협곡 모령[87]을 향하여 가고	周遭萬峽歸茅嶺

85 언덕……시름이로다 : 주희(朱熹)의 〈구일봉배고주사군……(九日奉陪高州使君……)〉 시에 “오늘 높은 산에 올라와 보니, 천년 묵은 단풍 숲이 빽빽하여라.……강호를 눈 가는 데까지 둘러보노라니, 고금의 시름이 다하지 않는구려.〔此日登高處, 千年錦樹稠.……江湖空極目, 不盡古今愁.〕”라고 하였다. 《晦庵集 卷7》

86 마음이……외지구나 : 도잠(陶潛)의 〈음주(飮酒)〉 시에 “오두막은 사람 사는 곳에 지었건만, 거마의 시끄러운 소리 안 들려라. 그대에게 묻노니 어찌 그럴 수가 있느뇨? 마음이 세속과 멀기에 땅도 절로 외지다오.〔結廬在人境, 而無車馬喧. 問君何能爾? 心遠地自偏.〕”라고 하였다. 《陶淵明集 卷3》

씻어 내리는 뭇 시내들 달천[88]으로 모여드네	盪瀹群溪會獺川
객중의 신세 괴산에서 세월 지체하는데	客裏槐山淹日月
바라보이는 사곡[89]과는 바람 연기 통하누나	望中沙谷接風煙
어젯밤 분명히 고향 간 꿈 꾸었는데	分明昨夜廻鄕夢
부모님 앞에 내의 입으려[90] 서둘렀었지	催着萊衣二老前

87 모령(茅嶺) : 충북 괴산군 동쪽 20리쯤에 있는 모현(茅峴)을 가리킨다.

88 달천(獺川) : 충북 괴산군 괴산읍과 충주시(忠州市)를 관통하여 흐르는 하천이다.

89 사곡(沙谷) : 경북 상주(尙州) 화령현(化寧縣)의 지명으로, 소재의 선산(先山)이 있는 곳이다.

90 내의(萊衣) 입으려 : 내의는 춘추 시대 초(楚)나라의 은사(隱士)인 노래자(老萊子)가 효성이 뛰어나서 색동옷을 입고 부모 앞에서 장난하여 부모를 즐겁게 했던 데서 온 말이다. 내의를 입는다는 것은 부모에게 효도하는 것을 의미한다.

은명을 받고 이배되어 우거하면서 예전 일에 느꺼워 감회를 적어 여섯 수를 지어서 헌가 성주[91]의 안석 아래 받들어 올리고 화답하기를 요구하다

恩移寓居感舊書懷六首奉呈獻可城主几下乞和

삼십 년 전 만났던 나그네가	三十年前客
떠도는 백발 늙은이 되었네	浮遊一白頭
가을바람에 불탑은 외로이 서 있고	秋風立孤塔
석양 아래 높은 누각 우뚝하여라	殘日出高樓
마을은 새로 지은 집들이 많고	聚落多新搆
시내에는 예전 모래섬이 바뀌었네	溪流換故洲
훌륭한 인물들 다 흙이 되었는지라	菁華盡黃土
온 나라 가득 비탄을 금치 못하겠네	悲慨滿青丘

괴안국[92]에 병들어 누운 이후로	一病槐安國
고향 생각이 다시 만 가지로 번잡해져	鄉思更萬頭
길이 송옥의 물이나 굽어보고 있을 뿐[93]	長臨宋玉水

91 헌가 성주(獻可城主) : 당시 상주 목사(尙州牧使)인 임회(林薈, 1508~1573)로, 자는 헌가, 호는 죽곡(竹谷)이다. 소재와 1534년 성균시(成均試) 동년이기도 하다.

92 괴안국(槐安國) : 당(唐)나라 때 순우분(淳于棼)이란 사람이 술에 취해 홰나무 밑에 누워서 잠이 들었는데, 꿈에 대괴안국(大槐安國)이란 나라의 초빙을 받고 가서 남가군 태수(南柯郡太守)가 되어 부귀영화를 실컷 누리다가 깨었다고 한다. 《類說 卷28 南柯太守傳》 소재가 배소(配所)인 괴산을 괴안국에 빗댄 것이다.

중선의 누각[94]은 기대 있지 않는다오　不倚仲宣樓
구름은 자지령[95]에 가까이 떠 있고　雲近紫芝嶺
바람은 청초의 모래섬에 높이 부누나　風高靑草洲
고래 물결[96] 벗어난 건 참으로 알거니와　眞知脫鯨浪
끝내 바라는 건 여우의 언덕에 있다오[97]　終覬在狐丘

누워 생각하노라니 장녕의 수재[98]와　臥念長寧秀
성균관 유생 시절 이름을 나란히 했었네[99]　齊名上舍年

93 길이……뿐 : 송옥(宋玉)의 〈구변(九辯)〉에 "슬프다, 가을의 기운이여. 쓸쓸하여라, 초목은 낙엽이 져서 쇠하였도다. 처창하여라, 흡사 타향에 있는 듯하도다. 산에 올라 물을 굽어봄이여, 돌아가는 이를 보내도다.〔悲哉, 秋之爲氣也! 蕭瑟兮草木搖落而變衰. 憭慄兮若在遠行, 登山臨水兮送將歸.〕"라고 하였다. 《楚辭 卷6》 가을을 만나 송옥처럼 산에 올라 물을 굽어보고 있을 뿐이라는 뜻이다.

94 중선(仲宣)의 누각 : 중선은 삼국(三國) 시대 위(魏)나라 왕찬(王粲)의 자이다. 그가 동탁(董卓)의 난리를 피하여 형주(荊州)의 유표(劉表)에게 의지해 있을 때 강릉(江陵)의 성루(城樓)에 올라 고향을 생각하면서 진퇴 위구(進退危懼)의 심정을 서술하여 〈등루부(登樓賦)〉를 지었다. 《文選 卷11》

95 자지령(紫芝嶺) : 소재의 고향 상주의 고호가 상산(商山)이다. 옛날 네 노인, 즉 동원공(東園公), 기리계(綺里季), 하황공(夏黃公), 녹리선생(甪里先生)이 상산에 은거하여 자지를 캐 먹었던 고사에 빗대어 상주를 '자지령'이라 칭한 것이다.

96 고래 물결 : 큰 바다 물결로, 소재의 지난번 배소인 진도(珍島) 주위의 큰 바다를 가리킨다.

97 끝내……있다오 : 여우의 언덕은 여우가 죽을 때 제가 살던 언덕으로 머리를 향하고 죽는 데서 온 말이다. 《禮記 檀弓上》 고향을 차마 잊지 못하고 고향에 가서 살고 싶은 심정을 표현한 것이다.

98 장녕(長寧)의 수재(秀才) : 장녕은 장흥읍성(長興邑城)의 옛 이름인 장녕성(長寧城)을 말한 것으로, 여기서는 임회의 출신지가 장흥이었음을 의미한다.

어깨를 나란히 하다[100] 각기 흩어졌는데　隨肩各雲散
실패한 나는 유독 고전으로 화를 입었다오[101]　失脚獨膏煎
의리의 기백은 강천사에서 보았거니와[102]　義魄剛泉裏
다정한 서찰은 약수 가로 보내 주었네[103]　情緘弱水邊
사모하던 중 십이 년이 지났는지라　相思復一紀
해 저문 구름이요 봄 하늘 나무로다[104]　日暮與春天

99 성균관……했었네 : 소재가 임회와 성균관 생원, 진사시의 동년이었기 때문에 한 말이다.

100 어깨를 나란히 하다 : 《예기》 〈곡례 상(曲禮上)〉에 "나이가 자신보다 5년이 더 많은 사람과는 어깨를 나란히 하고 걷되 조금 뒤처져 따라가야 한다.〔五年以長則肩隨之.〕"라고 하였다. 임회의 나이가 소재보다 7년이 더 많았으므로 이렇게 말한 것이다.

101 실패한……입었다오 : 고전(膏煎)은 《장자》 〈인간세(人間世)〉에 "산의 나무는 유용하기 때문에 스스로 해를 당하고, 기름은 불이 붙기 때문에 스스로 저를 태운다.〔山木自寇也, 膏火自煎也.〕"라고 하였다. 자신은 부덕함 때문에 화를 입었다는 겸사이다.

102 의리의……보았거니와 : 소재가 을묘왜변(乙卯倭變)을 당하여 진도(珍島)를 떠나 피난길에 담양(潭陽)을 거쳐 순창에 이르렀을 때 당시 순창 군수(淳昌郡守) 임회(林薈)가 나와서 자신을 위로해 주고 주식(酒食)을 대접하였다. 이때 소재는 그의 주선으로 강천사(剛泉寺)로 들어가서 수일 동안 편안히 지낼 수가 있었다. 《소재집》 권4 〈순창군에 머무르다〔次淳昌郡〕〉의 자주(自註) 참조.

103 다정한……주었네 : 약수(弱水)는 본디 서해(西海) 가운데 위치한 선경(仙境)인 봉린주(鳳麟洲)를 둘러싸고 있다는 강(江) 이름인데, 여기서는 당시 소재의 배소였던 진도를 지칭한다. 이는 순창 군수 임회가 진도로 서신(書信)을 보내왔던 것을 의미한다.

104 해……나무로다 : 두보(杜甫)의 〈춘일억이백(春日憶李白)〉에 "위수 북쪽엔 봄 하늘의 나무요, 강 동쪽엔 해 저문 구름이로다. 어느 때나 한 동이 술을 두고서, 우리 함께 글을 조용히 논해 볼꼬.〔渭北春天樹, 江東日暮雲. 何時一樽酒, 重與細論文?〕"라고 한 데서 온 말로, 이는 서로 헤어져 있는 친구를 그리워하는 뜻이다. 《杜少陵詩集 卷1》

환옥 받고 이배된 게 선달이었는데[105] 環徙仍當臘
그대는 지방관 된 지 겨우 일 년 전이었네 符分只隔年
고향과는 겨우 백리로 가까워졌지만 地才百里縮
애간장은 날로 끝없이 타들어 간다오 腸日九廻煎
효도로 다스림은 근본을 바루는 일이거니와 孝理應端本
은혜를 넓히는 데는 겉치레로 하지 않았네 恩推不飾邊
평생에 친구의 깊은 정의를 논하자면 平生故人意
어찌 나에게 두 하늘만 될 뿐이겠는가[106] 豈直二吾天

젊은 나이에 학문을 절차탁마하고 早歲磋磨學
깊은 숲에서 호표의 문채 숨기었네[107] 深林虎豹章

105 환옥(環玉)……선달이었는데 : 《순자(荀子)》 〈대략(大略)〉에 "사람을 단절할 때는 결옥을 주고, 단절했던 사람을 돌아오게 할 때는 환옥을 준다.〔絶人以玦, 反絶以環.〕"라고 한 데서 온 말이다. 환옥은 고리 모양의 패옥(佩玉)인데 트인 곳이 없고, 결옥(玦玉)은 같은 패옥이지만 한쪽이 트였으므로, 옛날 죄인에게 환옥을 내리면 돌아오게 하는 뜻이고, 결옥을 내리면 영영 단절해 버리는 뜻이 있었다. 여기서 환옥을 받았다는 것은 소재가 1565년(명종20) 선달에 감형을 받아 절도(絶島)인 진도에서 괴산으로 이배(移配)된 것을 이른 말이다.

106 평생에……뿐이겠는가 : 두 하늘은, 후한(後漢) 순제(順帝) 때 소장(蘇章)이 기주 자사(冀州刺史)로 나갔을 적에 관할 지역을 순행(巡行)하다가 친구인 청하 태수에게 부정이 많다는 것을 알게 되었다. 이에 소장이 주효(酒肴)를 베풀어 달라고 청하여 함께 술을 마시면서 평소 다정했던 우의(友誼)를 말하니, 태수가 기뻐하여 말하기를 "남들은 모두 한 하늘만을 가졌지만, 나는 유독 두 하늘을 가졌다.〔人皆有一天, 我獨有二天.〕"라고 한 데서 온 말이다. 《後漢書 蘇章列傳》 여기서는 당시 상주 목사로 있던 친구 임회에게서 다소의 은혜를 입은 것을 매우 고맙게 여기는 뜻이다.

107 깊은……숨기었네 : 《열녀전(列女傳)》 권2 〈현명(賢明) 도답자처(陶答子妻)〉

재주는 팔두를 다 쓰기 어렵거니와[108]	才難八斗盡
시는 백 편의 많은 시를 신속히 지었지	詩捷百篇長
밀 칠한 나막신으론 가을 등산 즐겼고[109]	蠟屐登秋嶽
밤이면 서당에 앉아 거문고도 탔었네	彈琴坐夜堂
늙은 승려를 보내서 간절히 부탁하노니	殷懃囑老衲
해낭[110]을 몽땅 기울여 전해 보여 주구려	傳示倒奚囊

애통한 일들은 다 앞 시구에서 언급했고	悲切皆前句
정중한 은혜는 다시 말장에서 감사드리네	丁寧更末章
어찌 헤아렸으랴 관할 고을의 노인들이	何圖屬邑老
항상 목사의 깊은 은혜를 입고 계실 줄을[111]	常荷主恩長

에 "첩은 들으니, 남산에 검은 표범이 있는데 안개비가 내리는 이레 동안 먹이를 먹으러 나오지 않는 것은 무슨 까닭인고 하면 제 터럭을 윤택하게 하여 고운 문채를 이루고자 해서랍니다.〔妾聞南山有玄豹, 霧雨七日而不下食者, 何也? 欲以澤其毛而成文章也.〕" 라고 한 데서 온 말이다. 여기서는 상주 목사 임회가 일찍이 산중에서 은거하여 재능을 많이 쌓았다는 뜻이다.

108 재주는……어렵거니와 : 사영운(謝靈運)이 "천하의 재주가 모두 합해 한 섬인데, 조자건이 홀로 여덟 말을 차지했고, 내가 한 말을 얻었으며, 나머지 한 말을 가지고 온 천하가 나누어 쓰고 있다.〔天下才有一石, 曹子建獨占八斗, 我得一斗, 天下共分一斗.〕"라고 한 데서 온 말로 문장이 매우 풍부한 것을 '팔두지재(八斗之才)'라고 한다. 《說郛 卷12下 八斗之才》 여기서는 친구인 임회의 재주를 높이 평가하여 이른 말이다.

109 밀……즐겼고 : 남조 송의 문인으로 풍류가 뛰어났던 사영운이 특히 깊고 험준한 명산(名山)을 오르기 좋아하여 매양 밀 칠한 나막신을 신고 등산했던 데서 온 말이다. 《南史 謝靈運列傳》

110 해낭(奚囊) : 21쪽 주7 참조.

111 어찌……줄을 : 당시 상주 목사로 있던 임회가 상주의 속현(屬縣)인 화령현(化寧

이 감사한 마음 저승에 돌아가서라도　相謝歸冥府
외로운 정성으로 당 아래서 절을 올리리　孤誠拜下堂
공연히 채복을 끌도록 번거롭게 했으니[112]　空煩挐綵服
다시는 송곳 주머니를 어루만지지 않으리[113]　不復撫錐囊

縣)에 거주하는 소재의 부모를 여러 가지로 보살펴 드린 일에 대하여 몹시 감사하는 뜻이다.

112 공연히……했으니 : 채복(綵服)은 바로 효자인 노래자(老萊子)의 고사에서 온 것으로, 여기서는 소재가 괴산으로 이배되고 나서는 채복을 입고 고향인 상주 화령(化寧)으로 가 부모님을 뵙고자 하여 당시 상주 목사인 임회에게 허락해 주기를 요청하자, 상주 목사가 그 일을 허락하고 아울러 채복 입은 소재를 친히 데리고 화령에 가서 부모님을 함께 뵈었던 일을 두고 한 말인 듯하다.

113 다시는……않으리 : 송곳 주머니는, 모수자천(毛遂自薦) 고사를 이른다. 《史記 平原君列傳》 여기서는 자신이 스스로 나서서 상주 목사에게 부모님을 뵙는 일을 부탁하여 목사를 번거롭게 했다는 뜻에서 한 말이다.

오상인에게 주다. 상인이 스스로 마하연에 오래 머물렀다고 말하였다 8월이다.

贈悟上人上人自言久住摩訶衍 八月

금강산 마하연암에 올랐던 일 생각하니	憶上摩訶衍
그때가 지금 이십팔 년이 지났구려	于今廿八年
성긴 종소리는 만폭동 경계를 울려 대고	疎鍾萬瀑界
두 마리 학은 정양사 하늘을 날았었지[114]	雙鶴正陽天
늙은이의 낙은 새로운 꿈이 많은 거라	老樂饒新夢
조용히 읊으며 예전 시고를 펴 보던 중에	沈吟發舊編
우연히 한 승려를 만나고 보니	偶然逢衲客
바로 금강산 그곳에서 왔다고 말하누나	云自箇中還

114 금강산(金剛山)……날았었지 : 소재가 1539년(중종34) 25세 때 4월부터 6월까지 2개월 동안 금강산을 유람했는데, 그때 〈저물녘에 마하연암에 들어가다〔暮入摩訶衍〕〉라는 시를 지었다.

박의 운에 화답하여 이[115] 순인 에게 주다

和朴韻贈李 純仁

은혜로 고향에 이배되어 나그네살이 느꺼워라	恩移故國感羈遊
새로 안 이가 반갑게도 늙은이를 즐겁게 해 주네	青眼新知樂白頭
덧없는 인생이 끝내는 다 나그네일 뿐인데	到底浮生原是客
다시 귀뚜라미 가을에 함께 자도록 해 주었네	更教同枕候蟲秋

젊어서 명리를 좇다가 늙어서는 갈 곳 없어라	少馳名利老無歸
세상일은 천 뿌리요 만 가지처럼 복잡한데	世故千根更萬枝
적막한 가을 산의 구름 안개 자욱한 속에서	牢落秋岡雲霧裏
오늘 아침 그대 보내는 시를 한번 읊어 보노라	今朝一賦送君詩

115 이(李) : 이순인(李純仁, 1533~1592)으로, 본관은 전의(全義), 자는 백생(伯生), 호는 고담(孤潭)이다.

용탄 선생[116]의 운을 기억하여 화답해서 장극업에게 주다
記和龍灘先生韻贈張克業

태산이 무너지매 도는 상실되었고[117]	山頹道喪矣
나무는 늙었고 사람은 돌아가 버렸네[118]	木老人歸哉
석양 아래 슬픈 용탄은 목메어 울고	落景鳴哀瀨
추풍 속에 옛 탄금대는 우뚝 섰는데	秋風立古臺
오히려 이웃 사람처럼 방문만 할 뿐이요	猶從比隣訪
구원에 외쳐 불러 오시게는 하지 못한 채	不떠九原來
객의 눈물은 황간에게서 뚝뚝 떨어지고[119]	客淚墜黃幹

116 용탄(龍灘) 선생 : 43쪽 주65 참조.

117 태산(泰山)이……상실되었고 : 공자(孔子)가 어느 날 노래하기를 "태산이 무너지겠구나. 대들보가 쓰러지겠구나. 철인이 시들겠구나.〔泰山其頹乎! 梁木其壞乎! 哲人其萎乎!〕"라고 하였는데, 그로부터 병이 나서 7일 만에 작고했던 데서 온 말이다.《禮記 檀弓上》 태산이 무너졌다는 것은 선사(先師)의 죽음에 대한 비유로 쓴 말이다. 여기서는 소재의 스승인 이연경의 죽음을 지칭한다.

118 나무는……버렸네 : 소식(蘇軾)의 〈중은당시(中隱堂詩)〉는 본래 촉인(蜀人)이었던 왕씨(王氏)가 피난차 장안(長安)으로 이거하여 살면서 자기 원포(園圃)에 중은당을 짓고 살다가 죽은 뒤에 그의 손자의 부탁을 받고 지은 시인데, 그 시에 "원포는 황량해라 교목은 늙었고, 당은 남아 있지만 옛사람은 아니로다.〔園荒喬木老, 堂在昔人非.〕"라고 한 데서 온 말이다.《蘇東坡詩集 卷4》 여기서는 이연경이 생전에 거처하던 서당은 아직 남아 있지만 그는 이미 세상을 떠났다는 의미이다.

119 객(客)의……떨어지고 : 객은 소재를 지칭한다. 황간(黃幹)은 송대(宋代)의 유학자로, 주희의 사위이며 수제자이기도 하였다. 여기서는 이연경의 사위이자 제자인 자신을 황간에 빗대서 한 말로, 소재가 돌아간 스승을 위하여 눈물을 흘린다는 뜻이다.

나그네 회포는 노래자 같은 심정이 절박구려[120] 羈懷迫老萊

120 나그네……절박구려 : 소재가 당시 유배 중이라서 부모의 슬하에 곧장 달려갈 수가 없으므로, 마치 노래자(老萊子)처럼 부모 앞에서 장난하여 부모를 기쁘게 해 드리고 싶은 마음이 간절하다는 뜻이다.

철곡

鐵谷

들판은 공활하여 금탄은 널찍하고　野曠金灘闊
하늘은 나직하여 철곡은 그윽한데　天低鐵谷幽
봉우리마다 사람이 술통을 지고 다니니　峯峯人負榼
오늘이 바로 중추절이로구려　今日是中秋

김희[121]의 시에 차운하다
次韻金禧

듣건대 소재가 진도에서 나왔다 하니　有說穌齋出
사실인가 이것이 꿈이란 말인가　信乎是夢乎
사실이라면 천도를 기필할 만하거니와　若然天可必
다행한 것은 정도를 부지하게 됨이로세　所幸道幾扶
외론 섬에서 이십 년을 고통받았는데　孤島卄年苦
두 어버이께선 오늘 즐거우시겠구려　雙親此日娛
그 소식 듣고는 기뻐서 잠 못 이루고　聞來喜不寐
목 길게 빼고 오는 길목에서 기다리노라　延頸俟歸途

이상은 김희(金禧)의 시이다.

자네는 건강함이 진실로 이러한데　子健誠如此
나는 쇠하여 이젠 다 글렀나 보네　吾衰已矣乎
성명 통보받으니 옛정은 그대로였고　通名情自在
나와서 인사할 땐 손을 서로 붙들었네　出拜手相扶
지난 일 회상하면 참으로 꿈만 같은데　撫事眞成夢
슬픈 감정 거두고 애써 즐거워하노라　收悲强作娛

121 김희(金禧) : 《을사전문록(乙巳傳聞錄)》에 〈김희년전(金禧年傳)〉이 있는데, 소재가 김희년의 이름을 노출하지 않으려고 일부러 이렇게 쓴 게 아닌가 싶으나 자세하지 않다.

덧없는 인생 한나절 동안 상봉함도 浮生半日晤
곤경에 처한 나에겐 넉넉히 위로된다네 亦足慰窮途

앞 시내에서 고기를 잡다
漁于前溪

동자는 그물을 수리하여 끝냈고	童子修罾畢
늙은이는 돌을 모으기 시작했네	衰翁聚石初
잉어가 뛰어나옴은 기약할 수 없지만	無期躍龍鯉
신의가 돈어에도 미칠 수는 있으리라[122]	有信及豚魚
먼저 좋은 고기 골라 친정에 달려 보내고	走送先推雋
나머지는 굽고 지져 함께 배불리 먹었네	炰嘗共飫餘
누가 능히 어버이의 뜻을 봉양할꼬[123]	誰能養志者
나는 다시 고향에 돌아갈 단식을 하노라[124]	吾復歎歸歟

물고기 이름 중에 돈어(豚魚)라는 것이 있다.

122 신의(信義)가……있으리라 : 돈어(豚魚)는 본디 돼지와 물고기의 병칭이다. 《주역》 〈중부괘(中孚卦)〉의 단사(彖辭)에 "돼지와 물고기가 길함은 신의가 돼지와 물고기에 미친 것이다.〔豚魚吉, 信及豚魚也.〕"라고 한 데서 온 말이다. 신의가 돈어에 미친다는 것은, 성인(聖人)의 덕화가 매우 완둔하고 미천한 동물에까지 미침을 의미한다. 여기서는 부모의 봉양을 위하여 정성을 들이노라면 아무리 완둔한 미물인 물고기일지라도 그 정성에 의하여 잡힐 것이라는 뜻이다.

123 어버이의 뜻을 봉양할꼬 : 어버이의 뜻을 봉양한다는 것은, 증자(曾子)가 아버지 증석(曾晳)을 봉양할 때의 일과 증자의 아들 증원(曾元)이 증자를 봉양할 때의 일을 비교하면 효행은 비슷하지만 증자는 부모의 뜻을 봉양하였고〔養志〕, 증원은 부모의 몸만 봉양한 것이라는 데서 온 말이다. 《孟子 離婁上》 여기서는 어버이께 음식 봉양은 물론이고 어버이의 뜻을 반드시 잘 봉양해야 한다는 뜻에서 한 말이다.

124 나는……하노라 : 하루 빨리 고향에 가서 어버이를 직접 시봉하고 싶다는 뜻에서 한 말이다.

진사 김우갑[125]이 밤을 보내 주므로, 절구 한 수를 지어 사례하다 9월이다.

金進士友甲惠栗作一絶謝 九月

한가론 사람이 과실 맛보라고 밤송이를 까서	閑人嘗果栗皴開
내게 주먹보다 큰 밤을 삼백 개나 보내 주었네	贈我過拳三百來
묻은 불에 구워 날 기운을 없앰이 가장 좋으니	最得煨灰殺木氣
조석으로 다스운 술에 곁들여 올림이 적합하겠네	合供晨省進溫醅

125 김우갑(金友甲) : 1522~? 본관은 안동(安東), 자는 경초(敬初), 괴산에 거주하였다. 1555년(명종10) 진사(進士)가 되었다.

9일에 비가 오므로 태수[126]에게 두 수를 받들어 올리다

九日雨奉太守二首

은혜 입어 고향 가까이 이배된 지 일 년인데	一年恩徙近鄕閭
문옹이 촉군 태수로 부임한 때를 딱 만났네[127]	正屬文翁剖竹初
객례로는 자식의 거처 정해 줌을 외람히 받았고	客禮眞叨授子館
효도로 다스림은 모친까지 모시게 허락하였네	孝治兼許駐慈輿
노랗게 익은 옛 꿀엔 가을 산 버섯을 재우고	松花舊汁秋山菌
견사로 짠 그물은 병혈[128]의 고기 가둬 친다오	繭罟新沈丙穴魚
중유는 상심하지 않고 증원은 청할 수 있으니[129]	由也不傷元也請

126 태수(太守) : 당시 괴산 군수였던 윤 아무개를 가리킨다. 《괴산읍지》를 살펴보면 이때 괴산 군수는 윤지형(尹芝馨)으로 추정되나 자세하지 않다. 윤지형이 소재에게 모친을 괴산으로 모시도록 편의를 봐주는 등 여러모로 은혜를 베풀었다. 이다음에 나오는 윤 사군(尹使君), 윤 태수(尹太守), 윤 군수(尹郡守), 윤재(尹宰) 등도 동일인인 듯하다.

127 문옹(文翁)이……만났네 : 문옹은 젊어서부터 학문을 좋아하여 《춘추(春秋)》에 정통했고, 한 경제(漢景帝) 말기에 촉군 태수(蜀郡太守)가 되어서는 성도(成都)의 시중(市中)에 학관(學官)을 설치하여 군현의 자제들을 초치해서 제자로 삼아 교화를 크게 떨치었다. 무제(武帝) 때 천하의 군국(郡國)에 모두 학관을 세우게 된 것은 바로 문옹으로부터 시작된 것이라 한다. 《漢書 循吏傳 文翁》 여기서는 당시 괴산 군수의 문교를 한나라 문옹에 빗대서 한 말이다.

128 병혈(丙穴) : 아주 맛좋은 고기를 생산한다는 동혈(洞穴)의 이름이다.

129 중유(仲由)는……있으니 : 중유가 상심한 것에 대해서는 41쪽 주64 참조. 여기서 상심하지 않는다는 것은 이제 부모를 봉양할 것이 있게 되었다는 뜻이다. 증원(曾元)이 청한다는 것은 63쪽 주123 참조. 여기서 청한다는 것은 이제는 음식이 여유가 있어 부모님께 누구에게 주시겠느냐고 청할 수 있게 되었다는 뜻이다.

시 지어서 진실로 〈한거부〉나 잇고자 하노라[130] 作詩端欲續閑居

숲 가득 찬비는 멀리 기대에서 몰려오고[131] 滿林寒雨騎臺遙
셋집 들창은 언덕에 의지해 절로 높직한데 僦牖馮岡已自高
손자는 기쁜 얼굴로 안석과 자리를 봐 드리고 孫子惋愉供几席
처자식은 분주히 서둘러 술과 떡을 준비하네 妻兒奔走備醅糕
추풍 속에 국화주 잔으로 백수를 축복드리고 秋風菊盞期頤壽
석양 아래 내의 입고 취하여 호기도 부려 보네 落日萊衣潦倒豪
성상 은택과 친구 우정이 이렇게 해 주는데 聖澤交情有如此
장부가 무엇 하러 괴로이 〈이소〉를 읽겠는가[132] 丈夫何苦讀離騷

130 시(詩)……하노라 : 여기서는 괴산 군수가 소재의 모친과 자신에게 이런저런 은혜를 베풀어 준 것을 매우 영화롭게 생각하여 반악의 고사에 빗대서 한 말이다.

131 숲……몰려오고 : 기대(騎臺)는 희마대(戲馬臺)의 별칭이다. 희마대는 남조 송(南朝宋)의 무제(武帝) 유유(劉裕)가 연음(宴飮)하며 시를 지었던 대명(臺名)인데, 사첨(謝瞻)이 족제(族弟)인 사영운(謝靈運)과 함께 9월 9일 무제를 따라 이곳에 모여 연음하면서 각각 시를 지었던바, 당시 사첨과 사영운의 시가 모두 명시로 회자되었던 데서 온 말이다. 여기서는 이때가 9월 9일 중양절이었으므로, 이 고사를 인용한 것이다.

132 장부(丈夫)가……읽겠는가 : 진(晉)나라 왕공(王恭)이 "명사라는 것이 반드시 뛰어난 재주가 있어야만 되는 것은 아니다. 다만 항상 별일이 없어 술을 통쾌히 마시고 〈이소〉를 익히 읽기만 하면 명사라 칭할 수 있다."라고 한 데서 온 말이다. 《世說新語 任誕》 여기서는 굳이 명사가 되려고 〈이소〉를 읽을 필요가 없다는 뜻이다.

태수의 문축 가운데서 서, 윤 두 분의 시에 차운하다
守文軸中次徐尹兩公韻

갑자기 들으니 선객[133]이 산을 내려왔다는데	忽聞禪客下煙霞
정히 이 기신이 주가에 누워 있는 때로다[134]	正是覊臣臥主家
차가운 산 적적함 속에 바깥일은 전혀 없고	寂寂寒山無外事
황혼 나무숲에 다퉈 깃드는 까막만 볼 뿐이네	只看昏樹競棲鴉

133 선객(禪客) : 본디 불교 선종(禪宗)에서 설법하는 이와 문답하는 스님을 일컫는 말인데, 전하여 흔히 선승(禪僧)의 뜻으로 쓰인다.

134 정히……때로다 : 기신(覊臣)은 타국에 우거하는 신하란 뜻으로, 소재를 가리키고, 주가(主家)는 당시 소재가 우거하던 집을 말한다.

15일에 전적 정탁[135]이 나를 방문하고자 했는데, 때마침 창병을 앓고 있었으므로 시로써 사절하다
十五日鄭典籍琢欲相訪時屬病瘡詩以謝之

누워서 동가의 제일인을 생각했는데[136]	臥念東家表
잠시 북쪽에 이사 온 선비[137]를 찾겠다네	迂尋北徙儒
백우의 창문에서 손을 잡지는 않았지만[138]	縱無牛牖執
어찌 문 위에 오 자를 쓸 리야 있겠는가[139]	那有午門書

135 정탁(鄭琢) : 1526~1605. 본관은 청주(淸州), 자는 자정(子精), 호는 약포(藥圃)로, 이황(李滉)과 조식(曺植)의 문인이다.

136 누워서……생각했는데 : 동가(東家)는 공자(孔子)의 서쪽 이웃에서 공자의 학덕을 모르고 경멸하여 동가구(東家丘) 즉 동쪽 집에 사는 공구(孔丘)라고 칭했던 데서 온 말이다. 《孔子家語 本姓解》 여기서 동가의 제일인은 정현과 성이 같은 정탁을 정군, 즉 정현(鄭玄)에 빗대서 한 말이다.

137 북쪽에……선비 : 소재를 지칭한다.

138 백우(伯牛)의……않았지만 : 백우는 공자의 제자 염경(冉耕)의 자이다. 백우가 병을 앓자, 공자가 문병할 적에 남쪽 창문에서 그의 손을 잡고 이르기를 "이런 병에 걸릴 리가 없는데, 운명인가 보다. 이런 사람이 이런 병에 걸리다니, 이런 사람이 이런 병에 걸리다니.〔亡之, 命矣夫! 斯人也而有斯疾也! 斯人也而有斯疾也!〕"라고 한 데서 온 말이다. 《論語 雍也》 여기서는 자신을 방문하겠다는 정탁을 사절하는 터라 정탁이 직접 찾아와서 문병할 수 없었음을 의미한다.

139 어찌……있겠는가 : 이안의(李安義)가 부인(富人) 정생(鄭生)을 만나러 갔는데 출타하고 없다고 핑계를 대며 만나주지 않자 이안의가 그 집 문 위에다 오(午) 자를 크게 써 놓고 갔다. 이는 "소가 머리를 내놓지 못했다는 뜻이다.〔牛不出頭耳.〕"라고 했던 데서 온 말이다. 이는 정생이 집에 있으면서도 나오지 않기 때문에 우(牛) 자의 획이 위로 나가지 못했다는 뜻으로 오 자를 써서 풍자한 것이다. 《古今事文類聚 別集

황곡은 내일 아침에 높이 날 터인데[140] 黃鵠明朝擧
등잔 앞에 오늘 이 밤은 외롭기만 하네 靑燈此夜孤
자지령에는 봄바람이 불어올 텐데[141] 春風紫芝嶺
백운거[142]에는 해가 벌써 짧아졌네 短日白雲居

정탁의 외가 마을이 상주(尙州)에 있으므로, 또 봄에 방문할 것을 기약하였다.

卷27》 여기서는 손이 오기 전에 사절하는 터라 찾아온 손을 핑계 대고 안 맞은 것이 아니기 때문에 손이 문 위에 오 자를 쓸 리가 없다는 뜻이다.

140 황곡(黃鵠)은……터인데 : 황곡은 새 이름인데, 단번에 천 리를 날아간다고 하였다. 전하여 고재 현사(高才賢士)를 의미한다. 《商君書 畫策》 여기서는 정탁의 청운(靑雲)길을 높이 나는 황곡에 빗대서 한 말이다.

141 자지령(紫芝嶺)에는……텐데 : 자지령은 상주(尙州)의 별칭으로, 정탁이 봄에 상주를 방문하게 될 것을 두고 한 말이다.

142 백운거(白雲居) : 흰 구름이 거주하는 곳이란 뜻으로, 여기서는 소재의 어버이가 계신 곳을 뜻한다. 적인걸(狄仁傑)이 병주 법조참군(幷州法曹參軍)으로 나가 있을 적에 태항산(太行山)에 올라가 하양(河陽)을 돌아보다가 흰 구름이 외로이 나는 것을 보고 "우리 어버이 사시는 곳이 저 구름 밑에 있다.〔吾親所居, 在此雲下.〕"라고 말한 고사에서 온 말이다. 《舊唐書 狄仁傑列傳》

앓고 난 뒤에 다시 두 편을 짓다

病後復題二篇

천년을 사는 학은 한밤중에 울어 대고[143]	半夜千年鶴
원숭이는 아침에 셋 저녁에 넷이로다[144]	三朝四暮狙
어찌 알았으랴 여수 한수를 터 내린 듯	那知決汝漢
홀연 나쁜 종기가 터져 낫게 될 줄을[145]	忽見殄癰篨
새벽엔 지팡이 짚고 서서 밥상을 살펴보고	曉杖行監案
저녁엔 옷 입고 가서 발 둘 곳을 물어보네[146]	昏衣擬問疋
어머니 얼굴은 약을 쓰지 않아 기쁘시고[147]	慈顔喜勿藥

143 천년을……대고 : 《회남자(淮南子)》 〈설산훈(說山訓)〉에 "닭은 새벽이 된 것을 알아서 울고 학은 한밤중인 것을 알아서 울지만 모두 잡아먹힘을 면치 못한다.〔鷄知將旦, 鶴知夜半, 而不免於鼎俎.〕"라고 하였다. 여기서는 학이 먹이를 먹지 못해서 운다는 뜻으로, 자신의 굶주린 처지를 학에 빗대서 한 말이다.

144 원숭이는……넷이로다 : 조삼모사(朝三暮四) 고사에서 온 말인데, 전하여 흔히 눈앞에 당장 보이는 차이만을 알고 결과가 똑같음을 모르는 어리석은 행위를 의미한다. 《莊子 齊物論》 여기서는 원숭이처럼 어리석다는 겸사이다.

145 어찌……줄을 : 당시 시국을 바로잡는 어떤 계기가 온 것을 가리키는 듯하다.

146 새벽엔……물어보네 : 소재가 아침저녁으로 어버이를 시봉하는 일을 말한 것이다. 발 둘 곳을 물어본다는 것은, 《예기》 〈내칙(內則)〉에 "부모나 시부모가 막 누우려고 하시거든, 나이 많은 자는 돗자리를 받들어 들고 어느 쪽으로 발을 두실 것인가를 물어보아서 한다.〔將衽, 長者奉席請何趾.〕"라고 하였다.

147 어머니……기쁘시고 : 약을 쓰지 않아 기뻐한다는 것은, 병이 생길 일을 하지 않았는데 우연히 생긴 병은 약을 쓰지 않으면 병이 절로 낫게 된다는 뜻이다. 《周易 无妄卦 九五》

아내의 뜻은 머리를 빗지 말라 경계하네[148] 婦意戒毋梳

학이 우는 것은 먹이를 먹지 못해서이고, 원숭이가 성을 내는 것은 총명하지 못해서이다. '소(疋)'의 음은 '소(疏)'이다.

베개 밀치고 일어나 여종을 불러 拓枕興呼婢
등불 켜게 하고 앉아 글을 읽었네 張燈坐讀書
병은 생긴 지 열흘이 다 되어 나았고 身垂十日盡
일은 온 집안이 함께한 게 처음이로다 事與一家初
계절은 지났지만 국화는 따먹을 만하고 節去花堪摘
즐기자니 술 걸러 마시는 걸 깨닫겠네 懽來酒覺釃
가을날 어머님 전에 채의 입고 춤추고 秋堂振舞綵
갠 물가로 나귀 타고 나와 읊조리노라 晴渚策吟驢

148 아내의……경계하네 : 머리를 빗지 않는다는 것은, 《예기》〈곡례 상(曲禮上)〉에 "부모가 병이 있으시거든 갓을 쓴 사람은 머리를 빗지 않는다.〔父母有疾, 冠者不櫛.〕"라고 한 데서 온 말이다.

소오[149]에 대한 만사 두 수를 짓다

挽蘇澳二首

한번 보매 풍채와 골격은 준수했고	一見風骨秀
또한 충신한 사람임을 알 만하였네	亦知忠信人
나에게 혹 이문이 있지 않을까 하기에[150]	疑吾有異聞
그와 함께 인을 하려고 생각했었네[151]	欲與竝爲仁
염주의 밤에는 조용히 앉아 있었고[152]	靜坐炎洲夜
고향의 봄에는 뒤좇아 따라도 왔었지[153]	追尋故國春

149 소오(蘇澳) : 본관은 진주(晉州), 자는 정원(靜源)이다. 1579년 함경남도 병마절도사로 재직 중에 사사로운 원한으로 북도의 관노(官奴)를 죽였다는 죄목으로 의금부에 투옥되어 옥사(獄死)한 것으로 추측된다.

150 나에게……하기에 : 이문(異聞)은 특별한 가르침을 받은 것을 의미한다. 춘추시대 노(魯)나라 진항(陳亢)이 성인(聖人)의 아들은 혹 특별한 가르침을 받지 않았을까 하는 생각에서 공자(孔子)의 아들 리(鯉)에게 묻자, 리(鯉)가 아버지로부터 시(詩)와 예(禮)를 배워야 한다는 말씀을 듣고 그것을 배웠을 뿐이라고 대답한 데서 온 말이다. 《論語 季氏》 여기서는 소오가 소재를 특별한 가르침을 받은 사람이라고 생각했다는 뜻이다.

151 그와……생각했었네 : 증자(曾子)가 자장(子張)은 함께 인을 하기 어렵다고 했는데, 그가 외모에 너무 치중하고 내면이 부족했기 때문이었다. 《論語 子張》 여기서는 소오가 겸손한 인품이었으므로 그와 함께 인을 하려고 하였고 붕우끼리 서로 상대방의 선(善)을 취함으로써 각자 덕(德)이 날로 진취하는 것을 뜻한다.

152 염주(炎洲)의……있었고 : 염주는 남해(南海)의 더운 섬, 즉 진도(珍島)를 가리킨다. 이 구절은 소오가 일찍이 소재의 배소(配所)인 진도로 찾아가서 글을 배웠던 것을 이른 것이다.

산중 하늘엔 새벽도 더디 오는데 峽天未肯曙
슬픈 눈물이 가을 수건을 적시누나 危涕落秋巾

필마 타고 봄바람 속에 찾아왔는데 匹馬春風至
외로운 넋이 가을날에 세상을 떠났구나 孤魂秋日終
늙은이 나의 회포는 원래 자별했으니 老懷元自異
놀라고 비통함을 다시 누구와 함께할꼬 驚慟更誰同
《대학》은 책 속에 끼워 돌려보내졌고 大學還書裏
존형은 서신 속에 부음을 알려 왔네 尊兄赴簡中
북당의 저문 하늘에 서리가 날리어라[154] 飛霜北堂暮
한번 위하여 저 하늘에 물어보련다 一爲問蒼穹

153 고향의……왔었지 : 고향은, 소재의 이배지(移配地)인 괴산이 고향인 상주(尙州)의 속현(屬縣)이기 때문에 이곳을 고향이라 한 것이다. 뒤쫓아 따라왔다는 것은, 소재가 1566년(명종21) 봄에 괴산으로 이배되었는데, 이해 봄에 소오가 괴산에 찾아온 것을 말한다.

154 북당(北堂)의……날리어라 : 북당은 모친을 가리킨 말이다. 서리가 날린다는 것은, 《회남자(淮南子)》에 "추연(鄒衍)이 연 혜왕(燕惠王)에게 충성을 다하였으나 연 혜왕이 소인의 참언을 믿고 추연을 옥에 가두었다. 추연이 원통하여 하늘을 우러러 통곡하자, 한창 더운 여름날에 하늘이 그를 위하여 서리를 내렸다."라고 한 데서 온 말이다. 여기서는 나이 젊은 자식을 잃은 모친의 원통함이 하늘에 사무쳐 때아닌 서리가 내린다고 한 말이다.

김희[155]의 시에 차운하다

次韻金禧

하고많은 세상일이 전기에 근본했으려니와[156]	悠悠世事本前期
넓디넓은 성상 은혜로 내이[157]를 허락하시었네	蕩蕩皇恩許內移
고깃배에 장사 지냄 면했으니[158] 죽어도 한 없는데	免葬江魚死無恨
오솔길 국화까지 있으니 즐길 뿐 무얼 의심하랴[159]	猶存逕菊樂何疑
황왕제패 사업은 나 몰라라 포단에 앉아 늙었고[160]	皇王帝伯蒲團老

155 김희(金禧) : 61쪽 주121 참조.

156 전기(前期)에 근본했으려니와 : 전기는 전정(前定)과 같은 뜻으로, 모든 일들이 이미 정해진 숙명에 따라 진행되어 간다는 뜻이다.

157 내이(內移) : 남해(南海)의 절도(絶島)인 진도(珍島)에 유배되었던 자신을 내륙 지방인 괴산으로 이배(移配)해 준 것을 말한다.

158 고깃배에……면했으니 : 고깃배에 장사 지낸다는 것은 굴원(屈原)의 〈어부사(漁父辭)〉에 "차라리 상강에 빠져 죽어서 물고기 배 속에 장사를 지낼지언정 어찌 이 깨끗한 몸으로 세속의 더러운 먼지를 뒤집어쓸 수 있겠는가.〔寧赴湘流, 葬於江魚之腹中, 安能以皓皓之白, 而蒙世俗之塵埃乎!〕"라고 한 데서 온 말이다. 《楚辭 卷5》 여기서는 진도의 유배 생활 중에 요행히 굴원처럼 물에 빠져 죽지는 않았다는 뜻이다.

159 오솔길……의심하랴 : 도잠(陶潛)의 〈귀거래사(歸去來辭)〉에 "세 오솔길은 묵었으나, 소나무와 국화는 아직 남아 있도다.……애오라지 조화를 따라 죽음으로 돌아가리니, 천명을 즐길 뿐 다시 무얼 의심하리오.〔三徑就荒, 松菊猶存.……聊乘化以歸盡, 樂夫天命復奚疑!〕"라고 하였다.

160 황왕제패(皇王帝伯)……늙었고 : 황왕제패는 고대(古代) 황제(皇帝)들을 범칭한 말이고, 포단(蒲團)에 앉아 늙었다는 것은 천하를 다스리는 사업을 착수해 보지 못한 채 헛되이 늙어 버렸다는 뜻이다.

예악이랑 문장 또한 일침몽[161]임을 알겠어라　　禮樂文章枕夢知
취한 속의 건곤이요 한가론 가운데 고금이라[162]　　醉裏乾坤與今古
우연히 희지와 더불어 뜻을 말하게 되었구려　　偶然言志與禧之

161 일침몽(一枕夢) : 한단몽(邯鄲夢)과 같은 뜻으로, 당(唐)나라 때 노생(盧生)이 일찍이 한단(邯鄲)에서 도사(道士) 여옹(呂翁)의 베개를 베고 잠이 들었는데, 노란 메조밥을 한 번 짓는 동안에 부귀영화를 다 누린 꿈을 꾸었다는 데서 온 말로, 전하여 인간 세상의 덧없음을 의미한다.

162 취한……고금(古今)이라 : 주희(朱熹)의 〈강절선생찬(康節先生贊)〉에 "한가로운 가운데 고금이요, 취한 속의 천지로다.〔閒中今古, 醉裏乾坤.〕"라고 한 데서 온 말이다. 한가로운 가운데 고금이라는 것은, 한가로운 가운데 고금의 변천을 조용히 관찰하여 천만년을 잠깐으로 여겼다는 뜻이고 취한 속의 천지라는 것은, 취중에 천지의 광대함을 아주 하찮게 보아 천지의 중간을 일개 여관으로 여겼다는 뜻이다.《晦庵集 卷85》 여기서는 소옹(邵雍)의 인품을 사모하는 뜻에서 한 말이다.

중양운[163]을 사용하여 윤 사군에게 주다

用重陽韻贈尹使君

어머니께서 이미 문려 기대심을 마치셨으니	慈親已罷倚門閭
병객이 어찌 〈수초부〉 지을 것을 생각하리오[164]	病客何尋賦遂初
중양에 누대에서 술 마시잔 약속은 저버렸지만	九日淸尊負臺榭
일생 백년은 길이 휘파람 불며 천지간에 늙노라	百年長嘯老堪輿
도랑의 나무토막처럼 본성 잃음은 내 알거니와[165]	自知失性溝中木
바큇자국 고기로 생명 보전함은 모두 가여워하네[166]	共惜全生轍下魚

163 중양운(重陽韻) : 《소재집》 권5 〈9일에 비가 오므로 태수에게 두 수를 받들어 올리다〔九日雨奉太守二首〕〉라는 시제(詩題)의 시운(詩韻)을 가리킨다.

164 병객(病客)이……생각하리오 : 〈수초부(遂初賦)〉는 진(晉)나라 때 문인(文人) 손작(孫綽)이 지은 문장인데, 그 내용은 대략 은거 생활을 즐기는 것이다. 후세에 흔히 사직하고 은거하는 전거(典據)로 인용된다. 여기서는 이제 부모를 봉양하며 지낼 수 있게 되었는데 굳이 홀로 은거 생활을 할 필요가 있겠느냐는 뜻이다.

165 도랑의……알거니와 : 도랑의 나무토막이란, 《장자》 〈천지(天地)〉에 "백 년 묵은 나무를 잘라서 제사에 쓰는 술통을 만들어 청색, 황색으로 곱게 칠하고 그 잘라 버린 토막은 도랑에 내버리는데, 뒤에 술통을 도랑에 버린 토막에 비교한다면 아름답고 추악한 차이는 있지만 그 나무의 본성을 잃은 것은 마찬가지다.〔百年之木, 破爲犧尊, 青黃而文之, 其斷在溝中. 比犧尊於溝中之斷, 則美惡有間矣, 其於失性一也.〕"라고 한 데서 온 말로, 여기서는 도랑에 버려진 나무토막처럼 아무 쓸모없는 존재가 되었다는 뜻이다.

166 바큇자국……가여워하네 : 바큇자국은 수레바퀴 자국에 괸 물을 가리킨다. 전국시대 장주(莊周)가 감하후(監河侯)에게 곡식을 빌리러 갔는데 감하후가 봉읍(封邑)에서 나오는 세금을 받아서 빌려 드리겠다고 하므로, 장주가 말하기를 "제가 어제 오던

어느 시내 어느 산도 전에 본 것임을 알겠으니 若箇溪山認陳迹
동쪽 편 절반쯤에 새집 지어 거주하고 싶구려 東頭一半擬新居

청아한 생각은 적적하여 세속과 거리가 멀고 淸思寂寂世途遙
서늘한 비는 양수 가 높은 언덕에 죽죽 내리네[167] 凉雨纖纖瀼岸高
읍에서 보낸 닭과 생선은 청주의 안주로 먹고 邑餽鷄魚配碧酒
이웃에서 보낸 대추와 밤은 약떡에 넣는다오 隣遺棗栗貼瓊糕
절서는 취모를 지났으되 몸은 아직 아프지만[168] 節經吹帽身猶病

길에 길 가운데서 저를 부르는 자가 있어 돌아보니, 수레바퀴 자국에 괸 물에 붕어가 있었습니다. 제가 그에게 묻기를 '붕어야! 그대는 왜 그러고 있는 건가?' 하자, 붕어가 대답하기를 '나는 동해의 파신입니다. 당신이 혹 한 말이나 한 되쯤 되는 물을 가져다가 나를 살려 줄 수 있겠습니까?' 하므로, 제가 말하기를 '좋다. 내가 장차 남쪽으로 가서 오왕과 월왕을 만나보고 서강의 물을 터놓아서 그대를 맞아 가게 하려는데, 그래도 괜찮겠는가?' 하니, 붕어가 분개하여 말하기를 '나는 지금 내게 있어야 할 물을 잃어 내가 있을 곳이 없습니다. 그러니 나는 한 말이나 한 되쯤 되는 물만 있어도 살 수 있습니다. 그런데 당신이 이렇게 말을 하니, 일찌감치 건어물 가게로 가서 나를 찾는 것이 낫겠습니다.' 하였습니다.〔周昨來, 有中道而呼者, 周顧視車轍中, 有鮒魚焉. 周問之曰: "鮒魚來! 子何爲者邪?" 對曰: "我東海之波臣也. 君豈有斗升之水而活我哉?" 周曰: "諾. 我且南遊吳、越之王, 激西江之水而迎子, 可乎?" 鮒魚忿然作色, 曰: "吾失我常與, 我無所處. 吾得斗升之水然活耳, 君乃言此, 曾不如早索我於枯魚之肆!"〕"라고 한 고사에서 온 말이다. 《莊子 外物》 여기서는 바큇자국에 괸 물에 의지하고 있는 붕어처럼 근근이 목숨을 보전하고 있을 뿐이라는 뜻이다.

167 서늘한……내리네 : 양수(瀼水)는 두보(杜甫)가 일찍이 거주했던 곳의 물 이름으로, 두보의 〈만등양상당(晩登瀼上堂)〉에 "짐짓 양수 가 언덕 높은 곳에 올라가 사니, 비탈의 돌에 집 가림을 자못 면했네.〔故躋瀼岸高, 頗免崖石擁.〕"라고 한 데서 온 말이다. 《杜少陵詩集 卷18》 여기서는 소재가 거주하는 집이 높은 언덕배기에 위치해 있으므로 두보의 집에 빗대서 한 말이다.

흥이 칭상[169]에 이르러선 기가 문득 호탕해지네	興到稱觴氣便豪
국화꽃 피는 때가 바로 중구일이라 했으니	菊蕊開時是重九
명언만이 공연히 풍소의 으뜸이 되었네그려[170]	名言空只冠風騷

168 절서(節序)는……아프지만 : 취모(吹帽)는 바람이 모자를 불어 날렸는다는 뜻으로, 진(晉)나라 때 정서장군(征西將軍) 환온(桓溫)의 참군(參軍)으로 있었던 맹가(孟嘉)의 고사에서 온 말이다. 어느 해 9월 9일 중양일(重陽日)에 환온이 용산(龍山)에서 연회를 베풀어 그의 막료들이 모두 모여서 술을 마시며 즐겁게 놀았는데, 그때 마침 바람이 불어서 맹가의 모자가 날아갔으나 맹가가 미처 그것을 알아차리지 못하자, 환온이 그의 거동을 보려고 좌우 사람들에게 말하지 말도록 하고는 그가 변소에 가는 틈을 타서 손성(孫盛)을 시켜 맹가를 조롱하는 글을 짓게 하여 맹가의 자리에 갖다 놓았더니, 맹가가 돌아와서 그 글을 보고는 즉시 답하였는데, 그 글이 아주 훌륭하여 온 좌중이 감탄했다고 한다. 《晉書 孟嘉列傳》 여기서 절서가 취모를 지났다는 것은 9월 9일 중양일이 지났다는 뜻이다.

169 칭상(稱觴) : 소재의 모친께 춘배(祝杯)를 올린 것을 말한다.

170 국화꽃……되었네그려 : 풍소(風騷)는 《시경》의 〈풍아(風雅)〉와 굴원(屈原)의 〈이소(離騷)〉의 병칭으로, 흔히 아주 뛰어난 시부(詩賦)를 의미한다. 명언(名言)이라고 한 것은, 위 구절의 "국화꽃 피는 때가 바로 중구일(重九日)이라."라고 한 것을 가리키는 듯한데, 이는 아마 상대방의 시구(詩句)인 듯하다. 명언만이 풍소의 으뜸이 되었다고 한 것은, 아마도 중구일이 진작 지났는데도 아직 국화가 피지 않아서 한 말인 듯하다.

구 주서, 윤 태수와 더불어 마시다 10월이다.

與具注書尹太守飮 十月

취하여 글을 제대로 이루지 못했다.

산골짝의 외롭고 위태론 나그네가	峽裏孤危客
마을 안의 이묘[171]와 노닐게 되었네	村中二妙遊
지방관이 되어 우선 오리 날개를 탔고[172]	分符且鳧翼
관에 붓을 꽂고 다시 이두에 섰네그려[173]	簪筆復螭頭
수판에는 서산의 상쾌한 기운이 있고[174]	板有西山氣

171 이묘(二妙) : 재예(才藝)로써 동시에 명성이 드러난 두 사람을 지칭한 것으로, 여기서는 이 시제(詩題)에 나오는 구 주서(具注書), 윤 태수(尹太守)이다.

172 지방관이……탔고 : 후한 명제(後漢明帝) 때의 선인(仙人) 왕교(王喬)는 신술(神術)이 있었다. 그가 일찍이 섭현 영(葉縣令)으로 있으면서 매월 삭망(朔望) 때마다 거기(車騎)도 없이 머나먼 길을 와서 조회에 참여하므로 천자(天子)가 그를 괴이하게 여겨 내막을 알아보게 한 결과, 그가 올 때마다 오리 두 마리가 동남쪽에서 날아오므로 그물을 쳐서 그 오리를 잡아 놓고 보니 바로 왕교의 신이었다고 한다.《後漢書 方術列傳 王喬》 여기서는 당시 지방관이 된 윤 태수를 왕교의 고사에 빗대서 한 말이다.

173 관(冠)에……섰네그려 : 이두(螭頭)는 궁전의 섬돌 등에 뿔 없는 용(龍)의 서린 모양을 새긴 형상(形象)을 가리키는데, 전하여 그 이두와 가장 가까운 위치에 서는 사관(史官)을 가리킨다. 조선 시대의 주서(注書) 또한 사관이었으므로 여기서는 구 주서를 가리켜 한 말이다.

174 수판(手板)에는……있고 : 수판은 관리들이 항상 몸에 지니는 홀(笏)을 말한다. 상쾌한 기운이란, 진(晉)나라 왕휘지(王徽之)의 고사에서 온 말이다. 왕휘지는 성품이 본디 작은 세속 일에 얽매임이 없었다. 그가 일찍이 환충(桓沖)의 기병 참군(騎兵參軍)으로 있을 적에 환충이 그에게 말하기를 "경이 부에 있은 지 오래되었으니, 요즘에는

동이에는 북해의 근심거리가 없구려[175] 樽無北海憂
고향의 일은 논하지 말아다오 休論故園事
늙은 눈물을 거두기 어려울까 싶네 衰淚恐難收

의당 사무를 잘 알아서 처리하겠지.〔卿在府日久, 比當相料理.〕"라고 하자, 그는 아무런 대꾸도 하지 않은 채 고개를 쳐들고 홀로 턱을 괴고는 엉뚱하게 "서산이 이른 아침에 상쾌한 기운을 불러온다.〔西山朝來致有爽氣耳.〕"라고 한 데서 온 말이다.《晉書 王徽之列傳》 전하여 후세에는 흔히 세속 일에 얽매이지 않고 초연(超然)히 유유자적하는 인품을 의미하기도 한다. 여기서는 구 주서와 윤 태수의 인품을 찬미하여 이른 말이다.

175 동이에는……없구려 : 북해(北海)는 후한(後漢) 때의 학자로 북해 상(北海相)을 지낸 공융(孔融)을 가리킨다. 공융은 본디 선비를 좋아하고 후진(後進)을 교도하기 좋아하여 빈객이 항상 그의 집에 가득했는데, 일찍이 탄식하여 말하기를 "자리에는 빈객이 항상 가득하고 동이에는 술이 항상 떨어지지만 않으면 나는 근심이 없겠다.〔坐上客恒滿, 尊中酒不空, 吾無憂矣.〕"라고 한 데서 온 말이다.《後漢書 孔融傳》 여기서는 술이 넉넉하다는 뜻이다.

무회[176]가 오는 도중에 있다는 소식을 듣고 송면의 운[177]을 사용하다

得報無悔在道用松面韻

세 발 노루로 변화한 건 면했거니와[178] 免化爲三足

양두사를 죽여 묻기는 어려웠다네[179] 難埋得兩頭

아버지는 뵙재도 사곡과는 막혀 있고[180] 庭趨阻沙谷

176 무회(無悔) : 소재의 아우 노극신(盧克愼, 1524～?)으로, 본관은 광주(光州), 자는 무회, 호는 후재(厚齋)이다.

177 송면(松面)의 운 : 《소재집》 권5의 〈송면에서〔松面〕〉이다.

178 세……면했거니와 : 《신선전(神仙傳)》에 "갈선옹이 여궤산에서 오동나무 궤에 비기어 수십 년 동안 도를 배우고 밝은 대낮에 신선이 되어 승천하자, 그 오동나무 궤는 세 발 달린 노루로 변화하여 수시로 산 위에 나왔다.〔葛仙翁憑桐木几於女几山, 學道數十年, 白日登仙, 几化爲白麂三足, 時出於山上.〕"라고 하였다. 《山堂肆考 卷181 憑几學道》 여기서는 소재가 죽음을 면했다는 뜻인 듯하다.

179 양두사(兩頭蛇)를……어려웠다네 : 양두사는 머리가 둘 달린 뱀을 말하는데, 가의(賈誼)의 《신서(新序)》 권1 〈잡사(雜事) 1〉에 춘추 시대 초(楚)나라 손숙오(孫叔敖)가 어렸을 적에 한번은 놀러 나갔다가 양두사를 보고는 죽여서 묻어 버리고 돌아와 어머니를 뵙고 울었다. 어머니가 그 까닭을 묻자, 대답하기를 "머리 둘 달린 뱀을 본 사람은 죽는다고 들었는데, 아까 제가 그 뱀을 보았으므로 어머니를 떠나서 죽을 것이 두려워 웁니다.〔聞見兩頭之蛇者死, 嚮者吾見之, 恐去母而死也.〕"라고 하므로, 그 어머니가 이르기를 "그 뱀은 지금 어디 있느냐?〔蛇今安在?〕" 하자, "다른 사람이 또 볼까 두려워 죽여서 묻어 버렸습니다.〔恐他人又見, 殺而埋之矣.〕"라고 하므로, 그 어머니가 이르기를 "나는 들으니, 음덕이 있는 사람은 하늘이 복으로 보답한다고 하니, 너는 죽지 않을 것이다.〔吾聞有陰德者, 天報以福. 汝不死也.〕"라고 한 데서 온 말이다. 여기서는 남에게 음덕을 베풀기가 어렵다는 뜻인 듯하다.

어머니는 괴산의 우거처에서 모시노니　　闈侍寄槐州
비바람 몰아칠 땐 한 이불 덮을 만하고[181]　　風雨堪同被
어렵고 위급할 땐 반드시 함께 꾀하네　　艱危必共猶
나그네 회포는 넉 달 연속 송면에 있는데[182]　　客懷連四月
쌀쌀한 햇볕은 우사를 내려가는구나　　寒日下僑樓

180 아버지는……있고 : 사곡(沙谷)은 소재의 고향인 상주 화령현(化寧縣)에 있던 마을인데, 당시 여기에 부친이 거주하였지만 가서 뵐 수 없는 처지였으므로 한 말이다.

181 한……만하고 : 후한(後漢) 때의 강굉(姜肱)이 두 아우인 중해(仲海), 계강(季江)과 함께 모두 효행으로 명성이 높았고 우애도 지극하여 형제간에 항상 한 이불을 덮고 잤다는 고사에서 온 말로, 형제간의 우애를 의미한다.《後漢書 姜肱列傳》 여기서는 소재도 형제간에 우애가 있다는 뜻이다.

182 나그네……있는데 : 소재가 지난 6월경부터 이때 10월까지 송면을 자주 왕래하였으나 송면과 어떤 사연이 있었는지는 자세하지 않다. 다만 추측건대, 이때 모친을 혹 자신의 우사(寓舍)가 아닌 송면에 따로 모셨던 게 아닌가 싶으나 자세하지 않다.

위의 송면 시에 차운하여 무회에게 보이다
次松面示無悔

우리 형제는 똑같이 청안[183]이건만	兄弟同青眼
부모님은 각각 백발이 되시었네	嚴慈各白頭
어찌하여 험난한 촉도[184]를 왔는고 하면	胡爲行蜀道
유주[185]에서 죽는 것보단 낫기 때문일세	勝似死幽洲
처세는 진정 개미가 굴 피하기 같고[186]	處世眞逃蟻
사람을 만나는 건 예유해질 뿐이라오[187]	逢人卽豫猶

183 청안(青眼) : 본래 서로 반가워하는 표정을 가리키거나 청춘소년(青春少年)의 뜻으로 쓰이기도 한다. 여기서는 부모님의 백발과 대어(對語)로 쓴 말이니 후자의 뜻으로 쓰인 것으로 보인다.

184 촉도(蜀道) : 아주 험난하기로 이름난 도로이다. 혹 소재가 이배(移配)된 괴산 지역을 촉도에 비유한 것이 아닌가 싶으나 자세하지 않다.

185 유주(幽洲) : 《서경》 〈순전(舜典)〉에 "공공을 유주에 유배하고, 환두를 숭산에 방치하고, 삼묘를 삼위에 유찬하고, 곤을 우산에 가두어 네 사람을 죄주시니, 천하가 다 복종하였다.〔流共工于幽洲, 放驩兜于崇山, 竄三苗于三危, 殛鯀于羽山, 四罪而天下咸服.〕"라고 하였는데, 전하여 유배지를 의미한다. 여기서는 소재의 지난 배소(配所)인 진도(珍島)에 빗대서 말한 듯하다.

186 처세(處世)는……같고 : 굴에 갇힌 개미가 도피할 길이 없는 것과 같다는 뜻이다.

187 예유(豫猶)해질 뿐이라오 : 예유는 본디 두 짐승의 이름이다. 이들은 망설이고 주저하고 경계심이 많은 짐승들이므로 망설이고 주저하는 것을 흔히 '유예(猶豫)한다'라고 쓰기도 한다. 《노자(老子)》 제15장에 "신중하여 망설이는 것은 마치 겨울에 냇물을 건너는 듯하고, 근신하고 경계하는 것은 마치 사방에서 사람들이 자신을 지켜보는 듯이 두려워한다.〔豫兮若冬涉川, 猶兮若畏四隣.〕"라고 한 데서 온 말이다.

내 고향이 여기서 멀지 않거니	故鄕還不隔
왜 반드시 누각에 오르길 생각하랴[188]	何必憶登樓

188 왜……생각하랴 : 누각에 오른다는 것은 51쪽 주94 참조. 여기서는 고향 가까운 곳에 있기 때문에 왕찬과는 처지가 다르다는 뜻이다.

송면으로 돌아가 홀로 자는데 강풍이 불고 눈보라가 몰아쳤다 2수

歸松面獨宿遇大風雨雪 二首

매양 절반쯤의 경계에 이르러서는	每到地一半
다만 마음이 두 갈래로 애탈 뿐이네[189]	只勞心二頭
만첩 산봉우리 사이서 외로이 자노라니	孤眠萬疊嶂
사방 고을에 연이어 큰 눈이 내리누나	大雪四連州
나그네는 만나고 헤어짐을 경시하건만	客子輕離合
시인은 좋아함과 같이함을 중히 여겼지[190]	詩人重好猶
황량몽[191] 꾸던 베개를 밀치고 일어나	炊粱推夢枕
얼고 소름 일어 옥루[192]를 으쓱이며 읊노라	凍粟聳吟樓

189 매양……뿐이네 : 소재가 당시 유숙하고 있는 송면(松面)은 괴산군 청천면(靑川面)에 있는데, 이곳은 소재의 배소와 고향이자 부친이 계신 상주(尙州) 화령현(化寧縣)의 절반쯤 되는 곳에 있으므로 여기에 오면 고향과 배소 양쪽에 마음이 모두 쓰인다는 뜻이다.

190 시인(詩人)은……여겼지 : 《시경》 〈소아(小雅) 사간(斯干)〉에 "질서 정연한 이 물 가요, 그윽하고 그윽한 남산이로다. 대나무는 무더기로 난 듯하고, 소나무는 무성한 듯하도다. 형과 아우는, 서로 좋아하고, 서로 같이함이 없으리로다.〔秩秩斯干, 幽幽南山. 如竹苞矣, 如松茂矣. 兄及弟矣, 式相好矣, 無相猶矣.〕"라고 하였는데, 형제간에는 한쪽이 조금 서운하게 하더라도 다른 한쪽은 자기가 할 도리를 다해야지 서운하게 한 것을 본받아 똑같이 서운하게 해서는 안 된다는 뜻이다. 여기서는 형제간에 서로 경계해야겠다는 의미이다. 시인은 〈사간〉 시의 작자를 지칭한다.

191 황량몽(黃粱夢) : 한단몽(邯鄲夢)과 같은 뜻으로, 75쪽 주161 참조.

일찍이 북해 가의 움에서 지내다가[193]	朔漢海邊窖
이젠 흘간산[194] 꼭대기서 지내고 있는데	紇干山上頭
적선은 옥국관을 찾을 수가 없고[195]	謫仙迷玉局
종사는 이미 청주를 떠나 버렸네[196]	從事去青州

192 옥루(玉樓) : 도가(道家)에서 사람의 어깨뼈를 가리키는 말로, 여기서는 잔뜩 추워서 두 어깨를 웅크리고 으쓱이며 시를 읊조리는 것을 이른 말이다. 소식(蘇軾)의 〈설후서북대벽(雪後書北臺壁)〉에 "얼음은 옥루에 얼어 추워서 소름이 일고, 빛은 은해를 흔들어 현란하게 어른거리네.〔凍合玉樓寒起粟, 光搖銀海眩生花.〕"라고 하였다. 《蘇東坡詩集 卷12》

193 일찍이……지내다가 : 한 무제(漢武帝) 때 소무(蘇武)가 중랑장(中郎將)으로 흉노(匈奴)에 사신(使臣)으로 갔을 때 흉노가 그를 억류하여 사람이 전혀 살지 않는 북해(北海) 가에 보내어 숫양을 기르게 하고 "숫양이 새끼를 낳아야만 돌아갈 수 있으리라.〔羝乳乃得歸.〕"라고 한 데서 온 말이다. 《漢書 蘇武傳》 여기서는 일찍이 진도(珍島)에서 유배 생활을 했던 것을 소무의 일에 빗대서 한 말이다.

194 흘간산(紇干山) : 산서성(山西省) 대동현(大同縣) 동쪽에 위치한 산으로 흘진산(紇眞山)이라고도 하는데, 이 산은 사계절 내내 눈이 가득 쌓여 있고 너무나 추워서 사람들이 노래하기를 "흘진산 꼭대기에는 신정이 있으니, 천자나 깊은 샘물이 뼈를 끊을 듯 차갑다네.〔紇眞山頭有神井, 入地千尺絶骨冷.〕"라고 했다 한다. 《太平寰宇記 卷51 紇眞山》 여기서는 괴산의 차가운 기후를 흘간산에 빗대서 한 말이다.

195 적선(謫仙)은……없고 : 적선은 본디 인간 세상에 귀양 온 사람이란 뜻으로, 특히 문재(文才)가 아주 뛰어났던 이백(李白), 소식(蘇軾)에 대한 미칭으로 쓰였다. 옥국관(玉局觀)은 송대(宋代)의 저명한 도관(道觀) 이름인데, 소식이 옥국관 제거(玉局觀提擧)에 임용된 적이 있으므로 여기서 적선은 소식을 지칭한다. 적선이 옥국관을 찾을 수가 없다는 것은, 소재가 배소를 떠나 송면에 가서 유숙하는 동안에 큰 눈보라가 몰아쳐서 천지(天地)가 깜깜해진 터라 배소를 찾아갈 수 없음을 소식의 옥국관에 빗대서 한 말인 듯하나 자세하지 않다.

196 종사(從事)는……버렸네 : 종사는 곧 청주 종사(青州從事)의 약칭으로 맛 좋은 술을 가리킨다. 진(晉)나라 때 환온(桓溫)의 막하(幕下)에 있던 한 주부(主簿)가 술맛

호걸이 황보 같은 자들은 없지만[197] 豪傑無皇甫
고명함은 심유씨 같은 이가 있구려[198] 高明有沈猶
나는 평생을 암실 방 안에서 平生暗室裏
한 치 나무를 높은 누각에 비기려 했네[199] 寸木擬岑樓

첫 구절 '매도지일반(每到地一半)'이 다른 본에는 '망탕대포내(芒碭大包內)'로 되었다.

을 잘 감별하였으므로, 술이 있을 때마다 그로 하여금 맛을 보게 했는데, 그가 맛이 좋은 술을 청주 종사라 하고 맛이 나쁜 술을 평원 독우(平原督郵)라고 칭한 데서 온 말이다.《世說新語 術解》여기서 지금 소재에게는 맛 좋은 술이 없다는 뜻이다.

197 호걸(豪傑)이……없지만 : 명(明)나라 황보록(皇甫錄)의 네 아들인 충(沖), 효(涍), 방(汸), 렴(濂)이 모두 훌륭하여 황보사걸(皇甫四傑)로 일컬어졌던 데서 온 말이다.《明史 文苑列傳 皇甫涍》여기서는 자신의 형제는 황보사걸 같지 못하다는 겸사이다.

198 고명(高明)함은……있구려 : 심유씨(沈猶氏)는 춘추 시대의 복성(複姓)이다. 증자(曾子)가 무성(武城)에 있을 때 월(越)나라 도적의 침략이 있자 바로 그곳을 떠났다가 도적이 물러간 뒤에는 바로 다시 돌아왔으므로, 좌우(左右)에서 말하기를 "무성의 대부가 선생을 이토록 충성스럽고 공경스럽게 대했거늘, 도적이 이르렀을 땐 먼저 떠나서 백성들이 바라보고 본받게 하고 도적이 물러가자 돌아오니, 옳지 않은 듯하다.〔待先生如此其忠且敬也, 寇至則先去, 以爲民望; 寇退則反, 殆於不可.〕"라고 하자, 증자의 제자인 심유행(沈猶行)이 말하기를 "이는 너희들이 알 바가 아니다. 예전에 우리 심유씨에게 부추가 난을 일으킨 일이 있었는데, 선생을 따르는 70명의 제자들 중에 한 사람도 여기에 참여한 자가 없었다.〔是非汝所知也. 昔沈猶有負芻之禍, 從先生者七十人, 未有與也.〕"라고 한 데서 온 말이다.《孟子 離婁下》여기서는 자신에게 유숙할 집을 내준 주인 또한 마치 심유씨가 증자를 잘 배려하여 섬겼듯이 자신을 잘 배려해 주고 있다는 뜻이다.

199 나는……했네 : 암실(暗室)은 소재의 자호(自號)이다. 한 치 나무를 높은 누각에 비기려 한다는 것은, 맹자(孟子)가 이르기를 "그 밑동을 헤아리지 않고 그 끝만을 가지런히 한다면 한 치나 되는 나무를 높은 누각보다 더 높게 할 수 있다.〔不揣其本而齊其末, 方寸之木, 可使高於岑樓.〕"라고 한 데서 온 말이다.《孟子 告子下》여기서는 사물의 경중을 알지 못했다는 겸사이다.

아 자 운을 사용하다
用兒字韻

생전에 돈이란 건 구경도 못했는데	未見阿堵物
공연히 사자아만 남겨 놓았네[200]	空餘些子兒
아이 어리석음은 그래도 내가 살펴 주거니	騃猶能我問
나의 병은 또한 아이가 생각하지 않으랴	病得不渠思
위태론 세상이라 내 신상은 예측키 어렵고	危世身難料
가난한 집이라 가사는 기약을 못 하겠네	貧家事莫期
춥고 배고픔만 면함도 또한 다행이건만	飢寒免亦幸
앞으로 수년도 보장하기는 어려운 일일세	難保數年遲

200 공연히……놓았네 : 사자아(些子兒)는 본디 '조금'이란 뜻이다. 송 태조(宋太祖)가 어느 날 후원(後苑)의 태액지(太液池)에서 당직 학사(當直學士) 노다손(盧多遜)과 시를 지었는데, 그가 운(韻)을 청하자, 태조가 '사자아'라고 말하였다. 그러자 노다손이 읊기를 "태액지 가에서 달구경을 하는 때에, 좋은 바람이 만년지를 불어 흔들어 대네. 그 어느 집에서 옥갑의 거울을 새로 내놓아, 조금쯤의 맑은 광채를 드러내 주는고.〔太液池邊看月時, 好風吹動萬年枝. 誰家玉匣新開鏡, 露出淸光些子兒.〕"라고 하자, 태조가 매우 기뻐하여 그 자리의 음식기(飮食器)를 모조리 노다손에게 하사했다는 고사에서 온 말이다.《後山集 卷23》여기서는 자신을 노다손에 빗대고, '사자아'는 바로 자신이 낳은 '아이'의 뜻으로 전용한 듯하나 자세하지 않다.

송면의 도중에 눈을 읊다
松面途中賦雪

만물이 읊조림에 지친 걸 하늘이 가련해하여　天憐品類困嘲哦
음관을 나눠 명하여 천지를 다 덮어 가렸네[201]　分命陰官盡蔽遮
천지가 맑기만 하고 두텁지 않음은 의아스럽고　直訝乾坤淸不厚
단지 간담이 차가워 사념이 없는 것만 알겠구려[202]　只知肝膽冷無邪
사람 놀래킨 삼 년 만의 새 울음은 듣고 싶지만[203]　驚人擬聽三年鳥

201 만물이……가렸네 : 음관(陰官)은 우사(雨師), 즉 비를 맡은 신(神)을 말한 것으로, 여기서는 곧 눈〔雪〕을 가리킨다. 즉 만물이 시인(詩人)들의 읊조림에 지치는 것을 하늘이 가련하게 여겨 눈을 흠뻑 내려서 천지간에 아무것도 보이지 않도록 덮어 가렸다는 것이다.

202 단지……알겠구려 : 한유(韓愈)의 〈이화(李花)〉에 "맑고 찬 기운 뼈에 사무쳐 간담을 일깨우니, 일생의 사려에 사념을 일으킬 수 없구려.〔淸寒瑩骨肝膽醒, 一生思慮無由邪.〕"라고 한 데서 온 말이다.《東雅堂昌黎集註 卷5》 한유는 본디 하얗고 깨끗한 오얏꽃을 읊은 것인데, 소재는 하얗고 맑고 차가운 눈을 읊는 데에 전용하였다.

203 사람……싶지만 : 춘추 시대 초 장왕(楚莊王)이 3년 동안 아무 정사도 하지 않으므로 우사마(右司馬)가 모시고 앉아 왕에게 은어체의 부(賦)를 읊기를 "새가 남방의 언덕에 내려앉아, 삼 년 동안 날개를 움직이지 않고, 날지도 않고 울지도 않고, 묵묵하여 아무 소리도 없으니, 이것이 무슨 새란 말입니까?"라고 하자, 왕이 이르기를 "삼 년 동안 날개를 움직이지 않은 것은 장차 날개를 기르기 위함이요, 날지 않고 울지도 않는 것은 장차 백성의 법을 관찰하기 위함이다. 날지는 않지만 날았다 하면 반드시 하늘 높이 오를 것이요, 울지는 않지만 울었다 하면 반드시 사람을 놀라게 할 것이다. 그대는 다시 말하지 말라. 내가 알아서 할 것이다."라고 하였다. 그 후로 초 장왕이 정사를 대거 혁신함으로써 천하의 마침내 패주(霸主)가 되었던 고사에서 온 말이다.《韓非子 喩老》 여기서는 군주가 정사를 잘한다는 말을 듣고 싶다는 뜻이다.

만물을 생성함에 어찌 시월 꽃이야 볼 수 있으랴[204] 體物那看十月花
백발의 사신에게 간찰 주는 게 부담스러우니[205] 白髮詞臣嫌授簡
구태여 옥황의 집을 찾아갈 것이 있겠는가[206] 未須尋向玉皇家

204 만물을……있으랴 : 시월 꽃이란 한 문제(漢文帝) 6년 겨울 10월에 복사꽃, 오얏꽃이 피었던 것을 말한다. 그해 11월 회남왕(淮南王) 유장(劉長)의 모반 사건이 발각되었는데, 회남왕은 어명을 받고 촉군(蜀郡)으로 천사(遷徙)되어 가던 도중 옹(雍) 땅에서 죽었다. 《前漢紀 卷7》 여기서는 10월에 오얏꽃이 피는 재변(災變)이 생김으로써 역변이 일어났으니, 이런 태평성대에는 그런 일이 있을 수 없다는 뜻이다.

205 백발(白髮)의……부담스러우니 : 사신(詞臣)은 시문(詩文)으로 왕을 섬기는 신하라는 뜻으로, 본디 양 효왕(梁孝王)의 사신이었던 사마상여(司馬相如)를 가리키는데, 여기서는 자신을 사마상여에 빗대서 한 말이다. 남조 송(南朝宋)의 문장가인 사혜련(謝惠連)의 〈설부(雪賦)〉에 "양왕이……토원에서 노닐 적에……대부인 사마상여에게 간찰을 내려주면서 이르기를 '그대의 깊은 생각을 끌어내고 그대의 화려한 문사를 펴 내어 용색을 가지런히 하고 좋은 말들을 헤아려서 과인을 위해 글을 지으라.' 하였다.〔梁王……遊於兎園……授簡於司馬大夫, 曰: "抽子祕思, 騁子姸辭, 侔色揣稱, 爲寡人賦之."〕"라고 하였다. 또 두보(杜甫)의 〈우작차봉위왕(又作此奉衛王)〉에 "이 백두에게 간찰을 준들 어찌 능히 지으리오. 대부이던 사마상여처럼 대우받는 게 부끄럽구려.〔白頭授簡焉能賦? 愧似相如爲大夫.〕"라고 하였다. 《杜少陵詩集 卷21》 여기서는 시문을 짓는 재능이 부족하여 문사(文士)의 글 짓는 자리에 참여하기가 부담스럽다는 겸사이다.

206 구태여……있겠는가 : 옥황의 집이란 하얀 오얏꽃이 화사하게 피어 있는 곳을 옥황의 화사한 궁전에 빗대서 한 말로, 한유(韓愈)의 〈이화(李花)〉에 "봄을 당해 천지간에 화사함을 서로 겨루는데, 낙양의 동산들은 더욱더 엉클어졌네.……밤에 장철을 데리고 노동의 집을 찾아가, 구름을 타고 함께 옥황의 집에 이르니, 날씬한 미인들 향기 풍기며 네 줄로 늘어섰는데, 흰 치마에 흰 수건을 차등 없이 다 둘렀네.〔當春天地爭奢華, 洛陽園苑尤紛拏.……夜領張徹投盧仝, 乘雲共至玉皇家, 長姬香御四羅列, 縞裙練帨無等差.〕"라고 한 데서 온 말이다. 《東雅堂昌黎集註 卷5》 여기서는 시문을 짓는 것이 부담스러워서 한유처럼 오얏꽃이 만개한 노동(盧仝)의 집을 찾아가지는 않겠다는 뜻이다.

10월 16일에 천둥이 쳤고, 29일에 천둥이 쳤고, 이달 5일에 또 천둥이 쳤다 윤10월이다.

十月旣望雷卄九日雷今五日又雷 閏十月

매양 음기 어린 눈서리가 내리다가　　每降陰凝雨
이미 폐색된 우레[207]를 세 번이나 쳐 댔네　　三鳴閉塞雷
늙은 신하는 항상 진질을 겪는 터라[208]　　老臣恒疢疾
한밤중에 홀로 일어나 배회하노라　　中夜獨徘徊
향촉은 켜서 어머니를 편안히 모시고　　香燭安慈侍
문단속은 아이한테 주의시키고　　窓扃戒阿孩
의관 정제한 채 잠 못 들고 앉았노라니　　衣冠坐不寐
온갖 생각이 마시는 술잔에 모여드누나　　百慮集銜杯

다른 본에는 '요착부연회(溺著復然灰)'로 되었다.

207 폐색된 우레 : 겨울철이 되면 우레가 땅속으로 잠복하는 것을 말한다. 그런데 지금 겨울 10월에 우레를 쳐 대는 것은 곧 재변(災變)이라는 뜻이다.

208 늙은……터라 : 늙은 신하는 소재를 가리킨다. 진질(疢疾)은 재환(災患)과 같은 뜻으로, 맹자(孟子)가 이르기를 "사람 중에 덕의 지혜와 도술의 재지를 지니고 있는 자는 항상 재환 속에 있는 것이다.〔人之有德慧術知者, 恒存乎疢疾.〕"라고 한 데서 온 말이다. 《孟子 盡心上》

윤 태수를 받들어 모시다

奉待尹太守

이때 무회(無悔)와 함께하였다.

오래도록 소식이 끊긴 걸 의아해했는데	久訝雙魚斷
이제는 오마[209]가 돌아온 걸 알게 되었네	今知五馬還
서로 떨어져 있을 땐 반겨 줄 이 없더니	相望無暖眼
한번 만나매 모두 즐거운 얼굴이로다	一遇有歡顔
지는 햇빛은 유동에 비끼어 있고	落景橫楡洞
쌀쌀한 바람은 증산을 지나가누나[210]	陰風過甑山
천지간이 갑자기 깊고도 막히어라[211]	乾坤忽深阻
나그네 외로움을 더욱 제거하기 어렵네	羈思轉難刪

209 오마(五馬) : 옛날 태수(太守)의 수레를 다섯 필의 말이 끌었던 데서, 전하여 지방관이 된 것을 뜻한다. 여기서는 윤 태수(尹太守)를 지칭한다.

210 쌀쌀한……지나가누나 : 이때 소재의 아우 노극신(盧克愼)이 증산 현감(甑山縣監)으로 나가게 되어 증산을 언급한 듯하다. 《소재집》 권5 〈증산으로 가는 아우를 보내다〔送舍弟至甑山〕〉 참조.

211 천지간이……막히어라 : 두보(杜甫)의 〈숙청계역봉회장원외십오형지서(宿靑溪驛奉懷張員外十五兄之緖)〉에 "한밤중에 친구를 생각하니, 천지간에 이곳이 깊고도 막히어라.〔中夜懷友朋, 乾坤此深阻.〕"라고 한 데서 온 말인데, 멀리 떨어져 있는 친구를 그리워하는 것을 의미한다. 《杜少陵詩集 卷14》

김희를 불쌍히 여기며 예전의 운을 사용하다[212]

悼金禧用舊韻

가난함이야 뭐가 해로울 게 있으랴만	貧也何傷爾
현자인 그대가 유독 애석하구려	賢哉獨惜乎
효성은 남들이 이간하지 못했거니와	孝恭人不間
충신은 귀신이 응당 부호해 주리라	忠信鬼應扶
한번 깊은 산에서 눈물을 흘린 이후론	一落窮山涕
반년 동안의 즐거움도 이루기 어려웠네	難成半歲娛
석양볕은 홀로 섰음을 용납해 주건만	返暉容獨立
세상일엔 위태로운 길이 가득하구려	世故滿危途

212 김희(金禧)를……사용하다 : 예전의 운(韻)이란 《소재집》 권5 〈김희의 시에 차운하다〔次韻金禧〕〉라는 시제(詩題)의 시운(詩韻)을 가리킨다. 김희가 과연 김희년(金禧年)이라면 1592년(선조25) 80세로 처음 당상(堂上)에 올라 관직이 정(正)에 이르렀는데, 이해 임진왜란에 순국했다는 기록들이 있는 것으로 보아 이 시제에 나오는 '도(悼)' 자는 사자(死者)를 애도한다는 뜻이 아니고, 일반적으로 그의 처지를 불쌍히 여기는 뜻으로 보는 것이 타당하겠다. 《知退堂集 卷5 壽春雜記》《南冥集 別集 卷5 師友錄》

증산으로 가는 아우를 보내다[213] 11월이다.

送舍弟至甑山 十一月

우리 형제 평생에 가진 뜻[214] 있건만	伯仲窮年意
부모님껜 매일 시봉을 못 하는구나	庭闈每日違
그대 미관말직으로 나가는 건 슬프거니와	悲君薄宦去
나는 고향으로 돌아가기만 기약할 뿐일세	期我故鄉歸
저문 골짝 바람 이는 샘물은 졸졸 흐르고	峽暮風泉細
차가운 날에 눈 쌓인 길은 가느다랗겠지	天寒雪路微
정녕코 우리가 뒤에 서로 만날 날은	丁寧後會合
버들이 한창 가벼이 한들거릴 때리라[215]	楊柳正依依

213 증산(甑山)으로……보내다 : 이때 소재의 아우 노극신(盧克愼)이 증산 현감(甑山縣監)으로 나갔다.

214 우리……뜻 : 형제가 평생에 가진 뜻이란 부모님을 항상 함께 시봉하고자 했던 생각을 말한다.

215 버들이……때리라 : 《시경》 〈소아(小雅) 채미(采薇)〉에 "옛날 내가 출정 나갈 때에는, 버들이 가벼이 한들거리더니, 지금 내가 돌아올 때에는, 흰 눈이 펄펄 내리도다.〔昔我往矣, 楊柳依依; 今我來思, 雨雪霏霏.〕"라고 하였다.

앞의 운을 사용하여 광주목[216]에 부쳐 사례하다

用前韻附謝廣州牧

해 늦도록 쇠잔한 목숨은 붙어 있으나	歲晚殘魂在
인간의 오만 일들은 다 글러 버렸다오	人間萬事違
제현들은 사로를 잃었지만	諸賢失師魯
태수로는 옹귀를 얻어 왔도다[217]	太守得翁歸
도를 배웠거니 누가 작다고 꺼릴쏜가	學道誰嫌小
선심을 보존하여 스스로 기미를 아는 걸	存心自識微
평생에 완벽한 인물을 잘 보전하여	平生保完璧
백발에 서로 의지하게 되기를 바라노라	白首幸相依

216 광주목(廣州牧) : 이때 광주 목사(廣州牧使)로 재직 중인 윤주(尹澍)를 가리킨 것으로, 본관은 파평(坡平), 자는 경림(景霖)이다.

217 제현(諸賢)들은……왔도다 : 사로(師魯)는 송대(宋代)의 학자로 박학(博學)한 데다 《춘추(春秋)》에 정통하여 세상에서 하남선생(河南先生)으로 일컬어졌던 윤수(尹洙)의 자이다. 진사(進士)에 급제한 이후 처음 태자중윤(太子中允)으로 나가서 당주(唐州)의 주세(酒稅)를 감독하였고, 뒤에 한기(韓琦)의 추천으로 기거사인(起居舍人)으로 승진하였다. 《宋史 尹洙列傳》 옹귀(翁歸)는 윤옹귀로 한 선제(漢宣帝) 때 동해태수(東海太守)로 선정을 베풀고 이후 우부풍(右扶風)의 장관이 되었는데, 특히 청렴하기로 명성이 높았다. 《漢書 尹翁歸傳》 여기서는 광주 목사가 윤주이기 때문에 그를 윤수, 윤옹귀에 빗대서 한 말이다. 제현들이 사로를 잃었다는 것은, 당시 조정의 관원들인 제현이 윤수와 같은 윤주를 지방관으로 빼앗겼다는 뜻이고 태수로는 옹귀를 얻어 왔다는 것은, 현재 윤옹귀 같은 윤주가 광주 목사로 부임해 온 것을 만족한다는 뜻이다.

경상 감사 유[218]에게 주다

贈慶尙監司柳

영남에 황화사로 나온 이가[219] 嶺外皇華使
대낮에 수의 입고 호서 가를 거닐 제[220] 湖邊晝繡行
호장은 몽촌에 비가 내리듯 하였고[221] 壺漿夢村雨
송백은 고향 산천에서 영화로웠네[222] 松柏故山榮
이 나그네는 아직도 반갑기 그지없건만 寓客猶靑眼
한가론 사람은 다만 옛정 그대로일세 閑人只素情
술잔 잡고 보니 다 같이 늘그막이로되 持杯儘遲暮
초췌한 내 몰골에 가장 놀라는구려 枯槁最相驚

218 경상 감사(慶尙監司) 유(柳) : 《경상도선생안(慶尙道先生案)》에 의하면, 1566년(명종21) 경상도 관찰사는 유창문(柳昌文)이다.

219 영남(嶺南)에……이가 : 황화사(皇華使)는 임금의 사명(使命)을 받고 떠난 사자(使者)를 말한 것으로, 여기서는 바로 경상 감사를 지칭한다.

220 대낮에……제 : 수의(繡衣)는 옛날 지방에 파견된 사자가 입었던 수놓은 비단옷이다. 이것을 대낮에 입고 다닌다고 한 것은, 수의 입은 사자가 되어 고향에 내려가서 그 영화로움을 고향 사람들에게 보여 주는 것을 이르는 말이다. 여기서는 경상도 사람이 경상 감사가 되었기 때문에 한 말이다.

221 호장(壺漿)은……하였고 : 호장은 병에 담은 음료를 말한 것으로, 여기서는 고향에 돌아온 사자에 대하여 백성들이 그를 환영하고 위로하는 뜻에서 서로 음료를 가지고 나가 환영했다는 뜻이다. 몽촌(夢村)은 경기(京畿) 광주(廣州)에 있는데, 이때 경상 감사와 어떤 관련이 있었는지는 자세하지 않다.

222 송백(松柏)은……영화로웠네 : 사자가 고향의 선산(先山)에 성묘하여 소나무, 잣나무들도 영화로웠다는 뜻이다.

유(柳)가 이때 괴산에 성묘하러 왔다. 여섯 번째 구절은 김 정자(金正字)를 두고 한 말이다.

고향 가까운 곳에 우거하면서	流寓家山近
부모님 바라보며 세월을 보내노라니	瞻望歲月傾
상주 화령현에는	尙州化寧縣
남극노인성이 비추고 있다오[223]	南極老人星
지방을 순행하여 민간 풍속을 살피고	旌節臨風俗
지나는 곳마다 성명을 물어 줘야지[224]	經過問姓名
승선을 함엔 효로 다스림이 우선이니[225]	承宣先孝理
이걸 만일이라도 의중에 새겨야 하리	萬一意中銘

223 상주(尙州)……있다오 : 남극노인성(南極老人星)은 장수의 상징으로 수성(壽星)이라고도 하였다. 여기서는 고향인 상주 화령현에 부모가 계시기 때문에 부모의 장수를 기원하는 뜻에서 한 말이다.

224 지나는……줘야지 : 감사(監司)가 관할 지방을 순행하면서 혹 어떤 사람에게 선행이 있다는 말을 들으면 반드시 그의 성명을 물어서 기억해 두어야 한다는 뜻이다.

225 승선(承宣)을……우선이니 : 승선은 승류선화(承流宣化)의 약칭으로, 관원이 왕명을 받들고 지방에 나가서 임금의 은덕을 받들어 백성들에게 교화를 펴는 것을 이른다. 《한서(漢書)》 〈동중서전(董仲舒傳)〉에 "지금의 군수와 현령은 백성의 본보기가 되는 사람들이니 그들로 하여금 임금의 은덕을 받들어 교화를 펴게 해야 한다.〔今之郡守、縣令, 民之師帥, 所使承流而宣化也.〕"라고 한 데서 온 말이다.

최 선위사의 행차에 12일에 발송한 무회의 서신을 얻었다

崔宣慰行得無悔十二日書

이때 아우는 광주(廣州)에 있었다.

열흘 밤을 생각해도 유익함이 없더니[226]	十夜思無益
오늘 아침엔 꿈이 어긋나지 않았네[227]	今朝夢不違
서신은 선위사 행차 편에 부쳐 왔고	書憑宣使過
봉함은 광주에서 작성해 보냈구려	封自廣州歸
아이의 태도는 참초하여 급하고[228]	兒態儳勦急
어머니 얼굴엔 우희의 표정이 약해지셨네[229]	慈顔憂喜微
인간의 백세는 백번의 인내로 보장하거니와	人期百忍保
하늘의 보우는 온 집안이 의지할 뿐일세	天佑一堂依

226 열흘……없더니 : 아무리 생각하고 또 생각해도 좋은 소식이 오지 않았다는 뜻이다.

227 오늘……않았네 : 아침에 아우 노극신(盧克愼)의 서신(書信)을 받고 보니 지난 밤의 꿈이 딱 들어맞았다는 뜻이다.

228 아이의……급하고 : 참초(儳勦)의 참은 뒤섞이어 가지런하지 않다는 뜻으로 남의 말이 끝나기 전에 다른 말을 꺼내서 혼란시키는 것을 말하고, 초는 남의 말을 앗아다가 자기 말인 양하는 행위를 말하는 것이다. 《예기》 〈곡례 상(曲禮上)〉에 "어른의 말이 끝나지 않았으면 다른 말을 꺼내서 혼란시키지 말아야 하며,……남의 말을 자기의 말인 양 둘러대지 말아야 한다.〔長者不及, 毋儳言,……毋勦說.〕"라고 한 데서 온 말이다. 여기서는 노극신의 어린 아들이 아직 철없음을 이른 말인 듯하다.

229 우희(憂喜)의 표정이 약해지셨네 : 우희는 근심과 기쁨이다. 근심과 기쁨의 표정이 약해졌다는 것은 어머니가 노쇠하셨다는 뜻이다.

매를 잃었다

失鷹

평생 내 한 본성 외엔 장물 하나 없이 살면서	將吾一性無長物
네가 나와 합심하여 큰 공 이룬 걸 기뻐했노라[230]	喜爾同心成大功
저녁에 살펴보면 꿩 토끼가 뜰에 줄줄이 걸렸고	瞻夕庭縣雉免疊
새벽에 올린 밥상엔 맛난 반찬이 겹겹이 놓였었지	供晨盤飣旨甘重
이젠 다만 우거한 이 자식의 정성 부족 때문에	只緣寓子誠爲外
끝내 서툰 조련사가 기르는 중도를 잃게 되었네	竟坐庸師養失中
어찌 짧은 횃대를 다시 찾아올 은정이야 있으랴만	豈有恩情尋短架
춥고 배고픈 채 솔숲에서 자고 있기나 면했으면	幸違飢凍宿深松

230 네가……기뻐했노라 : 소재가 매를 부려서 꿩, 토끼 등을 사냥했던 것을 이른 말이다.

노새를 장사 지내다

葬騾

나귀와 말이 특수한 골상을 낳으니	驢馬生殊骨
힘이 강강하여 비범함을 드러내었네	剛强見異常
일 년을 내 처소에서 근력으로 부림받아	一年筋力寓
그 몇 번이나 내 고향을 왕래했던고	幾度往來鄉
콩깍지 찌꺼긴들 언제 배불리 먹어 봤던가	藖莖何曾飽
풍상 속에 제 몸 다치는 것도 못 면했었지	風霜不免傷
휘장이 없어 그저 미안스러울 뿐이니[231]	無帷可謝過
깊이 파고 거적으로 두껍게 싸서 묻어 줘야지	深闕厚苫藏

231 휘장이……뿐이니 : 공자(孔子)가 기르던 개가 죽자 자공(子貢)에게 묻어 주게 하면서 이르기를 "나는 들으니, 해진 휘장을 버리지 않는 것은 죽은 말을 싸서 묻어 주기 위함이요, 해진 수레 덮개를 버리지 않는 것은 죽은 개를 묻어 주기 위함이라고 했다. 나는 가난해서 수레 덮개가 없으니, 그 시체를 묻을 때 거적자리를 충분히 덮어 주어 그 머리가 흙에 빠지지 않도록 하라.〔吾聞之也: 敝帷不棄, 爲埋馬也; 敝蓋不棄, 爲埋狗也. 丘也貧, 無蓋, 於其封也, 亦予之席, 毋使其首陷焉.〕"라고 한 데서 온 말이다. 《禮記 檀弓下》 여기서는 자신에게는 휘장이 없어 죽은 노새를 싸서 묻어 줄 수 없기 때문에 미안하다고 말한 것이다.

김 정언[232] 계응 이 귤을 준 데 대하여 사례하고 겸하여 느낀 바를 쓰다

謝金正言 季應 贈橘兼書所感

살펴보건대 계응의 이름은 난상(鸞祥)이다.

품속에 넣자 육랑의 넋은 되살아난 듯한데[233]	懷時只返陸郎魂
쪼개어 보니 네 노인의 얼굴은 만나기 어렵네[234]	劈處難逢四老顔
우스워라 귤 속에 무슨 즐거움이 있단 말인가	堪笑此中何樂有
한나라의 조정이 절로 상산보다 나은 걸[235]	漢庭已自勝商山

232 김 정언(金正言) : 당시 정언이었던 김난상(金鸞祥)으로, 본관은 청도(淸道), 자는 계응(季應), 호는 병산(缾山)이다.

233 품속에……듯한데 : 육랑(陸郎)은 삼국 시대 오(吳)나라의 효자 육적(陸績)을 가리킨다. 육적이 여섯 살 때 원술(袁術)을 찾아갔다가 접대로 나온 귤을 먹지 않고 어머니께 드리려 했던 고사에서 온 말이다.《三國志 吳書 陸績傳》 여기서는 품속에 귤을 안아 보니, 육적처럼 부모님께 가져다 드리고 싶은 생각이 든다는 뜻이다.

234 쪼개어……어렵네 : 옛날에 파공(巴邛) 사람이 자기 귤원(橘園)에 대단히 큰 귤이 열렸기에 이를 쪼개어 보니, 그 속에 수미(鬚眉)가 하얀 노인 두 사람씩 마주 앉아 장기를 두면서 즐겁게 담소를 나누고 있었는데, 그중에 한 노인이 말하기를 "귤 속의 즐거움은 상산의 네 노인에 뒤지지 않는다."라고 했다는 고사에서 온 말이다.《玄怪錄 卷3》 여기서는 귤을 쪼개 보았으나 귤 속에서 그런 노인은 발견하지 못했다는 뜻이다.

235 우스워라……걸 : 상산(商山)은 상산사호(商山四皓)가 난리를 피해 은거하던 산명이다. 여기서는 이 네 노인에게는 한나라 조정이 상산보다 낫지 않았느냐는 뜻이다. 다만 바로 위에 나온 귤 속의 네 노인에 대한 고사와 여기 상산의 네 노인에 대한 고사가 원래 서로 다른데, 소재는 이 두 고사를 혼용해서 쓴 듯하다.

서풍이 불어와 차가운 처마를 움직이는데	西風欲動入寒軒
납일에 되레 초췌한 내 얼굴은 환히 펴지네[236]	臘日還舒解悴顔
무슨 일로 세속 마음을 잊지 못하는가 하면	何事未能忘世念
다만 고향에 계신 늙은 어버이 때문이라오	只緣親老在家山

236 내……펴지네 : 부모님께 귤을 드리게 된 기쁨을 형용한 말이다.

승려 조담에게 주면서 예전의 운을 사용하다
贈僧祖淡用舊韻

안팎으로 일만이천 봉우리요 內外萬千岫
높고 낮은 구십 개의 암자로다 高低九十菴
구름 연기에 새벽 저녁이 헷갈리고 煙雲迷曉夕
등라 넝쿨에 동서남북을 분간 못 해 藤蔦失西南
오솔길은 그가 정한 데로 따랐고 細徑從渠定
깊은 숲은 스스로 찾기도 했었지 深林遂自探
인정은 반드시 노자를 줘야 하는데 人情必以贐
그리 못해 되레 퇴지에게 부끄럽네[237] 還爲退之慙

이상은 기해년(1539, 중종34) 계하(季夏)에 지은 것이다.

때는 정미년 봄 정월이요 丁未春正月
산중의 한 띳집 암자로다 山中一草菴
몸은 길이 서로 떨어져 있었지만 形容長別離
꿈은 몇 번이나 동남을 오갔던고 魂夢幾東南

237 안팎으로……부끄럽네 : 퇴지(退之)는 한유(韓愈)의 자이다. 그에게 부끄럽다는 것은, 한유가 조주 자사(潮州刺史)로 폄척되어 있을 적에 태전(太顚)이란 승려(僧侶)와 가까이 지냈고 한유가 그곳을 떠나 원주(袁州)로 옮길 적에는 그에게 의복(衣服)을 남겨 주어 작별했는데 지금 자신은 그렇게 하지 못해서 부끄럽다는 것이다.《東雅堂昌黎集註 卷18》 이 시는《소재집》권1에〈창도에서 나를 수종했던 중 조담과 작별하다〔昌道別從僧祖淡〕〉라는 제목으로 실려 있다.

승려는 이미 공당을 얻고 나서　碧眼空堂得
긴긴 밤 맑은 회포를 더듬어 찾는데[238]　淸懷永夜探
재차 홍치를 탈 만한 인연은 없고　無因再乘興
회상하니 구 년 전 일이 부끄럽네[239]　回首九年慚

이상은 정미년(1547, 명종2)에 지은 것이다.○살펴보건대 이상의 두 수는 모두 이미 앞에서 나왔는데, 여기에 또 선생이 수록(手錄)해 놓은 것이 있기 때문에 그대로 두는 바이다.

두려웠던 건 전쟁의 소식 들을 때였고　怕去聞風鶴
의아한 건 백암을 바라보는 듯함일세[240]　疑來望柏菴
마음을 속에 있도록 보존하지 않으면　不敎心在裏
올바른 길을 잃는 걸 면할 수 있겠는가　能免指迷南
덧없는 세상은 아득하여 의탁할 데 없고　浮世茫無托

238 맑은……찾는데 : 새로운 시를 짓는 것을 뜻한다. 소식(蘇軾)의 〈기몽(紀夢)〉에 "회포를 더듬어 새로운 시 내놓으니, 뛰어난 시구가 산록을 압도하네.〔探懷出新詩, 秀語奪山綠.〕"라고 하였다. 《蘇東坡詩集 卷5》

239 때는……부끄럽네 : 이 시는 《소재집》 권1의 〈지난 기해년, 풍악을 유람할 때……〔歲己亥遊楓岳……〕〉라는 제목으로 이미 실려 있다. 여기서 9년 전의 일이란, 기해년인 1539년(중종34) 소재가 금강산(金剛山) 유람을 마치고 돌아오는 길에 창도(昌道)에서 수종했던 중 조담(祖淡)에게 아무런 보답도 없이 섭섭하게 작별했던 일을 말한다. 《소재집》 권1 〈창도에서 나를 수종했던 중 조담과 작별하다〉 참조.

240 의아한……듯함일세 : 백암(柏菴)은 아마도 금강산 원통암(圓通菴) 곁에 있던 백대(柏臺)를 가리키는 듯하다. 소재가 지금 금강산에서 온 승려 조담을 만나서 예전에 자신이 금강산을 유람했을 때의 일을 상기하여 어슴푸레 기억나는 것을 말한 듯하나 자세하지 않다.

좋은 놀이는 까마득해 찾을 길이 없어라　　奇遊杳莫探
전에 지은 두 편 시가 다퉈 눈에 들오니　　兩篇爭入眼
또 이십 년 전 일이 다시 부끄럽구려[241]　　又二十年慙

241 또……부끄럽구려 : 20년이라고 한 것은, 지난 정미년으로부터 현재 병인년(1566)까지의 기간을 말한 것이고 부끄럽다는 것은, 자신이 과거에 지은 두 편의 시를 가지고 말한 것이다.

탄금대에서 눌재의 운[242]을 사용하여 두 수를 짓다 12월이다.

彈琴臺用訥齋韻二首 十二月

넓은 들판 멀리 바라보며 마음껏 탐색하다가	連延曠望縱平探
동쪽으로 경대를 만나니 위엔 맑은 하늘일세[243]	東得瓊臺上蔚藍
먼 산봉우리들은 우뚝이 거호부[244]를 에워싸고	遠嶂高圍踞虎府
긴 강물은 구불구불 와룡암[245]을 안고 흐르네	長江曲抱臥龍菴
하늘과 땅은 원래 하나[246]에서 나뉘었고	二儀淸濁元分一
백대의 흥망을 거쳐 끝내는 셋이 합해졌네[247]	百代興亡竟合三
대장부의 몸이 태어나고 늙고 병드는 가운데	大丈夫身生老病
우뚝 서서 휘파람 부노니 부끄러울 것 없구려	倚雲長嘯不生慙

'연(連)'이 다른 본에는 '면(綿)'으로 되어 있고, '고위(高圍)'가 다른 본에는

242 눌재(訥齋)의 운(韻) : 눌재는 박상(朴祥, 1474~1530)으로, 본관은 충주(忠州), 자는 창세(昌世), 호는 눌재이다. 탄금대(彈琴臺)에 걸린 시는 《눌재집(訥齋集)》 권5의 〈재유탄금대(再遊彈琴臺)〉이다.

243 동쪽으로……하늘일세 : 경대(瓊臺)는 화려한 대(臺)라는 뜻으로, 여기서는 탄금대를 가리킨다.

244 거호부(踞虎府) : 거호부의 부(府)는 '고을'이란 뜻으로, 여기서는 충주(忠州) 소재지가 마치 '웅크려 앉은 호랑이〔踞虎〕' 형국이라 하여 이렇게 칭한 듯하나 자세하지 않다.

245 와룡암(臥龍菴) : 충주 용탄동(龍灘洞)에 거주했던 탄수(灘叟) 이연경(李延慶)의 집을 가리킨다.

246 하나 : 음양(陰陽)이 나누어지기 이전인 태극(太極)을 말한다.

247 셋이 합해졌네 : 고구려, 백제, 신라가 결국은 고려로 통일되었음을 이른 말이다.

'위이(委蛇)'로 되어 있다. '불생(不生)'이 다른 본에는 '면무(面無)'로 되어 있고, 또 다른 본에는 '형무(逈無)'로 되어 있고, 또 다른 본에는 '형무(瑩無)'로 되어 있다.○강가에는 탄수(灘叟) 선생의 집이 있었다.

경치를 나눠 머물러 두어 남이 탐방케 했으니[248]	分留物色與人探
뉘에게 새 시가 있어 청출어람할 줄을 알꼬[249]	孰有新詩解出藍
월락탄과 금휴포에는 단지 대사만 남아 있고	月落琴休只臺榭
견문산 아래 용호에는 또 사암이 갖추어졌네[250]	犬門龍戶更祠菴
등림함엔 몸을 천억으로 변화할 건 없거니와[251]	登臨不用身千億
어느새 이십일 년이 지난 데에 놀랄 뿐이네[252]	頫仰仍驚歲七三

248 경치를……했으니 : 두보(杜甫)의 〈악록산도림이사행(嶽麓山道林二寺行)〉에 "송공이 쫓겨나서 이곳 바람벽에 시를 썼으니, 경치를 나눠 머물러 두어 늙은 나를 기다려 주었네.〔宋公放逐曾題壁, 物色分留待老夫.〕"라고 한 데서 온 말이다. 두보가 송지문(宋之問)이 도림사(道林寺)의 벽에 써 놓은 시를 보고 느낌이 있어, 송지문이 두보 자신에게 그런 행적을 남겨서 보여 주었다는 뜻이다.《杜少陵詩集 卷22》 여기서는 눌재 박상이 탄금대에 시를 써 놓음으로써 후일 소재가 이를 보게 되었다는 뜻이다.

249 뉘에게……알꼬 : 소재의 시는 전인인 눌재 박상의 시에 결코 미치지 못한다는 뜻이다.

250 견문산(犬門山)……갖추어졌네 : 견문산은 충주 소재지 서쪽에 위치한 산이다. 용호(龍戶)는 이연경의 집을 가리킨다. 사암(祠菴)은 사당(祠堂)과 같은 뜻으로, 이연경을 향사하는 사당을 가리킨다.

251 등림(登臨)함엔……없거니와 : 유종원(柳宗元)이 유주 자사(柳州刺史)로 좌천되고 지은 〈여호초상인동간산기경화친고(與浩初上人同看山寄京華親故)〉에 "어떻게 하면 이 몸을 천억 개로 변화하여, 흩어져 산봉마다 올라가 고향을 바라볼 수 있을꼬.〔若爲化得身千億, 散上峯頭望故鄉.〕"라고 한 데서 온 말이다.《柳河東集 卷42》 여기서는 고향이 가까이 있어, 유종원처럼 고향 생각이 절박하지는 않다는 말이다.

소나무 길 복사꽃 길이 어슴푸레 어제 같아라[253] 松徑桃蹊怳如昨
반평생 인간사가 슬픔과 부끄러움이 반반일세 半生人事雜悲慙

252 어느새……뿐이네 : 소재가 처음 1545년(명종 즉위년)에 파직되어 고향으로 내려갔다가 1547년 처음 순천(順天)으로 유배(流配)되었고 보면 처음 파직되던 해에서 1566년인 현재까지가 딱 21년째가 된다.

253 소나무……같아라 : 소나무 길은 도잠(陶潛)의 〈귀거래사(歸去來辭)〉에 "세 오솔길은 묵었으나, 소나무와 국화는 아직 남아 있도다.〔三徑就荒, 松菊猶存.〕"라고 한 데서 온 말로, 전하여 은사(隱士)를 의미한다. 복사꽃 길은 《사기(史記)》〈이장군열전(李將軍列傳)〉에 "복숭아나무와 오얏나무는 말이 없으나 꽃과 열매가 좋아서 찾아오는 사람이 많아서 그 밑에 저절로 길이 생긴다.〔桃李不言, 下自成蹊.〕"라고 한 데서 온 말로, 전하여 덕행(德行)이 있는 사람을 비유한다. 여기서는 이연경이 거주했던 곳의 주변을 위의 고사들에 빗대서 한 말이다.

광주 목사에게 매를 요구하다
從廣使覓鷹

전목[254]은 모든 고을보다 귀중하거니와 甸牧諸州貴
나그네 신하는 백 리나 떨어져 있다오 羈臣百里違
이미 계칙이 내려왔단 소식[255]을 들었으니 已聞鸂鶒下
끝내 가응이 돌아오는 걸 보겠구려[256] 終見架鷹歸
이것[257]은 정신이 꼭 왕성해야 하거니와 此物神須王
봄이 되면 힘이 약해질까 두렵구려 春生力恐微
응당 알리라 오른 팔뚝이 묵직해질 땐[258] 應知右臂重
좋은 반찬을 이놈에게 의지하게 될 줄은 甘旨得因依

254 전목(甸牧) : 경도(京都) 부근 지방의 목(牧)이라는 뜻으로, 여기서는 광주목(廣州牧)을 지칭한다.

255 계칙(鸂鶒)이 내려왔단 소식 : 광주 목사(廣州牧使) 윤주(尹澍)가 곧 조정(朝廷)의 부름을 받게 되었다는 뜻이다. 46쪽 주83 참조.

256 끝내……보겠구려 : 가응(架鷹)은 시렁에 담긴 매를 의미한다. 광주 목사 윤주가 조정으로 소환되어 가고 나면 그가 부리던 매를 자신에게 보내 주리라는 뜻에서 한 말이다.

257 이것 : 매를 지칭한다. 두보(杜甫)의 〈양감우출화응십이선(楊監又出畫鷹十二扇)〉에 "일기가 추워지거든 크게 사냥할 제, 이것은 정신이 다 왕성하였더라.〔天寒大羽獵, 此物神俱王.〕"라고 하였다. 《杜少陵詩集 卷15》

258 오른……땐 : 매를 오른 팔뚝 위에 올려놓고 부려서 사냥할 때를 말한다.

구을현[259]에서
求乙峴

새벽에 어머니께 인사드리고 산 아래 당도하니	曉辭堂下抵山邊
세모의 차가운 하늘에 눈보라가 아득하여라	風雪蒼茫歲暮天
나무엔 경사가 걸려 있어 까막은 내려앉으려 하고[260]	樹綴輕絲欲烏落
언덕엔 순옥이 깔려 있어 나귀가 길 가길 겁내누나[261]	岸橫純鋈怯驢緣
혼란스런 길 손으로 가리키며 종은 입을 다물고[262]	亂程指點奴箝口
두어 시구 맘으로 읊으며 나는 어깨를 으쓱이네[263]	數句心占客聳肩
고금의 역사 돌아보매 근심과 기쁨이 섞이었어라	顧後瞻前憂喜合
일생 백년의 인간사가 눈앞이 깜깜할 뿐이로다	百年人事卽冥然

259 구을현(求乙峴) : 충북 괴산군 남쪽 13리쯤에 있는 고개이다. 《신증동국여지승람(東國輿地勝覽)》 권14 〈충청도 괴산군〉에는 '求'가 '仇'로 되어 있다.

260 나무엔……하고 : 경사(輕絲)는 가벼운 실이라는 뜻으로 나뭇가지에 달라붙은 눈을 형용한다. 까마귀는 나뭇가지에 달라붙은 눈을 싫어하여 낮은 데로 내려앉는다는 뜻이다.

261 언덕엔……겁내누나 : 순옥(純鋈)은 순백색으로 도금한 것을 말한 것으로, 여기서는 언덕에 눈이 하얗게 덮여 있는 상태를 형용하는바, 나귀가 이것을 보고 미끄러워 길 가기를 겁낸다는 뜻이다.

262 종은 입을 다물고 : 너무 추워서 입이 얼어 말이 잘 안 나오는 것을 형용한 말이다.

263 두어……으쓱이네 : 소식(蘇軾)이 일찍이 〈증사진하충수재(贈寫眞何充秀才)〉에서 "그대는 못 보았나 눈 속에 나귀 탄 맹호연이, 눈썹 찌푸리고 시 읊느라 산 자 어깨 으쓱인 것을.〔又不見雪中騎驢孟浩然, 皺眉吟詩肩聳山?〕"이라고 한 데서 온 말이다. 《蘇東坡詩集 卷12》 여기서는 나귀를 타고 시를 읊는 중이라서 위의 고사에 빗대어 말한 것이다.

대곡 처사[264]에게 주다

贈大谷處士

우연히 산음의 흥취가 일어서[265]	偶作山陰興
멀리 곡구의 집[266]을 찾아오노라니	迂尋谷口廬
추위를 겪어 소나무는 절로 빼어나고	經寒松自秀
섣달 기운 띠어 버들 눈은 약간 텄네	帶臘柳微舒
원우의 완인은 이제 늙어 버렸고[267]	元祐完人老

264 대곡(大谷) 처사 : 성운(成運, 1497~1579)으로, 본관은 창녕(昌寧), 자는 건숙(健叔), 호는 대곡이다.

265 우연히……일어서 : 산음(山陰)의 흥취는, 진(晉)나라 왕휘지(王徽之)가 어느 날 밤에 홀로 술을 마시면서 좌사(左思)의 〈초은시(招隱詩)〉를 읊조리다가 갑자기 섬계(剡溪)에 사는 친구인 대규(戴逵)가 생각나자 즉시 자기가 사는 산음에서 거룻배를 타고 밤새도록 가서 다음 날 아침에야 섬계에 당도했는데, 대규의 집 문 앞까지 가서는 흥이 다했다 하여 들어가지 않고 되돌아왔던 고사에서 온 말이다.《晉書 王徽之列傳》 여기서는 왕휘지와 같은 흥취로 처사인 성운을 찾아왔다는 뜻이다.

266 곡구(谷口)의 집 : 한대(漢代)의 은사 정박(鄭樸)이 은거하던 곳이다.《漢書 王貢兩龔鮑傳》 여기서는 성운의 집을 정박의 집에 빗대서 한 말이다.

267 원우(元祐)의……버렸고 : 완인(完人)이란 난세(亂世)에도 실절(失節)하지 않고 횡사(橫死)하지 않아서 신명(身命)과 절의(節義)를 지킨 사람으로, 본래는 송 철종(宋哲宗) 원우 연간에 보문각 대제(寶文閣待制)를 지낸 유안세(劉安世)를 가리킨다. 그가 조정에서 쫓겨나 여러 유배지를 거쳐 매주(梅州)에 이배(移配)되었을 때 장돈(章惇), 채변(蔡卞) 등이 하수인을 시켜 그를 죽이려고 했으나, 다행히 위기를 면하고 뒤에 풀려났다. 그 후 집에 있는 동안 그의 명망이 더욱 높아지자 당시 한창 권력을 행사하던 양사성(梁師成)이 사자(使者)를 시켜 편지를 보내서 크게 등용하겠다는 뜻으로 달래고 또 자손의 장래를 위하는 계책도 세우도록 권하였다. 유안세가 웃으면서

주남의 체객은 그대로 남아 있다오[268] 周南滯客餘
어찌 술 싣고 와서 글 물을 것 있으랴[269] 何須載酒問
한 번의 알현이 십 년 독서보다 나은 걸[270] 已勝十年書

사절하기를 "내가 만일 자손의 계책을 위했다면 이 지경에 이르지 않았을 것이다. 나는 원우의 완인이 되어 지하에 가서 스승 사마광을 만나고 싶을 뿐이다.〔吾若爲子孫計, 不至是矣. 吾欲爲元祐全人, 見司馬光于地下.〕"라고 한 데서 온 말이다.《宋史 劉安世列傳》 원우 1년(1086)에 사마광(司馬光)이 재상이 되어서는 앞서 왕안석(王安石)이 제정한 신법(新法)을 모조리 폐지하였다. 여기서는 처사 성운을 원우의 완인이라고 찬미한 것이다.

268 주남(周南)의……있다오 : 한 무제(漢武帝) 때 태사공(太史公) 사마담(司馬談)이 일찍이 주남 땅, 즉 낙양(洛陽)에 오래 유체(留滯)되어 있다가 천자(天子)가 봉선(封禪)하는 일에 참의(參議)하지 못하고 분개하여 죽었던 데서 온 말이다. 체객(滯客)은 조정으로부터 소외되어 오래도록 한 곳에 갇혀 있는 처지를 말한다.《史記 太史公自序》 여기서는 조정과 멀리 떨어진 곳에 갇혀 있는 자신의 처지를 사마담의 일에 빗대서 한 말이다.

269 어찌……있으랴 : 한대(漢代)의 문장가 양웅(揚雄)은 고문(古文), 기자(奇字) 등을 잘 알았으므로 유분(劉棻) 등이 항상 그에게 가서 기자를 물어 배웠고, 양웅은 또 원래 가난한 데다 술을 좋아했으므로 가끔 호사자(好事者)들이 술과 안주를 싣고 찾아와 수업을 청한 데서 온 말이다.《漢書 揚雄傳》 여기서는 성운에게 찾아간 것이 중요하지 굳이 술을 싣고 갈 것까지야 있겠는가라는 뜻이다.

270 한……걸 : 정이(程頤)의 제자가 묻기를 "불가의 말에 '하룻밤 새에 깨닫는다.'느니, '말이 떨어지자마자 깨닫는다.'느니 하는 말들은 무슨 뜻입니까?" 하자, 대답하기를 "고인이 이르기를 '그대와 하룻밤 나눈 대화가 10년 동안의 독서보다 낫구려.'라고 했으니, 만일 말하자마자 바로 깨닫는다면 어찌 10년 동안의 독서보다 나을 뿐이겠는가."라고 한 데서 온 말이다.《二程遺書 卷18》 여기서는 소재가 성운을 방문하여 좋은 말을 들은 것이 10년 동안의 독서보다 나았다는 뜻이다.

청천[271]을 출발하다

發青川

아침 해는 청천을 환하게 열어 주고　出日青川闢
동풍은 흑양[272]을 훈훈하게 불어 주는데　東風黑壤融
두꺼운 얼음은 버들 언덕을 가로질렀고　層氷閣柳培
피어오르는 안개는 솔 봉우리를 뒤덮었네　遡霧羃松峯
땅은 부모님 계신 곳과 떨어져 있고　地有庭闈間
마음은 물아가 서로 같을 수 없으니　心無物我同
허둥지둥 살아가는 일생 백년 안짝에　悽悽百年內
군자삼락을 과연 어디에 쓴단 말인가[273]　三樂果何庸

271 청천(青川) : 충북 괴산군 내의 지명이다.

272 흑양(黑壤) : 검은 빛이 나는 비옥한 토양을 가리킨다.

273 군자삼락(君子三樂)을……말인가 : 부모가 생존하였고 형제가 무고하긴 하지만 부모를 직접 모시고 봉양할 수 없기 때문에 세 가지 낙을 다 누릴 수 없다는 뜻이다.

이십칠 일에 느낌이 있어 짓다

二十七日有感

을축년(1565, 명종20) 겨울에 말을 잃었고, 병인년(1566) 봄에 이배(移配)되었다.

나귀를 잃던 지난해에 이미 인을 징험했는데[274]	喪驢前歲已徵寅
토끼를 얻은 명년은 태세가 진에 있지 않네[275]	得兎明年不在辰
인생의 얻고 잃는 것이 어찌 우연이겠는가	得喪人生豈偶爾
정명을 순히 받으며[276] 양친을 봉양할 뿐이로다	只應順受奉雙親

274 나귀를……징험했는데 : 한유(韓愈)와 장서(張署)가 모두 좌천되고 어느 날 함께 자는데 호랑이가 나귀를 물어 가는 일이 생겼다. 이때 장서가 "이 나귀는 빨리 달리지 못하는데 호랑이가 물어 갔으니 오는 인월에 징험이 나타날 것이다.〔來寅其徵〕"라고 하였다. 과연 그다음 해 인월(寅月)에 한유와 장서는 조정의 부름을 받고 함께 경도(京都)로 돌아왔다고 한다.《東雅堂昌黎集註 卷22 祭河南張員外文》 한유의 제문에서 말한 인(寅)은 호랑이를 상징하고 맹수는 맹수(孟首), 즉 맹춘(孟春) 정월(正月)과 통하는 말로써 다음 해 1월에 돌아가게 될 것이라는 예언이었다. 즉 을축년(1565) 겨울에 말〔馬〕을 잃었고 다음 해인 병인년(1566) 봄에 이배된 것이 마치 한유의 일과 같이 되었다는 뜻이다.

275 토끼를……않네 : 태세(太歲)가 진(辰)에 있다는 것은, 후한(後漢) 때의 경학자인 정현(鄭玄)이 어느 날 공자(孔子)가 "일어나라, 일어나라, 금년의 태세는 진에 있고, 내년의 태세는 사에 있다.〔起, 起, 今年歲在辰, 來年歲在巳.〕"라고 일러 준 꿈을 꾸고 나서, 참서(讖書)로 맞추어 보고는 스스로 자기의 수명이 다했음을 알았는데, 이윽고 병이 깊어져서 죽었다는 고사에서 온 말이다.《後漢書 鄭玄列傳》 여기서는 금년이 병인년이기 때문에 명년은 토끼인 정묘년이 되어 진년(辰年)과는 상관이 없으므로 정현처럼 죽을 운수가 아니라는 뜻이다.

제석
除夕

나그네살이는 마칠 때가 없건마는 為客無時了
슬픈 이해는 저녁으로 끝나는구려 悲年向夕終
기주의 시는 한 글자만 바꾸었는데[277] 夔詩一字化
괴산의 술은 작은 술그릇도 텅 비었네 槐酒小樽空
세상일은 원래 한두 가지가 아니거니와 世事元非一
제철의 음식은 어제와 서로 같지 않구려 時羞昔不同
내가 어찌하여 이렇게 기쁠 수 있을까 吾何有以喜
내일이면 또 춘풍이 불어오기 때문일세 來日又春風

276 정명(正命)을 순히 받으며 : 맹자(孟子)가 이르기를 "명 아님이 없으나 정명을 순히 받아야 한다. 그러므로 정명을 아는 자는 위험한 담장 아래에도 서지 않는다. 도리를 다하고 죽는 자는 정명이요, 죄를 짓고 죽는 자는 정명이 아니다.〔莫非命也, 順受其正. 是故知命者, 不立乎巖牆之下. 盡其道而死者, 正命也; 桎梏死者, 非正命也.〕"라고 하였다. 《孟子 盡心上》

277 나그네살이는……바꾸었는데 : 기주(夔州)의 시란, 두보(杜甫)가 기주로 이사하여 살면서 지은 시들을 말한다. 한 글자만 바꾸었다는 것은, 두보의 〈대력이년구월삼십일(大曆二年九月三十日)〉에 "나그네살이는 마칠 때가 없건만, 슬픈 이 가을은 저녁으로 끝나누나.〔為客無時了, 悲秋向夕終.〕"라고 하였는데, 여기서 이 두 구절을 인용하면서 '추(秋)' 자를 '연(年)' 자로 바꾸어 쓴 것을 이른다. 《杜少陵詩集 卷20》

원조 정묘년(1567, 명종22)[278] 정월이다.

元朝 丁卯正月

오늘은 새봄이 또 시작하는 날인데 此日新春又
어떤 사람은 묵은 한을 다 떨쳤는고 何人舊恨終
떡국 사발은 장차 가득 채우기 쉬운데 糝盂行易滿
약탕기는 점차로 비우기가 어렵구려 藥銚漸難空
채색옷 입은 모습은 쇠하여 많이 달라졌고[279] 戲綵衰多異
가난을 상심함은 오랜 객지 생활이 똑같네[280] 傷貧客久同
단지 서로 위문해 준 것만 받을 뿐이로다 只容相問勞
하체는 저린 데다 두통까지 앓으면서 坐痺與頭風

278 정묘년 : 이때 소재의 나이는 53세였다.

279 채색옷……달라졌고 : 여기서는 부모를 기쁘게 해 드리기 위해 채색옷을 입곤 하지만, 자신도 나이가 들면서 점차 쇠한 모습이 드러난다는 뜻이다.

280 가난을……똑같네 : 여기서는 계속 얽매인 나그네 생활을 하다 보니, 부모를 제대로 봉양할 수 없음을 한탄하는 뜻이다. 41쪽 주64 참조.

진사 김우갑이 멀리서 사슴 고기를 보내 주었다
金進士友甲遠餽麋肉

해자에 파초로 덮어 둔 사슴을 기억하여[281]	多君記識覆隍蕉
각심을 흰 띠풀로 싸서 내게 나눠 주었네[282]	分我脚心包白茅
얼음 속 잉어와 나는 황작을 기다릴 것도 없이[283]	不待氷魚與飛雀
급히 불씨를 살려 어머니 주방으로 들여가련다	急呵寒火入慈庖

281 해자에……기억하여 : 《열자(列子)》 〈주목왕(周穆王)〉에 "정나라 사람이 사슴을 몰아서 때려잡고는 남이 볼까 염려하여 물 없는 해자 안에 숨기고 파초 잎으로 덮어 놓고는 그만 그 숨겨 둔 자리를 잊어버렸다."라고 한 데서 온 말로, 흔히 득실의 무상(無常)함을 비유할 때 쓴다. 여기서는 김우갑(金友甲)이 정나라 사람처럼 사슴을 잃어버리지 않고 잘 가져왔다는 뜻이다.

282 각심(脚心)을……주었네 : 각심은 원래 발바닥 중앙의 땅에 닿는 부분을 뜻하지만, 여기서는 사슴의 다리 하나를 말한 것이다. 흰 띠풀로 쌌다는 것은 《시경》 〈소남(召南) 야유사균(野有死麕)〉에 "숲에 떡갈나무가 있으며, 들에 죽은 사슴이 있거늘, 흰 띠풀로 묶으니, 처녀가 옥처럼 아름답도다.〔林有樸樕, 野有死鹿. 白茅純束, 有女如玉.〕"라고 한 데서 온 말이다. 역시 사슴 고기를 선물로 받았기 때문에 이 시를 인용한 것이다.

283 얼음……없이 : 진(晉)나라 때 효자 왕상(王祥)이 추운 겨울날 모친이 생어(生魚)를 먹고 싶어 하자, 얼음 위에 드러누우니 얼음이 깨지면서 잉어 두 마리가 뛰어나왔다. 또 모친이 황작구이를 먹고 싶어 하자, 황작 수십 마리가 저절로 장막 안으로 날아 들어와서 이것을 잡아 봉양하였다. 《晉書 王祥列傳》 여기서는 잉어나 황작이 없어도 사슴 고기가 있어 당장 어머니를 봉양할 수 있다는 뜻이다.

다시 김 정언에게 답하다
復答金正言

서풍이 끊임없이 불어와서	西風吹不已
의란[284] 같은 내 얼굴을 초췌케 하네	悴我猗蘭顔
난초의 끼친 향기가 남아 있어	怕有遺芳在
산을 나갈 줄 알까 되려 두렵구려[285]	還能解出山

284 의란(猗蘭) : 아름다운 난초를 말한 것으로, 《악부시집(樂府詩集)》 권58 〈금곡가사(琴曲歌辭) 의란조(猗蘭操)〉에 "〈의란조〉는 공자가 지은 것이다. 공자가 천하 제후들을 다 만나 보았으나 공자를 써 줄 사람이 없었으므로, 위나라로부터 노나라로 돌아오다가 깊은 골짜기에서 향기로운 난초가 홀로 무성한 것을 보고 탄식하여 이르기를 '난초는 의당 왕자의 향이 되어야 하는데, 지금 홀로 무성하여 잡초들과 섞여 있구나.〔蘭當爲王者香, 今乃獨茂, 與衆草爲伍.〕' 하고 이에 수레를 멈추고 거문고를 가져다 타면서 스스로 때를 만나지 못한 것을 상심하여 자신을 향란에 의탁한 것이다."라고 한 데서 온 말이다.

285 산을……두렵구려 : 산을 나간다는 것은 두보(杜甫)의 〈가인(佳人)〉에 "산에 있으면 샘물이 맑았다가, 산을 벗어나면 샘물이 흐려진다네.〔在山泉水淸, 出山泉水濁.〕"라고 한 데서 온 말로, 전하여 세속에 물드는 것을 의미한다. 《杜少陵詩集 卷7》

황제[286]가 붕하다

皇帝崩

병인년(1566, 명종21) 12월 14일에 붕했는데, 지금 정월에 부음이 온 것이다.

천하를 사십오 년 통치한 가정 황제여[287]	四十五年嘉靖帝
해 뜨는 아득한 동쪽 번방 조선이로세	杳然日出是藩邦
태평성대 노래하며 기정에 만족했고[288]	鑿耕何有安箕井
압록강을 국경으로 사신 행렬 끊이지 않았네	冠蓋相望限鴨江
우리 국왕 마음이 충경을 주로 한 때문이고	只爲王心主忠敬
황제의 은택이 아주 큼으로 말미암았다오	亦關天意屬洪浝
혼란하고 쇠퇴해진 풍속은 심상한 일이거니	昏風衰俗尋常事
정월 초하루에 굳은 신뢰 이어지기만 송축하노라	直頌元春繼信矼

286 황제(皇帝) : 명 세종(明世宗)을 가리킨다.

287 사십오……황제여 : 가정(嘉靖) 연호는 1522년부터 1566년까지 45년 동안 사용되었다.

288 기정(箕井)에 만족했고 : 기정은 기자 조선(箕子朝鮮) 시대에 중국 상고 시대의 정전(井田) 제도를 사용했다는 데서 온 말로, 여기서는 조선이 황제의 은택을 입어 태평성대를 누려 왔다는 뜻이다.

정월 대보름날 저녁에 마을 사람들이 달을 보고 점치느라 매우 떠들썩하다
上元夕隣里占月囂甚

산골 풍속이 한 해의 점을 중시하니	峽俗重歲占
정월 대보름달 구경을 하는 때로다	上元觀月時
높이 뜨거나 낮게 뜨는 게 증험이 되니	高低爲左驗
이로써 풍년 흉년을 미리 알 수 있다네	豐歉可前知
해운은 당연히 모두 두려워해야 하지만	天數須相畏
인간의 계획은 스스로 속이지 말아야지[289]	人謀莫自欺
흉년이 사람을 죽일 수는 없나니[290]	凶年不能殺
이 뜻을 백성들이 생각토록 고해 주노라	告與細民思

289 인간의……말아야지 : 공은 적게 들이고 많은 수확을 바라지 말아서, 정직하게 농사를 지으라는 뜻인 듯하다.

290 흉년(凶年)이……없나니 : 맹자(孟子)가 이르기를 "이끗에 주도면밀한 자는 흉년이 그를 죽일 수 없고, 덕에 주도면밀한 자는 나쁜 세상이 그를 어지럽힐 수 없다.〔周于利者, 凶年不能殺; 周于德者, 邪世不能亂.〕"라고 한 데서 온 말이다. 《孟子 盡心下》

점필재의 〈공화어제망원정시〉[291]에 추화하여 여덟 수를 짓다
追和佔畢恭和御製望遠亭詩八首

왕자[292]가 인간에 있으면서	王子在人間
고상한 정취 높은 안목으로 경물을 조망했네	遐情活眼看
정자는 성곽 밖 탁 트인 곳에 우뚝 서 있고	亭臺敞重郭
한강은 첩첩 산봉우리를 흔들며 흐르누나	江漢動層巒
다만 기심 잊는 완상거리로 삼았을 뿐이지	只得忘機玩
어찌 방법을 갖고 물 구경할 것까지 있으랴[293]	何容有術觀
생가 소리가 석양을 다투어 울려 퍼질 제	笙歌爭落日
그 누가 자라 낚는 낚싯대를 손에 잡았던고[294]	誰把釣鰲竿

291 점필재(佔畢齋)의 공화어제망원정시(恭和御製望遠亭詩) : 망원정은 양화도(楊花渡) 동쪽 언덕에 있는데, 원래 효령대군(孝寧大君)의 희우정(喜雨亭)이었다. 성종(成宗) 연간에 월산대군(月山大君)이 고쳐 짓고 망원정으로 개명하였는데, 매년 농사를 살필 때나 수전(水戰) 연습을 관찰할 때 성종이 늘 이 정자에 거둥했다고 한다. 성종이 일찍이 〈망원정시(望遠亭詩)〉 8수를 지었는데, 점필재 김종직(金宗直)이 성종의 시에 화운(和韻)하였다.

292 왕자(王子) : 효령대군과 월산대군을 가리킨다.

293 어찌……있으랴 : 맹자(孟子)가 이르기를 "물을 구경하는 데에 방법이 있으니, 반드시 콸콸 흐르는 여울을 보아야 한다.〔觀水有術, 必觀其瀾.〕"라고 한 데서 온 말인데, 학문을 하는 데 있어 반드시 근원이 있어야 이룰 수 있다는 의미로 한 말이다. 《孟子 盡心上》 여기서는 왕자들이 한강(漢江)을 구경하면서 굳이 학문하는 방법을 가지고 했겠느냐는 뜻이다.

294 그……잡았던고 : 발해(渤海) 동쪽의 다섯 신산(神山)이 조수(潮水)에 밀려 표류하자, 천제(天帝)가 금색 자라 15마리로 하여금 이 산들을 머리에 이고 있게 하였는

우로 같은 은택으로 한가론 때도 많아 雨露供多暇
강산을 마음껏 노니는 터전으로 삼았네 江山入縱遊
창아한 시는 저녁놀[295]처럼 화려하고 淸詩落霞麗
취중 필적은 분란한 구름처럼 생동하네 醉墨亂雲悠
양화도의 석양에 땅은 하 광활하고 地闊楊花晩
저자도의 가을에 하늘은 높기도 하여라 天高楮子秋
울리는 방울 소리는 등왕각 비슷하고[296] 鳴鑾擬滕閣
난봉을 채찍질함엔 영주임을 알겠구려[297] 鞭鳳認瀛洲

데, 용백국(龍伯國)의 거인이 단번에 자라 6마리를 낚아 가자 방호, 영주, 봉래의 세 산만 남았다고 한다. 전하여 자라를 낚는다는 것은 흔히 남아(男兒)의 큰 기개와 원대한 포부를 의미한다.《列子 湯問》 이백(李白)이 자신을 해상조오객(海上釣鼇客)이라 자칭하며 무지개를 낚싯줄로 삼고 밝은 달을 낚시로 삼아 천하에 의기 없는 장부를 미끼로 큰 자라를 낚고자 한다고 하였다.《侯鯖錄 卷6》 이백 또한 이씨에다 당(唐)나라 종실(宗室)이기도 하므로, 여기서 자라 낚는 낚싯대를 잡았다는 것은 조선의 왕자(王子)들을 이백에 빗대서 한 말이다.

295 저녁놀 : 왕발(王勃)의 〈등왕각서(滕王閣序)〉에 "저녁놀은 외로운 따오기와 가지런히 날고, 가을 물은 긴 하늘과 한 빛이로다.〔落霞與孤鶩齊飛, 秋水共長天一色.〕"라고 한 데서 온 말이다.

296 울리는……비슷하고 : 울리는 방울이란 수레를 끄는 말의 고삐에 달아 쟁글쟁글 울리게 하는 방울을 말한다. 왕발의 〈등왕각서〉에 "등왕의 높은 누각이 강가에 임해 있는데, 패옥과 울리는 방울 가무도 다 파했네.〔滕王高閣臨江渚, 佩玉鳴鑾罷歌舞.〕"라고 하였다. 등왕각은 당 고조(唐高祖)의 아들인 이원영(李元嬰)이 홍주 자사(洪州刺史)로 있을 때 지었는데, 당시 그가 등왕(滕王)에 봉해졌기 때문에 등왕각이라 한 것이다. 여기서는 월산대군의 망원정을 등왕각에 빗대서 한 말이다.

297 난봉(鸞鳳)을……알겠구려 : 난봉을 채찍질한다는 것은 한유(韓愈)의 〈봉수노급사운부사형곡강하화행견기……(奉酬盧給事雲夫四兄曲江荷花行見寄……)〉에 "천상 같은 조정의 진인은 관부 일이 바쁘니, 어찌 지상신선이 난봉을 채찍질하여 종일 따라다

조식과 같이 문장은 노련하였고[298]	曹植文章老
유안과 같이 기예도 참 많았구려[299]	劉安技藝多
능히 선행을 즐길 줄 알았거니와	能知善是樂
반드시 예의 쓰임을 화로 하였네[300]	必用禮爲和
주옥으로 장식한 문객은 삼천이요[301]	珠玉三千客
수레는 열두 행와를 두루 다니었도다[302]	車輿十二窩

니며 즐기는 것만 하랴.〔上界眞人足官府, 豈如散仙鞭笞鸞鳳終日相追陪?〕"라고 한 데서 온 말이다.《東雅堂昌黎集註 卷7》 여기서는 조정에서 높은 벼슬을 하지 않고 조용히 산수의 풍광을 즐기며 지낸 것이 마치 영주의 신선 같았다는 뜻이다.

298 조식(曹植)과……노련하였고 : 조식은 삼국(三國) 시대 위 무제(魏武帝)의 둘째 아들로 자는 자건(子建)인데, 문장이 뛰어나서 명성이 천하에 드높았다. 여기서는 월산대군이 문장이 뛰어났으므로, 그를 조식에 빗대서 한 말이다.

299 유안(劉安)과……많았구려 : 유안은 한(漢)나라 때 회남왕(淮南王)의 아들로, 글을 좋아하여 빈객과 방술사(方術士)들을 많이 초대하여 〈회남내외서(淮南內外書)〉를 저술하였다.《漢書 淮南厲王劉長》 여기서는 월산대군의 기예가 유안처럼 훌륭했다는 뜻이다.

300 능히……하였네 : 선행을 즐길 줄 알았다는 것은 후한 광무제(後漢光武帝)의 여덟째 아들로 동평왕(東平王)에 봉해진 유창(劉蒼)이 집에 있을 때는 선행을 하는 것이 가장 즐겁다고 한 데서 온 말이다. 예(禮)의 쓰임을 화(和)로 했다는 것은 동평왕이 천하가 화평해졌으니 의당 예악을 닦아야 한다고 하여, 공경(公卿)들과 함께 남북교(南北郊)에서 사용할 관면(冠冕), 거복(車服)의 제도와 광무제의 사당에 올릴 등가(登歌)와 팔일무(八佾舞)의 수(數)를 의정(議定)했던 데서 온 말이다.《後漢書 東平憲王蒼列傳》 여기서는 월산대군 또한 동평왕처럼 훌륭했다는 뜻이다.

301 주옥(珠玉)으로……삼천(三千)이요 :《사기(史記)》〈춘신군열전(春申君列傳)〉에 "춘신군의 문객은 3000명인데, 그중에 상객(上客)들은 모두 주옥으로 장식한 신을 신었다."라고 한 데서 온 말이다. 문객이 많았음을 춘신군에 빗대서 한 말이다.

302 수레는……다니었도다 : 송대(宋代) 유학자 소옹(邵雍)이 낙양(洛陽)의 천진교(天津橋) 남쪽에 안락와(安樂窩)를 짓고 자호(自號)를 안락선생(安樂先生)이라 하였

서호의 경치는 참으로 아름다우니	西湖信佳麗
시문의 표현은 지극히 사소할 뿐이로다	掇拾至毫麽

한 방면의 뛰어난 경치를 한가한 놀이에 부치니	一方殊勝屬閑遊
정자는 백로주를 돌아 흐르는 물을 굽어보네[303]	亭壓中分白鷺洲
물은 오대산에서 발원하여 한강에 유입되었고	水散五臺爲漢誘
산은 삼신산과 연접하여 신령의 꾀에 참여했도다	山連三島與神謀
달빛 환한 난간은 새벽 산새들을 놀래키고	紛紛月檻驚禽曉
바람 쌀쌀한 뜰아랜 가을 돛배 어지러이 오가누나	颯颯風階亂帆秋
오색구름 어린 자청[304] 가까운 가무하는 곳이라	雲近紫淸歌舞地
한가론 풍류인들은 온종일 시름을 알지 못하네	散仙終日不知愁

강의 형세는 멀고 편평하고 산은 탁 트이어	遠平江勢拓山形
옥거울에 은 쟁반과 수놓은 병풍이 일렁거리네[305]	玉鏡銀盤漾綉屛

다. 행와(行窩)는 당시 사람들이 자기 집에 안락와와 똑같은 모양의 열두 집을 지어 놓고 그가 오기를 기다렸는데, 바로 그 집을 가리킨다.《聞見前錄 卷20》 여기서는 월산대군이 소옹과 같은 존경을 받았다는 뜻이다.

303 정자(亭子)는……굽어보네 : 백로주(白鷺洲)는 이백(李白)의 〈등금릉봉황대(登金陵鳳凰臺)〉에 "삼산은 푸른 하늘 밖으로 반쯤 떨어져 있고, 두 강물은 백로주에서 중간이 나누어졌네.〔二水中分白鷺洲.〕"라고 한 데서 온 말로, 본래는 봉황대 아래 있던 모래섬 이름이다.《李太白集分類補註 卷21》 여기서는 망원정이 굽어보고 있는 한강(漢江)의 모래섬을 백로주에 빗대서 한 말이다.

304 자청(紫淸) : 본디 신선(神仙)이 거주하는 천상(天上)을 말한 것으로, 여기서는 궁전을 가리킨다.

305 옥거울에……일렁거리네 : 옥거울은 맑고 고요한 수면을, 은 쟁반은 밝은 달의

동쪽 서쪽 하늘 양 끝엔 해와 달이 걸려 있고　天盡東西懸日月
고구려 백제를 이은 땅엔 단청한 누각이 우뚝해라　地殘麗濟聳丹青
오룡들은 출몰하며 아침에 바다를 따라 내려가고　魚龍出沒隨朝海
갈매기 백로는 빙빙 돌다 밤이면 물가에 머무르네　鷗鷺回翔泊夜汀
그 얼마나 취하고 깨고 하며 저문 해에 놀랐던가　幾度醉醒驚歲晚
산등성 가득 솔과 잣나무만 똑같이 우뚝하구나　滿岡松柏共亭亭

호숫가 우뚝 솟은 누각이 무궁문에 들었는지라[306]　湖邊飛構入無窮
학 타고 피리 불며 늙지 않은 노인이 있었네[307]　乘鶴吹笙不老翁
파도 소린 떠들썩해라 우주가 좁아 막힐 듯하고[308]　濤浪轟豗宇宙妨

모양을, 수놓은 병풍은 사방에 둘러 있는 산을 형용한 말이다. 달빛과 산 그림자가 강물에 비쳐 일렁이는 것을 뜻한다.

306 호숫가……들었는지라 : 무궁문(無窮門)은 도가(道家)에서 지도(至道)의 경계(境界)를 들어가는 문경(門徑)을 말하는데, 여기서는 천상 선경(仙境)의 의미로 쓰였다. 《장자》 〈재유(在宥)〉에 "지금 저 온갖 만물은 모두 흙에서 나와 흙으로 돌아갈 뿐이다. 그러므로 나는 장차 속세의 그대에게 속세를 벗어나서 무궁한 지도의 문으로 들어가 무극의 들판에서 노닐게 하고자 한다.〔今夫百昌, 皆生於土而反於土. 故余將去女, 入無窮之門, 以游無極之野.〕"라고 하였다.

307 학(鶴)……있었네 : 《일주서(逸周書)》에 의하면 주 영왕(周靈王)의 태자(太子)인 왕자교는 생소(笙簫)를 불어서 봉황의 울음소리를 잘 냈는데, 그가 도사(道士) 부구공(浮丘公)을 따라 숭고산(嵩高山)에 올라가서 선술(仙術)을 배운 지 30여 년 뒤에 구지산(緱氏山)에서 백학(白鶴)을 타고 승천했다고 한다. 여기서는 월산대군을 신선 왕자교에 빗대서 한 말이다.

308 파도……듯하고 : 한유(韓愈)의 〈악양루별두사직(岳陽樓別竇司直)〉에 "떠들썩하게 큰 파도가 일어날 땐, 우주가 좁아서 막힐 듯하네.〔軒然大波起, 宇宙隘而妨.〕"라고 하였다. 《東雅堂昌黎集註 卷2》

바람 구름은 신속하여 귀신과 서로 통한 듯하네 風雲欻吸鬼神通
시문 짓고 쓰느라 미묘한 생각 자주 긁어냈거니 已煩詞翰微情抉
무엇하러 산수 그림까지 잘 그릴 필요가 있었던가 何用經營遠勢工
지인[309]에 대해 의미만 찾아 얻어 갔다면 但就智仁尋得去
즐길 만한 게 그 가운데 있음을 알았으리라 應知可樂在其中

군(君)이 시(詩), 서(書), 화(畫)에 능했다.

일생 백년 세월을 심상히 보아 넘기다 보면 百年光景等閑看
이것이 곧 참으로 산수가 되기 어려운 거로다[310] 卽此眞爲山水難
거센 바람에 만리 파도를 헤쳐 갈 것 없어라[311] 不必長風破萬里
반평생 심사 아득하여 홀로 난간 비겨 섰노라 半生心迹獨憑欄

309 지인(智仁) : 공자(孔子)의 말에 "지혜로운 자는 물을 좋아하고, 인한 자는 산을 좋아한다.〔知者樂水, 仁者樂山.〕"라고 한 데서 온 말로, 여기서는 산수(山水)의 뜻으로 전용한 것이다. 《論語 雍也》

310 산수(山水)가……거로다 : 맹자(孟子)가 이르기를 "그러므로 바다를 본 사람에게는 다른 물은 물이 되기 어렵고, 성인의 문하에 종유한 사람 앞에서는 다른 사람의 말은 말이 되기 어려운 것이다.〔故觀於海者難爲水, 遊於聖人之門者難爲言.〕"라고 하였다. 《孟子 盡心上》 여기서는 산수를 즐긴다면서도 별 관심 없이 지내다 보면 산수의 진정한 의미를 체득하지 못한다는 뜻이다.

311 거센……없어라 : 유송(劉宋) 시대 종각(宗慤)이 장래의 포부를 '거센 바람을 타고 만 리 파도를 헤쳐 나가는 것'이라고 하더니, 뒤에 과연 진무장군(振武將軍)이 되어 큰 공훈을 세우고 조양후(洮陽侯)에 봉해졌던 데서 온 말이다. 거센 바람에 만리 파도를 헤쳐 간다는 것은 흔히 남아의 웅대한 기백을 발휘하여 용감하게 전진하는 비유로 쓰인다. 《宋書 宗慤列傳》 여기서는 그런 일에 관심이 없다는 뜻이다.

어제시에 이어 읊음엔 의미를 다하기 어렵거니와	賡歌渙汗固難窮
삼가 형식만 화답한들 어찌 맞추기 쉬울쏜가	恭和形容豈易中
정자 아래 미천한 신하가 손을 이마에 얹는 뜻[312]은	亭下微臣手加額
태평 시대 환락을 백성과 함께하신 때문이라오	大平懽樂與民同

312 미천한……뜻 : 윗사람에 대하여 경례(敬禮), 경하(慶賀)의 뜻을 나타낸 것이다.

김경로가 숙도와 중구가 인중에게 준 시를 전해 보여 주므로, 그 시에 우러러 차운하다

金慶老傳示叔道仲久贈仁仲詩仰次其韻

살펴보건대 경로는 김희년(金禧年)의 자이고, 숙도는 민기문(閔起文)[313]의 자이고, 중구는 이담(李湛)[314]의 자이고, 인중은 유희춘(柳希春)[315]의 자이다.

선달 눈 속에 무더운 바다를 하직하고 臘雪辭炎海
춘풍 속에 옥문관 안으로 들어왔다오[316] 春風入玉關
만 번 죽어 마땅할 몸이 큰 은혜를 입어 煦濡萬死足
반평생의 얼굴을 지척에서 보게 되었네 咫尺半生顔
슬픈 눈물은 옷깃을 피로 물들이고 危涕沾襟血
뛰어난 시문은 눈에 가득 찬란도 해라 高文滿目斑
평생에 이중구와 민숙도와는 平生李與閔
정이 남다르지만 가 볼 수가 없네그려 情至不能還

313 민기문(閔起文) : 1511~1574. 본관은 여흥(驪興), 자는 숙도(叔道), 호는 역암(櫟菴)이다.

314 이담(李湛) : 자는 중구(仲久), 호는 정존재(靜存齋)이다.

315 유희춘(柳希春) : 1513~1577. 본관은 선산(善山), 자는 인중(仁中), 호는 미암(眉巖)이다.

316 선달……들어왔다오 : 소재가 1565년(명종20) 12월 이배령(移配令)을 받았고, 다음 해 이른 봄에 유배지인 진도(珍島)를 떠나서 이배지인 괴산으로 온 것을 이른 말이다. 옥문관(玉門關)은 본디 한대(漢代)에 설치한 서역(西域) 각지와 통하는 관문(關門) 이름으로, 전하여 머나먼 변방의 뜻으로 쓰인다. 여기서는 지난 유배지인 진도를 옥문관 밖의 변새에 빗대서 한 말이다.

또 앞의 운을 사용하여 경로[317]의 시자에게 주다

又用前韻贈慶老侍

그 옛날에 우리 함께 표적이 되었더니	昔歲同爲的
오늘 아침 갑자기 관문 부수고 들어왔네[318]	今朝忽破關
그대는 산수 좋은 청학동을 찾으려니와	溪山問鶴洞
나는 하늘을 향해 상안[319]만 바라보노라	雲日望商顔
나그네가 있어 쌍벽[320]을 만났을 뿐이요	有客逢雙璧
한 점 무늬만을 보는 사람은 없구려[321]	無人見一斑
남은 생명이 봄 풍광과는 다르건만	殘魂異春色
뜻밖에 도성으로 가게 되었네그려	不到洛陽還

317 경로(慶老) : 을사사화 때 부정한 말을 퍼뜨렸다는 죄목으로 정평(定平)에 유배되었다 뒤에 풀려난 김희년(金禧年)의 자이다.

318 관문(關門) 부수고 들어왔네 : 옥문관(玉門關) 안으로 들어왔다는 뜻으로, 김희년이 유배에서 풀려 돌아온 것을 말한다.

319 상안(商顔) : 상안은 상산(商山)의 별칭이면서 상주(尙州)의 옛 이름이다. 여기서는 부모가 계신 고향 상주를 가리킨다.

320 쌍벽(雙璧) : 한 쌍의 옥벽(玉璧)을 말한 것으로, 여기서는 자신과 김희년의 서로 다정한 사이를 쌍벽에 빗대서 한 말인 듯하다.

321 한……없구려 : 한 점 무늬만을 본다는 것은, 대롱 구멍으로 표범을 보면 표범의 무늬 전체를 보지 못하고 겨우 그 일부분의 무늬만을 볼 수밖에 없다는 뜻에서, 전하여 식견의 좁음을 비유한다. 《世說新語 方正》 여기서는 그렇게 식견이 좁은 사람은 없다는 뜻인 듯하다.

뒤따라가 작별하면서 또 차운하다

追別又次韻

이른 새벽에 괴산 길을 걸어가서	曉日槐安道
동풍 속에 윤희의 관문을 지나가는데[322]	東風尹喜關
물고기는 모래 끝에서 움직거리고	氷鱗動沙尾
눈 덮인 나무는 가파른 산에 서 있네	雪樹立孱顔
취한 눈 앞에 머리는 다 희어 버렸고	醉外頭皤白
옷깃 가엔 눈물방울이 아롱지누나	衣邊淚點斑
이런 때에 김경로는	此時金慶老
길이 읍하고 도성으로 가네그려	長揖漢中還

'윤희(尹喜)'가 다른 본에는 '노자(老子)'로 되어 있다.

322 동풍(東風)……지나가는데 : 《열선전(列仙傳)》에 의하면, 노자가 서쪽으로 떠날 때 함곡관 영(函谷關令) 윤희가 함곡관 위에 상서로운 기운이 서려 있는 것을 관측했다. 이윽고 과연 노자가 푸른 소를 타고 그곳을 지나가므로, 윤희가 그에게 부탁하여 《도덕경(道德經)》 오천언(五千言)을 받았다는 고사에서 온 말이다. 여기서는 김희년(金禧年)의 자가 경로(慶老)이므로, 서쪽으로 길 떠나는 그를 노자에 빗대서 한 말인 듯하나 자세하지 않다.

김경로의 시에 차운하다

次韻金慶老

죽고 삶이야 어찌 운명이 없으리오만	生死寧無命
인현한 이는 진실로 곤궁함이 있고말고	仁賢固有窮
나는 괴산의 나그네가 된 날이요	槐山爲客日
연동의 그대[323]는 고인의 풍도를 지녔구려	蓮洞古人風
한자리에 앉아 정미한 말[324]을 분석하고	一榻微言析
술 석 잔으로는 대도를 통하였네[325]	三杯大道通
의사 전달이나 취할 뿐이요	惟應取意達
시를 잘 지으려고 할 것 없다마나	不必要詩工

323 연동(蓮洞)의 그대 : 연동은 지금의 서울 연지동(蓮池洞)을 가리킨다. 김희년(金禧年)이 일찍이 연지동에서 거주했었다.

324 정미한 말 : 성현(聖賢)의 경전(經傳)을 가리킨다.

325 술……통하였네 : 이백(李白)의 〈월하독작(月下獨酌)〉에 "석 잔을 마시면 큰 도에 통하고, 한 말을 마시면 천지자연과 부합하나니, 다만 취중의 정취만을 얻을 뿐이요, 술 안 먹는 자에겐 전하지 말아야지.〔三杯通大道, 一斗合自然. 但得酒中趣, 勿爲醒者傳.〕"라고 하였다. 《李太白文集 卷20》

이 승지[326] 문건 의 부인에 대한 만사 2월이다.

李承旨 文楗 夫人挽詞 二月

괴산에선 아름다운 부인을 탄생하였고 槐嶽鍾徽懿
성주의 우거처에선 남편을 봉양했는데 星鄕奉寓居
어찌하여 절구통에 밥 짓는 꿈을 꾸어[327] 如何夢炊臼
삐딱한 이불 바로잡길 못 기다리게 했나[328] 不待整斜幠
승지의 시조 곁에 분묘는 보존되었고 鼻祖存幽宅

326 이 승지(李承旨) : 이문건(李文楗, 1494~1567)으로, 본관은 성주(星州), 자는 자발(子發), 호는 묵재(默齋)이고, 조광조(趙光祖)의 문인이다. 을사사화 때 대윤(大尹) 일파로 지목되어 성주(星州)에 유배되어, 23년 동안 배소(配所)에서 지내다가 죽었다.

327 절구통에……꾸어 : 옛날 강회(江淮)의 왕생(王生)은 해몽을 잘하였다. 한번은 고객(賈客) 장첨(張瞻)이란 자가 집으로 돌아가려던 차에 마침 절구통 안에다 밥 짓는 꿈에 대해 해몽하기를 "그대는 집에 가도 아내를 보지 못할 것이다. 절구통 안에 밥을 짓는 것은 진실로 솥이 없기 때문이다."라고 하였는데, 과연 그 아내는 죽은 지 이미 수월이 지난 뒤였더라는 고사에서 온 말로, 전하여 상처(喪妻)의 뜻으로 쓰인다. 《酉陽雜俎 卷8 夢》 여기서는 이문건이 자기 부인이 죽을 꿈을 꾸었다는 뜻이다.

328 삐딱한……했나 : 이불은 사자(死者)를 염습할 때 덮는 이불을 말한다. 삐딱한 이불은 춘추 시대 노(魯)나라의 은사(隱士)인 검루(黔婁)는 몹시 가난했는데, 그가 죽었을 때 시신을 가릴 베 이불이 짧아서 머리를 덮으면 발이 나오고, 발을 덮으면 머리가 나오곤 하였다. 이에 증자가 이르기를 "그 이불을 귀퉁이 쪽으로 삐딱하게 당겨서 덮으면 가릴 수 있겠다."라고 한 데서 온 말이다. 《古列女傳 卷2 賢明傳 魯黔婁妻》 여기서는 이문건의 집이 그의 아내를 염습할 만한 이불도 없을 만큼 가난했음을 검루에 빗대서 한 말이다.

애손은 여묘살이를 하게 되었네[329] 哀孫泊倚廬
평생에 서유자는 平生徐孺子
다시 생 꼴을 바칠 길이 없구려[330] 無復致生芻

부인의 고향은 괴산인데, 성주에서 우거하다가 작고하였다. 이 승지가 자기 시조의 묘가 그곳에 있기 때문에 마침내 그곳에 장사하였다.

329 애손(哀孫)은……되었네 : 애손은 승중손(承重孫)으로서 조부가 생존한 때에 조모의 상을 당했을 때의 호칭이다. 여기서는 이문건의 아들이 요절한 터라, 그의 손자가 승중손으로서 조모의 상에 여묘살이를 하게 된 것이다.

330 평생에……없구려 : 생 꼴이란, 후한(後漢) 때의 고사(高士) 곽태(郭太)가 모친상을 당하자 고사 서치(徐穉)가 조문을 가서는 생 꼴 한 묶음만 여막(廬幕) 앞에 두고 돌아가 버렸다. 이후로 생 꼴은 변변찮은 부의의 뜻으로 전용되었다. 《後漢書 徐穉列傳》 여기서는 아직 유배 중인 몸이라, 이문건 같은 어진 상주에게 직접 조문을 갈 수 없다는 뜻이다.

봄날이 개다

春晴

한 기운 음기가 아직도 버티고 있어	一氣猶陰據
봄기운이 매우 화평하지를 못하네	東君太不平
나무숲을 흩는 찬 바람은 불어오건만	散林風有迹
만물을 적셔 줄 빗소리는 나질 않누나	潤物雨無聲
살진 고기로는 은화[331] 같은 회를 얻고	雋得銀花膾
향내는 어린 쑥국에서 맡기도 하네	香聞綠艾羹
계절 따라 부모 시봉 잘해야 하니	時宜適溫凊
집에 돌아가서는 삼경에나 자야 하리	歸室睡三更

331 은화(銀花) : 생선을 잘게 썰어 회(膾)를 쳐 놓은 상태를 비유한 말이다.

김 정자[332]에게 부치다. 이때 다리를 다쳤다는 말을 들었다
寄金正字時聞脚傷

하늘 뜻은 하 높아 묻기도 어려워라[333]	天意高難問
사람에게 만사가 그만이게 하는구나	令人萬事休
나는 지금 안개 속에 꽃을 보는 듯한데[334]	我今花似霧
그대는 다시 근심하는 낯빛이구려[335]	君復色如憂
날 저물면 괴안몽을 꾸고[336]	落日槐安夢
봄바람 불면 속리산을 유람하려네	春風俗離遊
명관[337]하고 또 고요히 앉아 생각하니	冥觀且靜坐

332 김 정자(金正字) : 홍문관 정자(弘文館正字)를 지낸 김 아무개를 가리킨다.

333 하늘……어려워라 : 두보(杜甫)의 〈모춘강릉송마대경공은명추부궐하(暮春江陵送馬大卿公恩命追赴闕下)〉에 "하늘의 뜻은 높아서 묻기 어렵거니와, 사람의 정은 늙으매 쉬 슬퍼지도다.〔天意高難問, 人情老易悲.〕"라고 하였다. 《杜少陵詩集 卷21》

334 나는……듯한데 : 두보의 〈소한식주중작(小寒食舟中作)〉에 "봄 강물에 탄 배는 천상에 앉은 듯하고, 늘그막이라 꽃은 안개 속에 보는 것 같네.〔春水船如天上坐, 老年花似霧中看.〕"라고 하였다. 《杜少陵詩集 卷23》

335 그대는……낯빛이구려 : 증자(曾子)의 제자인 악정자춘(樂正子春)이 당에서 내려가다가 발을 다치고는 수개월 동안 밖을 나가지 않고 근심스러운 기색을 보였다. 제자가 이유를 묻자, 악정자춘은 부모가 주는 신체를 온전히 지키지 못했기 때문이라고 답하였다. 《禮記 祭義》 여기서는 김 정자가 발을 다쳤기 때문에 악정자춘의 고사에 빗대서 한 말이다.

336 날……꾸고 : 괴안몽(槐安夢)의 고사는 50쪽 주92 참조. 자신의 배소(配所)인 괴산의 옛 이름이 괴안(槐安)이므로, 밤에 잠자는 것을 괴안몽에 빗대서 한 말이다.

337 명관(冥觀) : 도(道)의 현묘(玄妙)한 경지를 관찰함을 이른 말이다.

순히 받는 게[338] 바로 좋은 계책이라오　　　　順受是奇謀

338 순히 받는 게 : 115쪽 주276 참조.

탄금대에서 노닒을 가정하여 예전의 운을 사용하다[339]

擬遊琴臺用舊韻

만길 높은 단제[340]가 푸른 물굽이에 우뚝 섰으니	萬丈丹梯起碧灣
낚싯줄 드리워 빙빙 도는 고래를 낚고 싶어라	垂綸便欲釣鯢桓
오대산의 큰 물결이 은하를 기울인 듯 쏟아지니	五臺積浪傾銀漢
삼협의 범람한 물결이 철탄[341]으로 모인 듯하구나	三峽橫流會鐵灘
우주 간의 덧없는 인생은 한 싸라기 같거니와	宇宙浮生一稊米
사람과 가야금의 옛 자취는 솔 난간만 남았도다	人琴陳迹只松欄
양담은 서주 성문을 지나가고 싶지 않아서	羊曇不肯西門過
날이 저물자 〈행로난〉을 구슬피 노래하노라[342]	日暮悲歌行路難

339 탄금대(彈琴臺)에서……사용하다 : 《소재집》 권2의 〈꿈에 탄금대에서 노닐고…… 〔夢遊彈琴臺……〕〉를 가리킨다.

340 단제(丹梯) : 적석토(赤石土)로 이루어진 산로(山路)나 아주 높은 산봉우리를 말하는데, 여기서는 탄금대를 단제에 빗대서 한 말이다.

341 철탄(鐵灘) : 황하(黃河) 중류에 있는 극철탄(棘鐵灘), 왕철탄(王鐵灘) 등을 가리키는 듯하나 자세하지 않다. 여기서는 충주(忠州) 달천(獺川)에 있는 용탄(龍灘)을 철탄에 빗대서 한 말이다.

342 양담(羊曇)은……노래하노라 : 양담은 진대(晉代)의 명사(名士)로 사안(謝安)의 사위이다. 사안이 살던 서주(西州)의 성문을 지나면서 생전의 사안을 생각하며 통곡하고 떠났다는 고사가 있다. 《晉書 謝安列傳》 〈행로난(行路難)〉은 악부잡곡가사(樂府雜曲歌辭)의 이름으로, 본디 세로(世路)의 간난(艱難)함과 이별의 비통함 등을 내용으로 하고 있다. 《진서(晉書)》 〈원괴열전(袁瓌列傳)〉에 "처음에 양담은 창가(唱歌)를 잘하였고, 환이(桓伊)는 만가(挽歌)를 잘하였는데, 뒤에 원산송(袁山松)이 〈행로난〉으로 그 뒤를 이었으므로, 당시 사람들이 그들을 '삼절(三絶)'이라 일컬었다."라고 하였

중간에게 주고 겸하여 한형에게 바치다
贈仲簡兼呈韓炯

호해 가에서 그 어느 해에 작별했던가	湖海何年別
우연히 객지서 만나 오늘은 안부를 묻네	萍蓬此日存
쇠잔한 인생살이 둘이 다 백발인데	殘生兩白首
세상만사는 맑은 술잔 하나에 맡기었네	萬事一淸樽
우협[343]엔 봄에 말재갈을 돌려 가겠거니와	雨峽春廻鞚
화계[344]엔 대낮에도 사립을 닫고 지낸다오	花溪晝掩門
그대로 인하여 소식을 묻노니	因君付消息
잘 있는가 병치레하는 헌원[345]이여	好在病軒轅

다. 그렇다면 양담이 직접 〈행로난〉을 부른 것은 아니지만 여기서는 양담이 부른 것처럼 전용한 것이다. 소재가 장인 이연경(李延慶)이 거주했던 탄금대 주위에서 노닐며 장인에 대한 슬픔과 그리운 정을 양담의 고사에 빗대서 한 말이다.

343 우협(雨峽) : 두보(杜甫)의 시에 자주 나오는 협우(峽雨), 무협우(巫峽雨)에서 온 말로, 여기서는 상대방이 거주하는 곳을 지칭한 듯하다.

344 화계(花溪) : 두보의 완화계초당(浣花溪草堂)의 약칭으로, 여기서는 소재가 거주하는 곳을 지칭한 듯하다.

345 헌원(軒轅) : 당대(唐代)에 형산(衡山)의 도사(道士)로 연구(聯句)를 잘했다고 전하는 헌원미명(軒轅彌明)을 가리킨다. 헌원미명, 진사(進士) 유사복(劉師服), 교서랑(校書郎) 후희(侯喜) 3인이 유사복의 집에 모여 석정(石鼎)으로 연구를 지었는데, 유사복과 후희는 헌원미명의 식견에 눌려 제자가 되기를 청했다는 고사가 있다. 《東雅堂昌黎集註 卷21 石鼎聯句詩序》 여기서는 한형(韓炯)을 헌원미명에 빗대서 한 말인 듯하다.

박지저가 준 운을 사용하여 그에게 주다 3월이다.

用朴之樗贈韻贈之 三月

삼십 년 전에 그대를 처음 알게 되었는데	三十年前得識君
이별 이후 지혜가 타는 걸 얼마나 탄식했을까[346]	別來芝蕙幾嘆焚
거듭 개미굴 찾아 괴남몽[347]을 꾸고 있으니	重尋穴蟻槐南夢
강고기 배 속의 넋이 되는 건 면했다오[348]	免作江魚腹裏魂
상령의 저녁 구름 속엔 하찮은 생업이 남아 있고	商嶺暮雲餘薄業
설성의 봄 나무 밑엔 깊숙한 마을만 자리하였네[349]	雪城春樹但深村
서로 만난 건 잠깐 새에 묵은 자취가 돼 버렸고	相逢俛仰空陳迹
백발에 고독한 눈은 만사가 캄캄하기만 하구려	白髮孤眼萬事昏

346 이별……탄식했을까 : 지혜(芝蕙)는 향초(香草)인 영지(靈芝)와 혜초(蕙草)의 병칭이다. 진(晉)나라 육기(陸機)의 〈탄서부(歎逝賦)〉에 "영지가 불에 타매 혜초가 탄식하는 게 개탄스럽네.〔嗟芝焚而蕙歎.〕"라고 한 데서 온 말로, 전하여 동료의 불행을 보고 비통해하는 뜻으로 사용된다.《文選註 卷16 哀傷》 여기서는 자신이 곤경에 처해 있을 때 박지저(朴之樗)가 탄식했으리라는 뜻이다.

347 괴남몽(槐南夢) : 50쪽 주92 참조. 소재의 배소(配所)인 괴산을 괴안국에 빗대서 한 말이다.

348 강고기……면했다오 : 74쪽 주158 참조. 진도의 유배 생활 중에 요행히 굴원처럼 물에 빠져 죽지는 않았다는 뜻으로 한 말이다.

349 상령(商嶺)의……자리하였네 : 상령은 소재의 고향인 상주(尙州)의 옛 이름이고, 설성(雪城)은 충북(忠北) 음성(陰城)의 옛 이름으로, 아마 박지저의 고향인 듯하다. 저녁 구름과 봄 나무는 46쪽 주79 참조. 소재와 박지저가 친구 사이로 서로 그리워했다는 뜻이다.

강 감사[350] 사필 에게 주다

贈姜監司 士弼

노인 흥취는 응당 춘광에 줄어들거니와 老興應春減
깊은 회포야 어찌 술로 달랠 수 있으랴 深懷豈酒寬
고향은 똑같은 자지령인데 鄉關紫芝嶺
모이는 곳은 대괴산[351]이로다 聚集大槐山
이불 함께 덮는 건 회해가 생각나건만[352] 共被思淮海
고독한 나는 세상 밖에 노닒이 서글프네[353] 孤騫悵汗漫
높은 하늘에 해는 다 져 가는데 高天落盡日
세상일은 인간에 가득하기만 하구려 世故滿人間

감사에게 두 형(兄)이 있기 때문에 강백회(姜伯淮), 강중해(姜仲海)에 비유한 것이고, 고향은 같은 상산(商山)이기 때문에 지령(芝嶺)의 고사를 사용한 것이다.

350 강 감사(姜監司) : 강사필(姜士弼, 1526~1576)로, 본관은 진주(晉州), 자는 경유(京猷)이다. 충청 감사(忠淸監司), 강원 감사(江原監司)를 지냈다.

351 대괴산(大槐山) : 대괴안국(大槐安國)의 고사에 빗대어 괴산을 이렇게 칭한 것이다. 50쪽 주92 참조.

352 이불……생각나건만 : 이불을 함께 덮다는 82쪽 주181 참조. 회해(淮海)는 후한(後漢) 때 효우(孝友)로 명성이 높았던 강굉(姜肱)의 자인 백회(伯淮)와 그의 아우인 중해(仲海)의 병칭이다. 여기서는 강사필에게 강사상(姜士尙), 강사안(姜士安) 두 형이 있어 서로 우애가 지극하였으므로, 강굉의 고사에 빗대서 한 말이다.

353 고독한……서글프네 : 강사필의 형제들처럼 모여 살지도 못하는 처지라, 홀로 외로이 지내고 있음을 형용한 말이다.

괴남 도중에

槐南道中

한 해의 봄 풍광 속에 돌아갈 기약 저버렸어라	一年春色負歸期
하 많은 종류의 사정이 다 뜻과 어긋나 버렸네	情事多門摠是違
아직도 시냇가에는 구르지 않은 돌이 있는데	尙有溪邊不轉石
완둔하여 세상 사람의 비난을 받지 않는구려[354]	頑然無受世人譏

354 아직도……않는구려 : 돌은 사람과 달리 완둔한 모습으로 꼼짝하지 않고 한 자리에 가만히 박혀 있기 때문에 세상 사람들로부터 비난을 받을 일이 없다는 뜻으로 한 말인 듯하다.

환희사에서

歡喜寺

세속에서는 파곶사(葩串寺)라 칭하는데, 파곶(葩串)[355]은 실상 산명(山名)이다.

환희사가 명찰인 줄 진작에 알았지만	歡喜知名寺
찾아온 건 어느덧 반평생 만이로세	來尋忽半生
흐르는 시내는 만고의 산골짝이요	溪流萬古峽
전각들은 백 년 전에 지은 거로다	棟宇百年營
산새 소리는 봄을 애석해하는 듯한데	谷鳥如春惜
산승은 찾아온 손을 맞지 않는구나	山僧不客迎
빈 대청에서 잠시 낮잠을 자던 중에	空堂借少夢
금세 고향에 돌아가 깜짝 놀라 깨었네	已入故園驚

355 파곶(葩串) : 청주(淸州) 청천현(靑川縣)에 있던 산의 이름이다. 《新增東國輿地勝覽 卷15 忠淸道 淸州牧》

일훈의 시축 가운데서 퇴계와 귀계[356]의 시를 보고 그리워하며 그 시에 차운하다

一訓軸中懷退溪龜谿次其韻

도원[357]에 잘못 들었는데 길이 절로 통하여	誤入桃源路自通
느릿느릿 파사에 오르니 경내가 자못 공허하여라	倦登葩寺境偏空
용문의 종소리에 깊은 깨달음을 얻었고[358]	龍門深省鍾聲外
형악의 해 뜨는 동쪽에선 맘 갈앉히고 묵도하였네[359]	衡嶽潛心日色東
구름 머물고 물 흐르는 곳[360]을 말 가는 대로 가다가	雲在水流從信馬

356 귀계(龜谿) : 이중립(李中立, 1533~1571)의 호로, 본관은 경주(慶州), 자는 강중(剛仲)이다.

357 도원(桃源) : 여기서는 파곶사(葩串寺)를 가리킨다.

358 용문(龍門)의……얻었고 : 두보(杜甫)의 〈유용문봉선사(游龍門奉先寺)〉에 "깨려던 차에 새벽 종소리 들으니, 사람으로 하여금 깊은 깨달음 얻게 하네.〔欲覺聞晨鐘, 令人發深省.〕"라고 하였다. 《杜少陵詩集 卷1》

359 형악(衡嶽)의……묵도하였네 : 한유(韓愈)의 〈알형악묘수숙악사제문루(謁衡嶽廟遂宿嶽寺題門樓)〉에 "마음 갈앉히고 묵묵히 기도하니 응험이 있는 듯해라, 어찌 정직함이 신명께 감통한 게 아니겠는가. 잠시 뒤에 운무를 조용히 소제하여 산봉들이 나오는지라, 쳐다보니 우뚝한 산꼭대기가 하늘을 떡 버티고 섰네.〔潛心默禱若有應, 豈非正直能感通? 須臾靜掃衆峯出, 仰見突兀撐青空.〕"라고 한 데서 온 말이다. 《韓昌黎集 卷3》 여기서는 파곶사에 올랐을 때 운무(雲霧)가 잔뜩 낀 것을 보고는 걷히게 해 달라고 한유처럼 신명께 묵묵히 기도했다는 뜻이다.

360 구름……곳 : 두보의 〈강정(江亭)〉 시에 "물은 흐르건만 내 마음은 다투지 않고, 구름은 머물러 있어 내 뜻도 함께 더디어라.〔水流心不競, 雲在意俱遲.〕"라고 하였다. 《杜少陵詩集 卷10》

새 울고 꽃 떨어진 곳에선 지팡이 짚고 거닐기도 鳥啼花落費移笻
여생에 어떻게 하면 우리가 세 노인을 이루어 殘年安得成三老
풍류로이 왕래하면서 함께 한번 웃어 본단 말가[361] 來往風流一笑同

361 여생에……말가 : 세 노인은 이황, 이중립과 소재를 가리킨다. 함께 한번 웃어 본다는 것은, 동진(東晉) 시대 여산(廬山) 동림사(東林寺)의 고승(高僧) 혜원 법사(慧遠法師)가 당시의 명유(名儒)인 도잠, 육수정(陸修靜)과 함께 노닐다가 그들을 전송할 때, 그들과 서로 의기투합한 나머지 이야기에 마음이 팔려 자기도 모르는 사이에 호계(虎溪)라는 시내를 건너가 범 우는 소리를 듣고서야 비로소 정신을 차리고 세 사람이 서로 크게 웃었다는 불문(佛門)의 고사에서 온 말이다.

법잠의 시권 속에서 귀암[362], 귀계의 시에 차운하다
法岑卷裏次龜巖龜谿韻

살펴보건대 귀암은 이정(李楨)의 호이다.

영남에선 친상 당하여 상주의 몸을 보전하고[363] 嶺表憂居保孝身
산중에선 병들어 누워 몸을 요양하고 있구려[364] 山中病臥養閑眞
승방에서 한나절 조는 나를 그 누가 가련해하는고 誰憐半日僧房睡
고향 떠난 사람을 돌아가라 재촉하네 枉被催歸去國人

산하와 대지에 드러난 게 온통 법왕의 몸[365]이라니 山河大地法王身
이미 근리하니 진을 어지럽힌 걸[366] 누가 구별하랴 已近誰能辨亂眞
진을 구별한 때에야 비로소 이해가 투철해지리니 辨得眞時方洞豁

362 귀암(龜巖) : 이정(李楨)의 호로, 자는 강이(剛而)이다.

363 영남(嶺南)에선……보전하고 : 고향이 사천(泗川)인 이정이 이때 친상(親喪)을 당하여 거상(居喪)하고 있었던 듯하다.

364 산중(山中)에선……있구려 : 귀계(龜溪) 이중립(李中立)이 이때 고향에서 요양하고 있었던 듯하다.

365 법왕(法王)의 몸 : 석가모니불(釋迦牟尼佛)을 가리키는 것으로, 송대(宋代)의 고승(高僧) 수선사(壽禪師)의 〈오도송(悟道頌)〉에 "산하와 대지에, 전체 드러난 것이 다 법왕의 몸이라오.〔山河及大地, 全露法王身.〕"라고 한 데서 온 말이다. 《林間錄 卷上》

366 근리하니……걸 : 주희(朱熹)의 《중용집부》 〈중용장구서(中庸章句序)〉에 "이단의 말들은 날로 새로워지고 달로 성해져서, 노씨, 불씨의 무리가 나옴에 이르러서는 그 학설이 더욱 이치에 가까워 크게 진을 어지럽혔다.〔異端之說, 日新月盛, 以至於老佛之徒出, 則彌近理而大亂眞矣.〕"라고 하였다.

인간은 끝내 글 읽은 사람[367]이 되어야 하고말고　　人間終是讀書人

367 글 읽은 사람 : 화정(和靖) 윤돈(尹焞)의 문인이 스승을 위해 지은 찬(贊)에 "위대하여라 성인의 가르침이여, 육경의 책에 다 드러났는데, 귀로 들어 통하고 마음으로 체득하여, 마치 자신의 말처럼 외웠도다.〔丕哉聖謨! 六經之編. 耳順心得, 如誦己言.〕"라고 한 데 대하여, 주희가 말하기를 "모름지기 이 경지에 이르러야만 비소로 글 읽은 사람이 될 수 있다.〔要當至此地位, 始是讀書人耳.〕"라고 하였다. 《朱子讀書法 卷4》

파계에서

葩溪

또 다른 이름은 파곶(葩串)인데, 여기서 두부(豆腐)를 만들었다.

깊디깊은 만폭동에서 내려온 물줄기 중에	萬瀑深深洞
이곳이 바로 그 둘째 줄기의 흐름일세	玆其第二流
붉은 꽃잎 떨어지니 돌은 안 늙어 보이고	紅霏石不老
푸른 놀 자욱하니 산은 머리가 없는 듯	碧靄山無頭
맑은 수면은 반짝이는 은하의 새벽 같고	鏡面長河曙
거문고 소리는 태고의 맑은 가을 소리로다	琴心太古秋
큰 산에 와서 흥이 다하지 않았으니	盤巖不盡興
돌아가거든 꿈속에서도 시름하겠지	歸路夢中愁

송면에서 예전의 시에 차운하다

松面次舊韻

경사진 낭떠러지 아래로 비스듬히 들어가	仄入欹崖下
고목의 끝 오솔길을 위태로이 걷노라니	危行老樹頭
검각을 넘으면서 시상 찾는 듯하고[368]	詩尋踰劍閣
제주에 이르는 술 생각나누나[369]	酒憶到齊州
봄 풍광은 올봄에도 다해 가니	物色今春盡
지난해와 같지 않은 게 없는데	無非昔歲猶
어찌하여 이 나그네의 마음은	如何遊子意
점점 누각 사다리 떼 버린 것 같아지는고	漸似去梯樓

368 검각(劍閣)을……듯하고 : 검각은 사천성(四川省)에 있는 현명(縣名)인데, 검각현에는 대검산(大劍山), 소검산(小劍山)이 있어 대단히 험준하기로 유명하다. 여기서는 파곶산(葩串山)의 험준함을 검각에 빗대서 한 말이다.

369 제주(齊州)에……생각나누나 : 진(晉)나라 때 환온(桓溫)의 막하(幕下)에 있던 한 주부(主簿)가 술맛을 잘 감별하였으므로, 술이 있을 때마다 그에게 맛보게 하였다. 그가 맛이 좋은 술을 청주 종사(靑州從事)라 하고, 맛이 나쁜 술을 평원 독우(平原督郵)라고 칭하였다. 청주에는 제군(齊郡)이 있어 제(齊)는 배꼽 제〔臍〕와 통하고, 평원에는 격현(鬲縣)이 있어 격(鬲)은 가슴 격〔膈〕과 통한다 하여, 술기운이 배꼽까지 내려가는 맛 좋은 청주(淸酒)를 '청주 종사'라 하고, 술기운이 가슴까지만 내려가는 탁주(濁酒)를 '평원 독우'라고 하였다. 《世說新語 術解》 여기서 제주(齊州)는 곧 맛 좋은 청주를 말한 것이다.

차전에서

車前

고개 이름이다.

꽃버들의 계절 삼월은 다하였고	花柳窮三月
풍진세상은 오십 년을 살아왔네	風煙半百年
어렵고 위급해 아직도 길 위에 있거니와	艱危猶道上
병들고 지친 몸으로 또 차전령을 넘노니	羸瘵復車前
길이 꿈속에서 본 것처럼 아련도 하고	長似夢中見
영원히 관아의 현자와 같이도 보이네[370]	永同官裏賢
거늡 머리 돌려 바라보니 까마득해	茫然重回首
골짜기 밖에는 하늘이 없을 듯하구려	峽外恐無天

370 관아(官衙)의……보이네 : 산봉우리의 장엄한 모습을 가지고 한 말인 듯하나 자세하지 않다.

도중에서 4월이다.

道中 四月

형제간은 세 지방에 흩어져 살고[371]	華萼三分地
부모님은 각각 다른 곳에 지내시네[372]	椿萱各異方
남들은 무고의 낙을 누린 이가 많은데	人多無故樂
나만 유독 부모 봉양할 겨를이 없구려	我獨不遑將
남북[373]으로 오랫동안 나그네로 지내다 보니	南北長爲客
천지간에 한낱 병든 몸이 되어 버렸네	乾坤一介尫
하지만 이 몸도 소중함을 깨달았기에	此身還覺重
감히 죽고 삶을 맘대로 하지 못한다오	不敢任存亡

'화악(華萼)'이 다른 본에는 '형체(荊棣)'로 되어 있다.

371 형제간은……살고 : 이때 소재는 괴산의 배소(配所)에서 지내고, 아우 노극신(盧克愼)은 고향 상주(尙州)에서 부친을 모시고 있었고, 매씨(妹氏)는 진작 출가하였기 때문에 이른 말이다.

372 부모님은……지내시네 : 이때 소재의 부친은 노극신이 상주에서 모시었고, 모친은 소재가 일찍이 서울로부터 괴산의 배소로 모셔 왔기 때문에 이른 말이다.

373 남북(南北) : 남해(南海)의 진도(珍島)와 북쪽의 괴산을 가리킨다.

대곡[374]이 차운한 시에 다시 차운하다 2수

復次大谷次韻 二首

고래 악어의 주둥이에서 몸을 빼쳐 나와[375]	脫身鯨鰐口
여기서 조금 북쪽인 민가에 부쳐 있구려[376]	少北寄民廬
학문을 좋아함은 안자를 희망하거니와[377]	好學希顏子
대유로 칭송된 동중서는 비루히 여기었지[378]	稱儒鄙仲舒
수레는 험한 길을 넘은 뒤에 완전해지고	車完踰險後
소나무는 서리를 견딘 뒤에 무성해지나니	松茂耐霜餘

374 대곡(大谷) : 성운(成運, 1497~1579)의 호로, 본관은 창녕(昌寧), 자는 건숙(健叔)이다.

375 고래……나와 : 소재가 진도(珍島)의 배소(配所)로부터 양이(量移)되어 괴산으로 이배(移配)된 것을 말한다.

376 여기서……있구려 : 괴산이 성운(成運)의 거주지인 보은(報恩)의 약간 북쪽에 위치해 있으므로 한 말이다.

377 학문을……희망하거니와 : 안자(顏子)는 덕행이 높고 학문을 좋아하여 공자가 가장 신임했던 제자 안회(顏回)를 가리킨다. 《論語 雍也》 이 구절은 성운이 소재의 학문하는 자세를 가리켜 한 말이다.

378 대유(大儒)로……여기었지 : 한 무제(漢武帝) 때 대유로 일컬어진 동중서(董仲舒)는, 천재지이(天災地異)의 현상은 위정자의 실정에 대한 하늘의 견고(譴告)인 만큼, 위정자는 재이를 감계(鑑戒)로 삼아 하늘의 뜻에 따라 정치를 해야 한다는 이른바 '천인합일(天人合一)' 사상을 피력하는 〈재이설(災異說)〉을 지었다가 무제의 분노를 사서 사형에 처해질 뻔하였다. 《漢書 董仲舒傳》 여기서 동중서를 비루하게 여긴다고 한 것은 그가 고루한 말로써 위정자의 비위를 거슬렀다는 뜻이다. 이 구절은 성운이 소재의 학문을 찬양하는 뜻에서 한 말이다.

선실에서 어느 해에나 그대를 불러 보고[379] 宣室何年召
그대에게 임관의 조서를 내려보낼까 紫泥降璽書
이상은 대곡의 시이다.

통달한 선비는 다 세상을 근심하는데 達士皆憂世
징군은 유독 내 집을 사랑하는구려[380] 徵君獨愛廬
물은 흐르지만 끝내는 그치는 것이요 水流終是定
구름은 머물지만 본래는 펴진 거라오 雲在本來舒
산수 즐기는 데는 도를 잊기 어렵거니와 丘壑難忘道
지초 고사리밖에 다른 건 원치 않았네[381] 芝薇不願餘
평생에 팔 굽혀 베는 낙[382]을 누리면서 平生曲肱樂

379 선실(宣室)에서……보고 : 선실은 한 문제(漢文帝)의 미앙궁(未央宮) 정전(正殿)의 정실(正室) 이름이다. 문제가 일찍이 한밤중에 가의(賈誼)를 선실로 불러 놓고 귀신의 근본에 대하여 물었다고 한다.《史記 賈誼列傳》 여기서는 단지 임금의 은총을 많이 입는 것을 의미한다.

380 징군(徵君)은……사랑하는구려 : 징군은 조정으로부터 부름을 받은 학덕 높은 선비를 일컫는 말이고, 내 집을 사랑한다는 것은 도잠(陶潛)의 〈독산해경(讀山海經)〉에 "새들은 의탁할 곳 있음을 좋아하거니와, 나는 또한 내 집을 사랑하노라.〔衆鳥欣有託, 吾亦愛吾廬.〕"라고 한 데서 온 말로, 전하여 전원에서 한적하게 지냄을 뜻한다.《陶淵明集 卷4》

381 지초(芝草)……않았네 : 지초와 고사리는 은거하는 사람이 먹는 음식을 의미한다. 고사리와 관련해서는 백이(伯夷), 숙제(叔齊)가 은(殷)나라가 망한 뒤로는 의리상 주(周)나라 곡식을 먹을 수 없다 하여 수양산(首陽山)에 은거해서 고사리만 캐 먹고 살다가 마침내 굶어 죽은 고사가 있다. 여기서는 성운이 상산의 네 노인 또는 백이, 숙제와 같이 청고하게 은거했다는 뜻으로 한 말이다.

382 평생에……낙(樂) : 공자(孔子)가 "거친 밥 먹고 물 마시고 팔을 굽혀 베더라도 낙이

고인의 글은 의당 찌꺼기로 여겼으리[383]　糟粕古人書

홀로 종산 속으로 들어와서　獨向鍾山裏
솔과 대 어우러진 초가에서 지내노니　松筠臥草廬
하늘은 높거니 머리를 숙이려 하랴만　天高頭肯俯
땅은 좁아도 무릎은 펼 수가 있다네　地窄膝猶舒
명망 높은 이들은 누가 남아 있는가만　名下何人在
산림 속에 이 늙은이는 남아 있잖은가　林間此老餘
사립짝 밖에 손은 저절로 끊어졌지만　柴扉客自絶
거문고와 서책은 멀리한 날이 없다네　無日罷琴書

이상은 대곡의 시이다.

호령 깊은 곳에서 고향 그리는 나그네는　湖嶺思歸客
세월을 잠시 우거하는 집에서 보내노니　光陰一寓廬
마음은 얼음과 불을 저장해 놓은 것 같고[384]　心猶貯氷火

또한 그 가운데 있으니, 의롭지 못하고 부귀함은 나에게 뜬구름과 같으니라.〔飯疏食飮水, 曲肱而枕之, 樂亦在其中矣. 不義而富且貴, 於我如浮雲.〕"라고 하였다. 《論語 述而》

383 고인(古人)의……여겼으리 : 수레바퀴를 깎는 편(扁)이란 장인(匠人)이 제 환공(齊桓公)에게 성인(聖人)의 말씀은 옛사람의 찌꺼기〔古人之糟粕〕라고 했다는 데서 온 말이다. 《莊子 天道》 여기서는 성운은 오직 도(道)를 즐길 뿐이요, 옛글이나 읽는 데에 마음을 쓰지 않으리라는 뜻이다.

384 마음은……같고 : 기쁨과 두려움이 항상 마음속에 교차하고 있음을 형용한 말이다. 《장자》 〈인간세(人間世)〉 곽상(郭象)의 주석에 "기쁨과 두려움이 가슴속에서 서로 싸우는데, 이는 본디 인간의 오장 속에 얼음과 숯이 한데 엉겨 있기 때문이다.〔喜懼戰於胸中, 固已結氷炭於五臟矣.〕"라고 하였다.

학문은 흡사 형서에 물든 것 같다오[385]	學似染荊舒
늙은이 흥취는 아득해 의탁할 곳 없는데	老興茫無托
고상한 회포는 여유가 작작하시구려	高懷綽有餘
반드시 서로 만나 담소하길 기약하면서	會期相視笑
시를 읊조려 취중에 쓰노라	吟諷醉中書

385 학문은……같다오 : 형서(荊舒)는 초(楚)나라와 서(舒)나라의 병칭으로, 모두 남쪽 오랑캐들이다. 맹자(孟子)가 대유(大儒)인 진량(陳良)의 제자 진상(陳相)이 자기 스승의 도를 배반하고 만이(蠻夷)인 허행(許行)의 도를 배우는 것을 보고 책망한 데서 온 말이다. 《孟子 滕文公上》 여기서는 학문이 퇴보하고 있다는 겸사이다.

윤 군수[386]가 어떤 이의 좋은 시를 외기에 마침내 그 시에 화답하다 5월이다.

尹守誦人好詩遂和之 五月

상제께서 금경로[387] 한 잔을 하사하시고	帝賜金莖露一巵
돌아가 태평성대 만나라 정녕스레 말씀했다네	丁寧歸去屬淸時
그에게 인간의 가장 큰 소원이 뭐냐고 묻자	問渠第一人間願
이별 없는 그것만 원한다고 하였네	只願人間無別離

386 윤 군수(尹郡守) : 괴산 군수 윤 아무개를 가리킨다. 65쪽 주126 참조.

387 금경로(金莖露) : 금경은 바로 이슬 받는 대야〔承露盤〕를 받치던 동주(銅柱), 즉 선인장(仙人掌)을 말한다. 한 무제(漢武帝)가 신선을 사모한 나머지 건장궁(建章宮)에 동(銅)으로 선인장을 만들어 세워서 승로반을 받쳐 들고 이슬을 받게 하여 그 이슬을 옥가루에 타서 마셨던 데서 온 말이다.

시냇가에서 극심한 더위를 읊다

溪上苦熱

평소에는 하늘 복판의 태양을 보고자 하는데 平生欲見天中日
무슨 일로 모두들 가까이하고자 않는고 何事諸君不欲親
본래 사람 마음은 사랑함과 두려움이 있지만[388] 自是人心有愛畏
하늘은 예로부터 똑같은 인자함뿐이라네 上天從古一般仁

388 본래……있지만 : 진(晉)나라 가계(賈季)가 그 대부 조순(趙盾)을 겨울날의 태양 같아서 사랑스럽고, 조최(趙衰)는 여름날의 태양 같아서 두렵다고 평한 데서 온 말이다. 《春秋左氏傳 文公7年》

이순인[389]의 시에 차운하다

次韻李純仁

승려 진(眞)이 가져와서 알려 주었다.

아침에 상쾌한 기운이 진진함을 느꼈는데	朝來爽氣覺津津
까막까치가 가지를 다퉈 희소식 자주 알려 왔네	烏鵲爭枝送喜頻
지난해에 회포 적어 중 시켜 부쳐 온 글 많은데	隔歲有懷多附釋
종이 가득한 글자마다 경인구[390]가 아닌 게 없었지	滿牋無字不驚人
나그네 시름은 절로 생명을 가벼이 여길 뿐이지만	客愁只自輕爲命
하늘의 사랑이야 어찌 다스운 봄을 떠난 적 있던가	天愛何嘗離了春
한번 바라보게나 먼 하늘 외로운 새 너머에	試望長空孤鳥外
뜬 구름 한 조각이 바로 이내 몸이라네	浮雲一片是吾身

389 이순인(李純仁) : 1533~1592. 본관은 전의(全義), 자는 백생(伯生), 호는 고담(孤潭)이다.

390 경인구(驚人句) : 사람들을 놀라게 할 만한 뛰어난 시구(詩句)를 말한다. 두보(杜甫)의 〈강상치수여해세요단술(江上値水如海勢聊短述)〉 시에 "나는 성질이 아름다운 시구를 지나치게 좋아해, 남을 놀래키지 못하면 죽어도 마지아니하네.〔爲人性僻耽佳句, 語不驚人死不休.〕"라고 한 데서 온 말이다. 《杜少陵詩集 卷10》

진승[391]이 제군의 시를 가지고 와서 화답하기를 독촉하였다

眞僧袖二三子詩督和

타향살이 누군들 한가하지 않으리오	僑居何物不爲閑
엎고 뒤집은 비구름이 사방 산천에 가득거니[392]	覆雨飜雲滿四山
병든 눈은 안개 속에서 꽃구경하는 것 같고[393]	病眼渾如看花霧
쇠한 창자는 고통을 받는 데에 익숙해졌다네	衰腸已慣受辛艱
천 리 멀리 정신적인 사귐에도 지취가 똑같으니	神交千里猶同趣
정이 발동한 어느 때 스스로 찾아올 수 있을꼬	情發何時可自還
우연히 지나는 중을 만나서 권축을 펼쳐 보니	偶遇過僧披卷軸
시내 가득 찬 구슬[394]이 줄줄 쏟아지는 것 같네	滿溪寒玉瀉潺潺

391 진승(眞僧) : 〈이순인의 시에 차운하다〔次韻李純仁〕〉에 나온 승려(僧侶) 진(眞)을 가리킨다.

392 엎고……가득거니 : 엎고 뒤집은 비구름이란 두보(杜甫)의 〈빈교행(貧交行)〉에 "손 뒤집으면 구름이요 손 엎으면 비로다. 경박한 작태 분분함을 어찌 셀 거나 있으랴.〔翻手作雲覆手雨, 紛紛輕薄何須數.〕"라고 한 데서 온 말이다. 《杜少陵詩集 卷2》 여기서는 어렵게 타향살이를 하다 보니 세인들로부터 푸대접을 받는다는 뜻이다.

393 병든……같고 : 두보의 〈소한식주중작(小寒食舟中作)〉 시에 "봄 강물에 탄 배는 천상에 앉은 듯하고, 늘그막이라 꽃은 안개 속에 보는 것 같네.〔春水船如天上坐, 老年花似霧中看.〕"라고 한 데서 온 말로, 이는 곧 시력이 쇠하여 어른어른한 것을 뜻한다. 《杜少陵詩集 卷23》

394 찬 구슬 : 본디 아주 맑고 깨끗한 물, 달, 대나무 등을 형용하는 말인데, 여기서는 상대방의 시격(詩格)을 맑고 깨끗한 물에 빗대서 한 말이다.

탑계에서

塔溪

탑계의 들은 선선하여 무덥지 않고	塔野淸無溽
모래 언덕은 젖었어도 흙탕물이 안 튀네	沙堤潤不泥
관자 동자 육칠 인을 따라가노라니	冠童追六七
소와 말들을 사방에 놓아먹이는구나	牛馬縱東西
거센 물결은 이끼 낀 돌을 적셔 오고	激浪漸苔石
도랑물은 터져 내려 볏논으로 흘러드누나	疏渠送稻畦
짐짓 박자 늦추어 조용히 읊조리노라니	微吟故緩節
한 마리 새가 저문 산 나직이 날아가네	·鳥晚山低

현감 전순필[395]과 탄금대에 오르다 6월이다.

與全舜弼宰登琴臺 六月

이때 아우는 서울에 갔다.

견문산의 누대가 용담을 굽어보고 있는데[396]	犬門風榭俯龍潭
한여름인데도 차가운 솔은 더위를 받지 않네	朱夏寒松不受炎
백 리의 요공은 훌륭한 정사가 최고이건만[397]	百里姚公美政最
중년의 안석은 불쾌한 회포만 더할 뿐이라오[398]	中年安石惡懷添
붉은 입술 숨은 곳에 구름은 길이 떠 있는데[399]	絳脣一隱雲長在

395 현감 전순필(全舜弼) : 1514~1581. 자는 성유(聖兪), 호는 동오(東塢)이다. '재(宰)'는 현감(縣監)에 해당하는데, 전순필의 이력에서 현감을 지낸 기록은 발견하지 못했다. 《全氏大同譜》

396 견문산(犬門山)의……있는데 : 견문산의 누대는 탄금대(彈琴臺)를 가리키고, 용담(龍潭)은 이연경(李延慶)이 거주했던 용탄동(龍灘洞) 주위의 달천(獺川)을 가리킨다.

397 백……최고이건만 : 옛날 한 현(縣)의 관할지가 100리였던 데서, 전하여 백리는 현(縣), 현령(縣令)을 지칭한다. 요공(姚公)은 두보(杜甫)의 〈배왕시어동등동산최고정연요통천만휴주범강(陪王侍御同登東山最高頂宴姚通泉晩携酒泛江)〉 시에 "요공의 훌륭한 정사를 누가 짝할 수 있으랴, 예전의 진 태구령에게도 내리지 않고말고.〔姚公美政誰與儔? 不減昔時陳太丘.〕"라고 한 데서 온 말로, 당시 통천 현령(通川縣令)이었던 요 아무개를 가리킨다. 《杜少陵詩集 卷11》 여기서는 현감 전순필을 요 아무개에 빗대서 한 말이다.

398 중년(中年)의……뿐이라오 : 소재도 중년 이후에 친구들과의 잦은 이별 등으로 몹시 상심한 것을 사안의 일에 빗대서 한 말이다. 32쪽 주43 참조.

399 붉은……있는데 : 붉은 입술이란 미인을 형용한 말로, 여기서는 한(漢)나라 사마상여(司馬相如)의 아내인 탁문군(卓文君)을 지칭한다. 사마상여의 고향인 성도(成都)

백발 드리운 이는 술잔만 자주 들어 마시네　白髮雙垂酒屢拈
서글퍼라 할미새가 한창 다급히 날고 있는데[400]　惆悵原鴒飛正急
쓸쓸한 강배는 아득해라 오래 머물지 못하네[401]　蕭條江鷁杳難淹

의 완화계(浣花溪) 가에 사마상여가 생전에 거문고를 타던 곳이 있어 뒤에 여기에다 금대(琴臺)를 지어 그를 기념하였으므로, 두보의 〈증왕이십사시어계사십운(贈王二十四侍御契四十韻)〉 시에 "돌 거울엔 지하의 넋이 통하는 듯, 금대에는 붉은 입술이 숨어 있는 듯하네.〔石鏡通幽魄, 琴臺隱絳脣.〕"라고 한 데서 온 말이다. 《杜少陵詩集 卷13》 여기서는 탄금대의 이름에 금대라는 말이 들어 있기 때문에 사마상여의 금대와 탁문군의 고사를 인용한 것이다.

400 서글퍼라……있는데 : 할미새란, 《시경》 〈소아(小雅) 상체(常棣)〉에 "할미새가 언덕에 있으니, 형제가 급난을 당하였도다. 매양 좋은 벗이 있으나, 길이 탄식할 뿐이니라.〔脊令在原, 兄弟急難. 每有良朋, 況也永歎.〕"라고 한 데서 온 말이다. 아무리 급난을 만나더라도 형제간만이 서로 도울 수 있고, 아무리 좋은 친구라 하더라도 친구는 탄식만 할 뿐 도와줄 수 없음을 의미한다.

401 오래 머물지 못하네 : 노극신이 오래 머물지 못하고 바삐 배에 올라 서울로 출발했음을 의미한다.

다시 한 편을 짓다

復題一篇

두 노는 물살 뒤집으며 빨리 저어 가니	兩槳翻湍駛
두 술병은 물결 깊숙이 끌려 들어가네	朋壺隱浪深
비탈을 돌면서 매옹[402]을 찾아보다가	循崖訪埋甕
비탈길을 따라 탄금대에 올라왔네	緣磴躡彈琴
모래톱은 해마다 자리가 바뀌고	洲渚年年換
천지간에는 일마다 침범해 오누나	乾坤事事侵
멍하니 서서 문득 스스로 반성해 보니	茫然忽自省
없어지지 않은 건 이 마음 하나뿐이네	不泯只斯心

402 매옹(埋甕) : 거문고 소리를 더욱 잘 나게 하기 위하여 땅속에 항아리를 묻고 그 위에서 거문고를 탔던 고사에서 온 말이다. 《說郛 卷95 琴室》 여기서는 탄금대(彈琴臺)라는 이름에 거문고를 탄다는 의미가 포함되어 있으므로 혹 옛날에 항아리를 묻어 놓고 거문고를 타지 않았을까 하는 생각에 찾아본 것이다.

서원사[403] 이헌국 에게 사례하다

謝西原使 李憲國

서글퍼라 그 옛날의 장흥방[404]이여	悵望長興洞
쓸쓸하여라 그 옛날의 낙선방[405]이여	蕭條樂善坊
파는 삼종 밖으로 갈라졌거니와	分波三從外
잠깐 만난 적은 이십 년 남짓이 되었네	傾蓋廿年强
노주는 늙고 병든 얼굴은 감춰 줬고	露酒欺衰病
환담은 폐장을 확 트이게 해 주었다오	歡言豁肺腸
홀로 가수 말한 《좌전》을 찾아보고[406]	獨尋嘉樹傳
길이 대괴향[407]에 누워 있노라	長臥大槐鄉

403 서원사(西原使) : 서원은 청주(淸州)의 옛 이름이다. 당시 청주 목사(淸州牧使)로 재직 중이던 이헌국(李憲國, 1525～1602)으로, 본관은 전주(全州), 자는 흠재(欽哉), 호는 유곡(柳谷)이다.

404 장흥방(長興坊) : 한양(漢陽) 남부(南部)에 있던 방명(坊名)이다.

405 낙선방(樂善坊) : 한양 남부에 있던 방명으로, 소재가 태어난 곳이다.

406 홀로……찾아보고 : 가수(嘉樹)는 아름다운 나무를 말한다. 춘추 시대 진(晉)나라 한 선자(韓宣子)가 노(魯)나라에 사신으로 갔을 때, 소공(昭公)이 선자에게 향연(饗宴)을 베풀며 선자가 양국이 화친하기를 희망하는 뜻에서 《시경》〈소아(小雅) 각궁(角弓)〉의 시를 노래했는데, 이윽고 다시 계무자(季武子)의 주연(酒宴)에 참석해서는 정원의 아름다운 나무를 보고 칭찬하였다. 계무자가 말하기를 "제가 감히 이 나무를 잘 길러서 〈각궁〉 편을 노래해 주신 당신의 은혜를 깊이 새기지 않겠습니까."라고 했던 데서 온 말이다. 《春秋左氏傳 昭公2年》 여기서는 소재를 찾아 준 이헌국에 대하여 친구 간의 교정(交情)이 친밀하다는 뜻에서 《춘추좌씨전》의 글을 인용한 것이다.

407 대괴향(大槐鄕) : 괴산의 별칭으로 쓴 것이다.

퇴계의 행차에 부치다

寄退溪行軒

이때 퇴계가 금탄(金灘)에서 배를 타고 조정의 부름에 응하여 가는 중이었다.

장막 친 배는 흐르는 강물을 따라가는데	雲幕隨流水
연기 낀 삽짝은 골짝 마을에 닫혀 있네[408]	煙扉掩峽墟
신선이 되는 건 쉬 얻을 수 없거니와	神仙不易得
인간 세상은 진실로 우환이 많고말고	人世固多虞
고요할 땐 어떠한 징후를 관찰하며	靜了看何象
한가할 땐 글은 얼마나 저술하였는지	閑來著幾書
행장 보따리는 눌리지 않게 하겠거니와	囊裝未肯壓
아끼지 말고 젖은 시편이나 빌려줬으면[409]	不惜借霑濡
새 관직 임명하여 재촉해 부르신지라	促召加新命
지팡이에 의지해 고향 집을 출발했는데	扶行出舊墟
더위를 무릅쓰니 아픈 데는 많아지고	衝炎多疾病

408 장막……있네 : 장막 친 배는 퇴계(退溪) 이황(李滉)이 상경(上京)차 타고 가는 배를 말한 것이고, 연기 낀 삽짝은 소재의 처소를 말한 것이다.

409 행장……빌려줬으면 : 두보(杜甫)의 〈대력삼년춘백제성방선출구당협……(大歷三年春白帝城放船出瞿唐峽……)〉 시에 "서책들은 전부가 기울어 어지럽고, 행장 보따리는 절반쯤 눌리어 젖었도다.〔書史全傾撓, 裝囊半壓濡.〕"라고 한 데서 온 말이다. 《杜少陵詩集 卷21》 여기서는 상경차 배를 타고 가는 이황에게 물에 젖은 시편(詩篇)이라도 부디 보내 달라는 뜻으로 한 말이다.

험한 길 가노라니 어려움도 하 많구려	歷險備艱虞
여관에 오래 머물던 날에	旅館淹留日
친구가 위문의 서신을 전해 왔네	親朋勞問書
내 어찌 무슨 징후를 분변할 수 있으랴	焉能辨何象
스스로 성덕 입는 걸 면치 못할 뿐일세	自不免霑濡

이상은 퇴계의 시이다.

퇴계에게 답한 시를 다시 부치다

復寄答退溪

공안은 중천에 뜬 태양과 같건만[410]	公案中天日
사문은 만고에 폐허가 되어 버렸네	斯文萬古墟
정미함은 회암 정암에서 다하였고[411]	精微盡晦整
인도는 당우에서 처음 발명되었지[412]	人道發唐虞

410 공안(公案)은……같건만 : 공안은 본디 관부(官府)에서 시비(是非)를 판결하는 안례(案例)를 이르는데, 불교(佛敎) 선종(禪宗)에서는 이것을 전배(前輩) 조사(祖師)들의 언행 범례(言行範例)의 뜻으로 전용(轉用)하여 선가 공안(禪家公案)이라 하는바, 주희(朱熹)가 일찍이 하호(何鎬)에게 답한 글의 대략에 "그대가 이른바 '정씨의 여러 문인을 인하여 정씨를 찾고, 정씨를 인하여 성인을 찾는다.'라고 한 것은, 공안이 그 몇 겹이나 막혀 있는고? 어찌 마음속으로 묵묵히 이회하여 근본을 세워서 성현의 말의 득실이 저절로 나의 감식을 벗어나지 못하게 하는 것만 하겠는가.〔如所謂因諸公以求程氏, 因程氏以求聖人, 是隔幾重公案? 曷若默會諸心, 以立其本, 而其言之得失, 自不能逃吾之鑑耶?〕"라고 한 데서 온 말로, 공안이 몇 겹이나 막혔다는 것은 자신이 진리를 직접 찾지 못하고 여러 성현을 단계로 거슬러 올라가서 찾고자 하는 것을 의미한다.《晦庵集 卷40 答何叔京》 여기서는 성현의 도(道)에 들어가는 법칙을 공안에 빗대어, 마치 중천에 뜬 태양과 같아서 너무나 밝고도 분명하다는 뜻으로 한 말이다.

411 정미(精微)함은……다하였고 : 회암(晦庵)은 주희의 호이고, 정암(整庵)은 명(明)나라 학자 나흠순(羅欽順)의 호이다. 정미함을 다했다는 것은 주희의 이기설(理氣說) 등과 나흠순의 《곤지기(困知記)》에 담긴 격물치지설(格物致知說) 등을 가리킨다.

412 인도(人道)는……발명되었지 : 인도는 인심(人心)과 도심(道心)의 병칭이고, 당우(唐虞)는 요(堯) 임금과 순(舜) 임금을 가리킨다. 요 임금이 일찍이 순 임금에게 선위(禪位)할 적에 이르기를 "아, 너 순아, 하늘의 운수가 네 몸에 있게 되었으니, 진실로 중도를 지켜 행하라. 사해가 곤궁해지면 하늘의 녹이 영원히 끊어지리라.〔咨爾舜!

그 학설을 범범하게 인식하고 있으니	汎認爲他說
누가 장차 한 글을 지어 분변할런고	誰將辨一書
차라리 새장에 갇힌 농앵처럼 될지언정[413]	寧如隴鸚縶
물 건너다 꼬리 적신 여우는 안 되려오[414]	不作渡狐濡

天之曆數在爾躬, 允執其中. 四海困窮, 天祿永終.〕"라고 하였는데, 뒤에 순 임금이 다시 우(禹) 임금에게 선위할 적에는 "인심은 오직 위태롭고 도심은 오직 은미하니, 오직 정밀하고 전일하게 하여 진실로 그 중을 잡으라.〔人心惟危, 道心惟微, 惟精惟一, 允執厥中.〕"라고 하였다. 《論語 堯曰》《書經 大禹謨》

413 차라리……될지언정 : 농앵(隴鸚)은 본디 앵무새가 농산(隴山)에서 난다 하여 이렇게 칭한 것이다. 새장에 갇힌 앵무새란 진(晉)나라 장화(張華)의 〈초료부(鷦鷯賦)〉에 "푸른 매는 사납기 때문에 묶이게 되고, 앵무새는 총명하기 때문에 새장에 갇히게 된다.〔蒼鷹鷙而受緤, 鸚鵡惠而入籠.〕"라고 한 데서 온 말이다. 《文選 卷30》 여기서는 새장에 갇힌 앵무새처럼 아무런 재능도 발휘하지 않고 말을 삼가겠다는 뜻이다.

414 물……되려오 : 꼬리 적신 여우는 《주역》 〈미제괘(未濟卦)〉의 괘사(卦辭)에 "미제는 형통하다. 어린 여우가 물 건너는 데 용감하여 그 꼬리를 적시니, 이로운 바가 없다.〔未濟, 亨. 小狐汔濟, 濡其尾, 无攸利.〕"라고 하고, 그 단사(彖辭)에 "어린 여우가 물 건너는 데 용감한 것은 험난한 속에서 벗어나지 못한 것이다.〔小狐汔濟, 未出中也.〕"라고 한 데서 온 말이다. 여기서는 어떠한 학설이라도 내놓았다가 잘못 시비총중(是非叢中)에 말려들까 염려하는 뜻이다.

주재 윤[415]에게 주다

贈主宰尹

이때 윤이 주악(酒樂)을 준비해 와서 우리 어머니께 헌수(獻壽)를 하였으므로, 시를 지어 사례한 것이다.

정묘년이라 여기서 삼 년이 다 되었고[416]	單閼垂三載
임종 달에 명협 여덟 잎이 떨어졌네[417]	林鍾落八蓂
어쩌면 이렇게 화려한 자리의 연회를	如何錦席會
정히 판여가 머무신 때 베풀어 주는가[418]	政屬板輿停
비 오는 난간에선 붉은 치마가 젖고	雨檻紅裙濕
흔들리는 등불 앞엔 색동옷이 빛나네	風燈綵服熒
평생 동안 떠돌던 자식의 눈물을	平生遊子涕
모친을 위하여 한번 떨어뜨리노라	一爲主人零

415 주재 윤(主宰尹) : 당시의 괴산 군수 윤 아무개를 가리킨다.

416 정묘년이라……되었고 : 소재가 을축년인 1565년(명종20) 12월 진도(珍島)에서 괴산으로 양이(量移)되어 이때 정묘년(1567)까지 3년째가 되었음을 말한 것이다.

417 임종(林鍾)……떨어졌네 : 임종은 6월의 별칭이고, 명협(蓂莢)은 서초(瑞草)의 이름이다. 요(堯) 임금 때 명협이 뜰에 났는데, 매월 초하루부터 15일까지는 매일 한 잎씩 나오고 16일부터 그믐날까지는 매일 한 잎씩 떨어졌으므로, 이것을 근거로 책력(冊曆)을 만들었다는 고사에서 온 말이다. 명협 여덟 잎이 떨어졌다는 것은 이날이 6월 23일이었음을 의미한다.

418 어쩌면……주는가 : 판여는 옛날 노인을 태우던 일종의 가마이다. 진대(晉代)의 문장가인 반악(潘岳)이 현달(顯達)하던 시절에 그의 모친에게도 영화(榮華)가 미쳤던 데서, 모친의 별칭으로도 쓰인다.

이튿날 또 만나다

翌日又會

홍치는 진흙에 붙은 버들개지 같고요[419]	興緖沾泥絮
몰골은 그믐에 다다른 명협과 같다오[420]	形容向晦蓂
연일 만나도 싫증이 나지 않으니	連朝會不厭
만사 잊고 술이나 쉬지 말고 드세나	萬事酒無停
가선 쥔 미인은 시름겨운 눈썹 찡그리고	歌扇愁眉斂
시 읊는 곳엔 술 취한 눈이 번쩍이네	吟壇醉瞪熒
돌아보건대 백년 안짝에	回看百年內
원로들이 다 놀아삸구려	耆舊盡凋零

419 홍치는……같고요 : 소식(蘇軾)이 기녀로 하여금 장난삼아 승(僧) 참요(參寥)에게 시를 요구하도록 하자, 참요가 절구 한 수를 불렀다. 그 시에 "선심은 진흙에 붙은 버들개지가 되어, 동풍을 좇아 위아래로 미쳐 날지 않는다오.〔禪心已作沾泥絮, 不逐東風上下狂.〕"라고 한 데서 온 말이다.《說郛 卷18上》 여기서는 외물의 유혹에 전혀 흔들리지 않는다는 뜻으로 한 말이다.

420 몰골은……같다오 : 자신의 형상이 다 시들어 가고 있다는 뜻으로 한 말이다. 명협(蓂莢)은 168쪽 주417 참조.

천붕을 통도하다 7월이다.

慟天崩 七月

살펴보건대 6월 28일 명종대왕(明宗大王)이 승하하였다.

이십삼 년간 보위에 앉은 동안은 二十有三載
실로 국가의 어려운 때를 만났었네 實遭家國難
애당초 태갑과 익힐 일은 없었지만[421] 初無太甲狎
점차 상관의 간악함을 깨닫게 되었네[422] 漸覺上官奸
흠뻑 내린 눈은 거의 다 녹았으련만[423] 雨雪消幾畢
띠풀이 뽑혀 감은 아직 미진하구려[424] 茅茹拔未完
살려 주신 은혜가 죽은 뼈에 미쳤는지라[425] 生恩及死骨

421 애당초……없었지만 : 탕(湯) 임금이 아들인 태갑(太甲)이 즉위하여 행위가 의롭지 못하자, 이윤(伊尹)이 말하기를 "나는 의리에 순종하지 않는 사람과 가까이 익히지 않겠다.〔予弗狎于弗順.〕"라고 했던 데서 온 말이다.《書經 太甲》 여기서는 명종(明宗)은 본래부터 자질이 훌륭하여 태갑과 같지 않았다는 뜻으로 한 말이다.

422 상관(上官)의……되었네 : 상관은 굴원(屈原)을 시기하여 참소한 초 회왕(楚懷王)의 간신(奸臣) 상관대부(上官大夫)를 가리킨다. 명종 초기에 여러 간신이 을사사화를 일으켜 수많은 선비들을 죽이거나 유배시켰던 등의 일을 상관대부의 간악함에 빗대서 한 말이다.

423 흠뻑……녹았으련만 : 햇빛을 보면 눈이 녹는다는 데서 온 말로, 이는 현명(賢明)한 군주(君主)는 반드시 소인(小人)을 내치게 되는 데에 비유한 것이다.《詩經 小雅 角弓》

424 띠풀이……미진하구려 : 띠풀이 뽑혀 간다는 것은 현사(賢士)들이 서로 이끌고 함께 조정에 나아가는 것을 의미한다.《周易 泰卦 初九》 미진하다는 것은 아직은 현사들이 서로 이끌고 조정에 나가지는 못한다는 뜻이다.

북쪽을 바라보매 애간장이 갑절 끊어지누나　　　　北望倍摧肝

425 살려……미쳤는지라 : 죽은 뼈는 거의 죽을 뻔한 자신을 지칭한 것으로, 명종이 끝까지 목숨을 보전해 주었다는 뜻이다.

용비[426]를 보다

觀龍飛

살펴보건대 명종(明宗)이 승하하고 선조대왕(宣祖大王)이 들어가 대통(大統)을 이은 것이다.

천명 받으니 덕 있음을 이제 알겠거니와 受命今知德
군주가 되기는 예부터 어렵게 여기었네[427] 爲君古謂難
반드시 다스려지고 안 됨을 살펴야 하고[428] 要將在治忽
가장 급선무는 현인 간인을 구별함일세 最急辨賢奸
대체로 경영하는 규모가 광대해야만 大抵規模廣
비로소 정사를 완벽하게 할 수 있으리 方能政事完
이 외로운 신하는 만세를 외치노라니 孤臣呼萬歲
이내 심장을 씻은 듯이 말끔해지누나 炯炯洗心肝

426 용비(龍飛) : 제왕(帝王)이 새로 등극하거나 즉위한 것을 뜻한다. 《周易 乾卦 九五》 여기서는 선조(宣祖)의 즉위를 가리켜 한 말이다.

427 군주(君主)가……여기었네 : 《논어》 〈자로(子路)〉에 "군주 노릇 하기가 어려우며, 신하 노릇 하기가 쉽지 않다."라고 하였다.

428 반드시……하고 : 음악이 잘 다스려지거나 다스려지지 못한 것으로써 정치의 득실을 알 수 있다고 하였다. 《書經 益稷》

박하[429]와 작별하다

別朴夏

진도에 유배된 지는 이십 년이 지났고	島竄已廿載
괴산에 이배된 지도 이 년이 되었네	峽移還二期
서운함을 어찌 감당하랴 서로 만난 자리에서	那堪會面地
다시 떠나는 사람에게 줄 시를 짓다니 원	復作贈行詩
그대는 사흘 밤 괴산의 꿈을 꾸었고[430]	三夜槐安夢
나는 초가을에 진도를 추억해 보았네	初秋海徼思
돌아가서 아는 이들이 내 소식을 묻거든	歸逢相識問
초췌한 몰골에 외롭고 위태하더라 전해 주오	顦顇更孤危

429 박하(朴夏) : 소재가 진도(珍島)에서 귀양살이할 적에 소재를 찾아와 글을 배웠던 박빈학(朴贇鶴)의 아들로, 부장(部將)을 지냈고 통정대부(通政大夫)에 올랐다. 《務安朴氏世譜》

430 그대는……꾸었고 : 박하는 진도 사람으로, 이때 괴산으로 소재를 방문하여 3일을 묵고 떠난 듯하다.

최형[431]에게 시로써 사례하다

詩謝崔兄

과실은 버들고리 가득고 술은 병에 가득해라	果滿棲籠酒滿甁
노형이 보내 주어 나그네 머문 곳 위로해 주네	老兄相贈慰羈停
어머니는 한 젓갈 드시매 정이 꿀맛보다 좋았고	慈顔一箸情勝蜜
나그네 흥치는 석잔 술에 향기론 덕을 느꼈다오	客興三杯德更馨
금적산 가에는 구름이 이리저리 흩날리고	金積山邊雲浛浛
우리 괴산 경내에는 해가 어둑어둑해지네	槐安國裏日冥冥
죽기 전에 장 헛되이 지내지만은 않을 운수라	不應未死長徒爾
하늘이 노년을 함께 종유할 곳을 빌려주었네[432]	天借攀遊與暮齡

431 최형(崔兄) : 《소재집》 권4 〈최형의 모당에 부쳐 제하다〔寄題崔兄茅堂〕〉에 보이는 최형과 같은 인물이다.

432 죽기……빌려주었네 : 소재가 노년에 최기림의 모당을 왕래하며 종유할 수 있게 되었다는 뜻으로 한 말이다.

공 광문[433]이 세 가지 물품을 보내 준 데 대하여 시로써 사례하다 8월이다.

貢廣文餉以三物詩以謝之 八月

나 같은 홀로 깨어 있는 나그네로[434] 以我偏醒客
유독 벼슬 한산한 그대의 덕을 입었네[435] 蒙君獨冷官
정겨운 편지는 두어 줄의 잔글씨요 情緘數行細
맑은 술은 한 호리병에 가득하구려 秋露一壺團
수박은 근심으로 생긴 갈증을 해소하고 菰果消憂渴
훈채 곁들인 어채는 더운밥에 좋아라 葷鮭媚暑餐
어떻게 하면 성상의 돌아보심을 힘입어 何謀日顧眄
방중의 환락을 실컷 펴기를 꾀해 볼꼬[436] 展盡榜中歡

433 공 광문(貢廣文) : 광문(廣文)은 당 현종(唐玄宗) 때의 문인으로 광문관 박사(廣文館博士)를 지낸 정건(鄭虔)을 가리킨다. 공 광문은 괴산 향교(鄕校)의 훈도인 공 아무개를 지칭하는 듯하다.

434 나……나그네로 : 굴원(屈原)이 참소를 입고 쫓겨나 "뭇사람이 다 취했거늘 나 홀로 깨었는지라, 이 때문에 내가 추방되었노라.〔衆人皆醉我獨醒, 是以見放.〕"라고 한 데서 온 말이다.《楚辭 漁父辭》 여기서는 자신을 굴원에 빗대서 한 말이다.

435 벼슬……입었네 : 공 아무개가 얼마 안 되는 봉급으로 자신에게 세 가지 물품을 보내 준 데 대하여 감사하다는 뜻이다.《杜少陵詩集 卷3 醉時歌》

436 방중(榜中)의……볼꼬 : 방중의 환락은 과거(科擧)에 급제하는 것을 말한다. 공 훈도(貢訓導)의 과거 급제를 기원하는 뜻으로 한 말이다.

허, 위 두 조사[437]가 수양산을 지나면서 읊은 시와 학문을 논한 율시 두 수를 보고 느낌이 있어 마침내 차운하다

觀許魏過首陽及論學二律有感遂次

살펴보건대 이때 태사(太史) 허국(許國), 급사(給事) 위시량(魏時亮)이 와서 융경황제(隆慶皇帝)의 등극조(登極詔)를 반사하였다.

무엇을 도라 이르는가 하면　何以謂之道
한 번 양하고 한 번 음하는 거라 하니　一陽而一陰
일찍이 이 말을 익히 들었지만　熟嘗聞此語
끝내 내 마음에 계합한 바가 없었네　終莫契吾心
예전 정자 주자가 학설을 남겨　遺澤程朱昔
오늘의 허위에게 은택을 입히었구려　能霑許魏今
머나먼 길에 잠시 수양산에 들러서　脩途暫相就
객지의 회포를 넉넉히 풀었겠구려　聊足散羈襟

하늘 뜻은 참으로 백성을 안정시키는데　天意眞陰騭
사람 마음이 스스로 불평을 품는 거지　人心自不平
쓸쓸한 수양산에 두 조사가 들러서　蕭條過二使
고죽성에 눈물을 하 많이 뿌리었네　涕淚灑孤城

437 허(許)……조사(詔使) : 한림원 검토(翰林院檢討) 허국(許國)과 급사(給事) 위시량(魏時亮) 두 조사가 1567년(선조 즉위년) 가을 명 목종(明穆宗)의 등극조(登極詔)를 가지고 조선에 왔었다.

말고삐 당긴 건[438] 일시적인 의리련만 　扣馬一時義
고사리를 캐 먹은 건 천고의 충정이로다 　採薇千古情
백이의 높은 풍도가 기양에 연접했기에[439] 　高風接箕壤
청렴함과 뜻 세움에 맑은 풍도가 넉넉하네[440] 　廉立有餘淸

438 말고삐 당긴 건 : 주 무왕(周武王)이 은나라를 칠 적에 백이(伯夷), 숙제(叔齊)가 무왕의 말고삐를 끌어당기며 간(諫)했던 데서 온 말이다. 《史記 伯夷列傳》

439 백이(伯夷)의……연접했기에 : 기양(箕壤)은 평양부(平壤府)에 도읍했던 기자조선(箕子朝鮮)을 말한다. 백이의 풍도가 기양에 연접했다는 것은 황해도(黃海道) 해주(海州)가 본래 고죽국(孤竹國)이었다는 설(說)에서 온 말이다. 《隋書 裴矩列傳》

440 청렴함과……넉넉하네 : 맹자(孟子)가 "백이의 풍도를 들은 자들은 완악한 자가 청렴해지고 나약한 자가 뜻을 세우게 된다.〔聞伯夷之風者, 頑夫廉, 懦夫有立志.〕"라고 하였고, 또 "백이는 성인 중에 청한 분이다.〔伯夷, 聖之淸者也.〕"라고 한 데서 온 말이다. 《孟子 萬章下》

다시 차운하여 친구에게 보이다

復次韻示友

학문은 자기를 위하는 데 있을 뿐이요	學只在爲己
공력을 쓰는 덴 우선 촌음을 아껴야지	功須先謹陰
정미함은 뜻을 집중하는 데 맡기려니와	精微任着意
문자는 배워서 또한 마음을 열어야 하리[441]	文字轉開心
옛것을 잊지 않을 줄[442] 알지 못하면	不卽知溫古
어떻게 지금이 옳은 줄을 깨닫겠는가[443]	何緣覺是今
도는 끝내 별체가 없는 것이건만[444]	道終無別體

441 문자(文字)는……하리 : 마음을 연다는 것은 지혜를 계발한다는 뜻이다. 《안씨가훈(顔氏家訓)》 권상 〈면학(勉學)〉에 "글을 읽고 학문하는 것은 본래 마음을 열고 눈을 밝게 하기 위해서이다.〔讀書學問, 本欲開心明目.〕"라고 하였다.

442 옛것을……줄 : 공자가 이르기를 "예전에 배운 것을 잊지 않고 새것을 알면 스승이 될 수 있느니라.〔溫故而知新, 可以爲師矣.〕"라고 한 데서 온 말이다. 《論語 爲政》

443 어떻게……깨닫겠는가 : 지금이 옳음을 깨닫는다는 것은 《회남자(淮南子)》 〈원도훈(原道訓)〉의 "거백옥은 나이 오십이 되어서 49년 동안의 잘못을 알았다.〔蘧伯玉年五十, 而知四十九年非.〕"는 고사를 인용하여 도잠(陶潛)이 〈귀거래사(歸去來辭)〉에서 "실로 길을 잃었으나 멀리 가지는 않았으니, 지금이 옳고 어제까지가 그릇되었음을 깨달았노라.〔實迷塗其未遠, 覺今是而昨非.〕"라고 하였다. 여기서는 지식을 많이 쌓아 두어야만 과거의 잘못과 지금의 옳음을 깨달을 수 있다는 뜻이다.

444 도(道)는……것이건만 : 별체(別體)는 도체(道體)에 대한 별체를 말한 것으로, 별체가 없다는 것은 도체는 하나일 뿐이라는 뜻이다. 주희의 〈일용자경시(日用自警詩)〉에 "어느 날 환히 깨어 별체가 없다는 걸 알아야만, 비로소 공부를 잘못하지 않았음을 알리라.〔一日洞然無別體, 方知不枉費工夫.〕"라고 한 데서 온 말이다. 《晦庵集 卷6》

사람마다 각각 다른 생각이 있을 뿐이네　人各有幽襟

천하가 항상 전란이 많았으니　天下常多亂
어느 땐들 끝내 태평할 수 있으랴　何時竟太平
군신간에 의리를 온전히 하지 못했는데　君臣不全義
우주 안에 유독 성 하나만 남았었네[445]　宇宙獨餘城
지극히 좋고 봉황이 춤춘 건 순의 음악이요[446]　盡善來儀樂
삼분의 이를 소유하고도 섬긴 건 문왕의 뜻이니[447]　三分服事情
군자의 속 좁은 것을 가지고　莫將君子隘
성인의 청함을 가벼이 여기진 말아야지[448]　輕了聖人淸

445 군신(君臣)간에……남았었네 : 은(殷)나라 말기에 온 천하 제후(諸侯)들이 다 은나라를 배반하고 주 무왕(周武王)에게 귀복(歸服)했는데, 유독 고죽성(孤竹城)만이 끝까지 은나라 유민(遺民)으로 남아 있었음을 의미한다.

446 지극히……음악이요 : 지극히 좋다는 것은 공자가 순 임금의 소악을 가리켜 "지극히 아름답고 또 지극히 좋다."라고 한 데서 온 말이다.《論語 八佾》봉황(鳳凰)이 춤을 췄다는 것은 "소악을 아홉 번 연주하자 봉황이 와서 춤을 추었다."라고 한 데서 온 말이다.《書經 益稷》

447 삼분(三分)의……뜻이니 : 공자가 이르기를 "문왕은 천하를 삼분하여 그 이분을 소유하고도 은나라를 복종하여 섬겼으니, 주나라 문왕의 덕은 지극한 덕이라 이를 만하다.〔三分天下, 有其二, 以服事殷, 周之德, 其可謂至德也已矣.〕"라고 한 데서 온 말이다.《論語 泰伯》이는 문왕의 덕 또한 진선진미했음을 의미한다.

448 군자(君子)의……말아야지 : 군자의 속이 좁다는 것은 맹자(孟子)의 말에 "백이는 속이 좁고 유하혜는 불공하니, 좁음과 불공함은 군자가 따르지 않는다.〔伯夷隘, 柳下惠不恭, 隘與不恭, 君子不由也.〕"라고 한 데서 온 말로, 백이(伯夷)를 지칭한다.《孟子 公孫丑上》성인(聖人)의 청(淸)함이란 역시 맹자의 말에 "백이는 성인 중에 청한 분이다.〔伯夷, 聖之淸者也.〕"라고 한 데서 온 말이다.《孟子 萬章下》여기서는 백이가

이미 다년간 학문을 해 왔으니 問學已多歲
그 누구와 함께 시간을 아껴 했던가 何人共惜陰
머나먼 길 행차하는 태사씨[449]는 長途太史氏
한 조각 공자 안자의 마음이로다 一片孔顏心
조용히 깨어 천지에 참여하고[450] 靜悟參天地
진실한 수행은 고금을 관통하였네 眞修貫古今
문자에 애써 매달림을 즐기지 말아야지 莫耽文字苦
지극한 낙은 신령한 마음에 있나니 至樂在靈襟

백이숙제의 일을 듣고 나서는 見說夷齊事
그로 인하여 북평을 좋아한다오[451] 因之愛北平
수양산은 추모의 생각을 깊게 하는데 首陽重遐想

속이 좁다는 평은 들었지만, 성인 중에 청한 분이라는 것은 가벼이 여겨서는 안 된다는 뜻이다.

449 태사씨(太史氏) : 태사(太史)의 직명을 띤 조사(詔使) 허국(許國)을 가리킨다.

450 천지(天地)에 참여하고 : 사람이 하늘과 땅과 나란히 서서 천지와 똑같은 존재가 되는 것을 의미한다. 《중용장구》 제22장에 "오직 천하에 지극히 성실한 성인만이 그 성을 극진히 할 수 있나니, 그 성을 극진히 할 수 있으면 남의 성도 극진히 해 줄 수 있고, 남의 성을 극진히 해 줄 수 있으면 물의 성도 극진히 해 줄 수 있고, 물의 성을 극진히 해 줄 수 있으면 천지의 변화 육성을 도울 수 있고, 천지의 변화 육성을 도울 수 있으면 그 공덕이 천지에 참여할 수 있느니라.〔唯天下至誠, 爲能盡其性. 能盡其性, 則能盡人之性; 能盡人之性, 則能盡物之性; 能盡物之性, 則可以贊天地之化育; 可以贊天地之化育, 則可以與天地參矣.〕"라고 한 데서 온 말이다.

451 백이숙제(伯夷叔齊)의……좋아한다오 : 은나라 북평군(北平郡) 노룡현(盧龍縣) 남쪽에 옛 고죽국(孤竹國)이 있었으므로 이른 말이다.

고죽국에는 황량한 옛 성만 남았구려 孤竹有荒城
올라가 조망하는 흥취를 못 이루니 未遂登臨興
감개한 정을 더욱 감당 못 하겠네 尤多感慨情
수다하게 천사를 소유한 자들이여[452] 紛紛千駟者
완부 나부[453]를 그 누가 청하게 해 줄꼬 頑懦爲誰淸

이상은 위시량(魏時亮)의 시이다.

하늘은 본디 텅 비고 끝없이 넓기에 太虛本寥廓
가벼운 바람에 짙은 구름 걷히고 나면 輕飆散重陰
하루아침에 참모습을 드러내듯이 一朝見眞體
삼라만상이 촌심에 환히 나열한다오[454] 萬象羅寸心
문학을 연구함은 되레 장애가 되나니 攻文反爲障
이제부터는 속념을 끊어야겠네 息念方自今
당신의 탁월한 의론을 듣지 못했으면 不緣接高論
어찌 나의 흉금을 틔울 수 있으리오 何以開予襟

452 수다하게……자들이여 : 천사(千駟)는 말 4000필을 말하는데, 공자가 이르기를 "제 경공은 천사의 말을 소유했으나, 그가 죽은 날에 백성이 그에게 덕이 있었다고 칭하는 자가 없었다. 백이숙제는 수양산 아래서 굶어 죽었지만 사람들이 지금까지 그를 칭송하고 있다.〔齊景公有馬千駟, 死之日, 民無德而稱焉. 伯夷、叔齊餓于首陽之下, 民到于今稱之.〕"라고 한 데서 온 말이다. 《論語 季氏》

453 완부(頑夫) 나부(懦夫) : 177쪽 주440 참조.

454 하늘은……나열한다오 : 하늘의 본체가 원래 텅 비고 광활하듯이 인간의 마음 또한 그 본체는 아주 밝고 신령하다는 것을 이른 말이다.

뭇 산들은 대지를 가로질러 나왔고 衆山橫地出
한 물줄기는 평야를 둘러 흐르는데 一水遶疇平
하늘은 노룡산 변새를 만들어 놓았고 天設盧龍塞
사람들은 이곳을 고죽성이라 전해 오네 人傳孤竹城
사행길 달리느라 쉴 겨를이 없다가 驅車未遑息
고적을 탐방하고 깊은 감정을 느끼었네 訪古獨含情
크게 탄식하노니 인현[455]은 떠난 지 오래고 太息仁賢遠
부질없이 맑은 산수만 남아 있네그려 空餘山水淸

이상은 허국(許國)의 시이다.

455 인현(仁賢) : 백이숙제를 지칭한다.

오조천[456]에 대한 시를 얻고 차운하여 느낌을 쓰다

得吾助詩次韻書感

평안한 길인지 모르겠지만	不識平安路
오조탄이 있음을 지금 들었네	今聞吾助灘
위 급사중은 시에서 높은 돌을 읊었고[457]	魏中詩峻石
허 태사는 회란석이라 명명했구려[458]	許史命廻瀾
기상은 때에 따라 변할 터이지만	氣像當時變
근원은 태곳적부터 편안히 흘러왔지	根源太古安
사물의 근원을 진실로 추구할 수 없다면	物誠無可究
어찌 마음으로 관찰하는 것이 있겠는가	心豈有攸觀
높직한 돌들 병풍처럼 둘러 서서	峻石如屛立
우뚝히 여울을 굽어보고 있는데	峨然壓水灘
바라보는 앞에서 지주[459]를 이루어	望中成砥柱

456 오조천(吾助川) : 황해도(黃海道) 우봉현(牛峯縣)에 있는 하천이다. 언덕 위에는 돌들이 병풍처럼 빙 둘러 있는데, 높이가 10길이 넘으며 매우 기이하고 웅장하다고 한다. 《신증동국여지승람(新增東國輿地勝覽)》 권42 〈황해도 우봉현〉에는 '助'가 '早'로 되어 있다.

457 위……읊었고 : 위시량(魏時亮)의 시에 "높은 돌들이 병풍처럼 둘러서 있다.〔峻石如屛立〕"라고 하였다.

458 허……명명했구려 : 허국(許國)의 〈회란석(廻瀾石)〉 시 서문에 오조천 가에 병풍처럼 둘러선 돌을 자신이 처음으로 '회란석'이라 명명했다는 기록이 있다.

급한 여울 거센 물결 막아 돌리네　急處阻狂瀾
우뚝히 빼어나 물결이 흔들기 어렵고　挺拔波難動
홀로 단단함은 타고난 성정일세　孤堅性所安
산을 감상함엔 만족하는 게 중요하니　賞山須得意
사방 유람을 일삼을 것 없고말고　不必事遊觀

허국(許國)이 따라서 회란석(廻瀾石)이라 명명하였다.

이상은 위시량(魏時亮)의 시이다.

459 지주(砥柱) : 황하(黃河)의 중류에 기둥처럼 우뚝 서 있는 산의 이름인데, 격류 속에서 꼼짝하지 않고 서 있다고 한다. 오조천의 회란석을 지주에 빗대서 한 말이다.

윤 태수의 자리에서 윤자온[460]이 화답한 운에 화답하다
尹太守席和尹子溫所和韻

용이 떠나자마자 궁검을 떨어뜨렸는데[461]	龍去初遺劍
운승에 명협의 잎 재차 떨어졌네[462]	雲乘再落蓂
장례엔 도감의 책무 막중하거니와	因山重都監
슬픈 통곡은 나그네가 갑절 더하네	流慟倍羈停
새로 안 즐거움은 만나지 못했지만[463]	不見新知樂
예전 친지[464]는 여전히 반겨 주네	猶存舊眼熒

460 윤자온(尹子溫) : 윤옥(尹玉, 1511~1584)으로, 본관은 무송(茂松), 자는 자온, 호는 동리(東里)이다.

461 용(龍)이……떨어뜨렸는데 : 궁검(弓劍)은 옛날 황제(黃帝)가 지녔던 활과 검이다. 황제가 형산(荊山) 아래서 솥을 주조하고 나서 용을 타고 승천할 적에 함께 따라 올라간 군신(群臣)과 후궁(後宮)이 70여 인이었고, 함께 따라가지 못한 소신(小臣)들은 용의 수염을 잡고 있다가 수염이 빠지는 바람에 모두 떨어졌다. 황제의 궁검마저 땅에 떨어지자 백성들이 그 궁검을 부둥켜안고 부르짖어 통곡했다고 한다. 여기서는 1567년 6월에 있었던 명종(明宗)의 승하를 황제의 고사에 빗대서 한 말이다.

462 운승(雲乘)에……떨어졌네 : 운승은 선인(仙人)이 타는 운거(雲車)이다. 명종의 상여(喪輿)를 지칭한 것이 아닌가 싶으나 자세하지 않다. 한 달에 한 차례씩 낙엽이 지는 명협(蓂莢)의 잎이 재차 떨어졌다는 것은 명종이 이해 6월 승하하였는데, 이때가 8월이었으므로 승하한 지 2개월이 되었다는 뜻이다.

463 새로……못했지만 : 새로 안 즐거움은 《초사(楚辭)》〈구가(九歌) 소사명(少司命)〉에 "더 슬플 수 없는 것은 처자와의 생이별이요, 더 즐거울 수 없는 것은 처음 서로 안 때이로다.〔悲莫悲兮生別離, 樂莫樂兮新相知.〕"라고 한 데서 온 말이다. 20년 가까이 유배 생활을 하는 동안에 좋은 친구를 새로 만난 적은 없었다는 뜻이다.

돌이켜 보니 거백옥에게 부끄러워라　　回頭愧伯玉
오십하고도 이 년을 더 살았으니[465]　　五十二年零

윤(尹)이 이때 산릉도감(山陵都監)의 직임을 맡았다.

464 예전 친지 : 윤옥을 지칭한 것으로, 인종(仁宗) 때 소재와 윤옥은 시강원(侍講院) 등에 함께 출사(出仕)하였다.

465 거백옥(蘧伯玉)에게……살았으니 : 소재는 거백옥보다 2년이나 더 살았으면서도 거백옥처럼 회과(悔過)하지 못하고 있다는 겸사이다. 178쪽 주443 참조

이흠재가 윤에게 부친 시에 화답하다

和李欽哉寄尹詩

살펴보건대 흠재(欽哉)는 이헌국(李憲國)의 자이다.

한 해의 가을 풍광 산 누대에 가득하건만	一年秋色滿山樓
의기소침해라 덧없는 세상만사 황당쿠려	浮世消沈儘謬悠
헤어진 게 몇 번이던가 그 사람 볼 수 없어	雲雨幾回人不見
푸른 솔 노란 국화에 이별 근심 갑절일세[466]	碧松黃菊倍離憂

466 노란……갑절일세 : 두보(杜甫)의 〈장사송이십일(長沙送李十一)〉 시에 "이두와 명성 나란히 함은 진실로 황송커니와, 북녘 구름 찬 국화가 이별의 근심을 갑절 더하네.〔李杜齊名眞忝竊, 朔雲寒菊倍離憂.〕"라고 하였다. 《杜少陵詩集 卷23》

아우 무회와 작별하다

別弟無悔

석양으로 치닫는 걸[467] 뉘라서 깨뜨리랴	西日雙馳破者稀
너는 오십 가깝고 나는 육십 바라보네	君方近艾我望耆
불안한 시국 타향살이 세월은 안 기다려 주지만[468]	風雲異國不與歲
우리 정원 토란과 밤 탈 없이 보전한 때로다	芋栗故園無恙時
세상일 분잡스러움 술로 풀기 어렵거니와	世故糾紛難酒解
외롭고 적적한 회포 하늘만이 아시리라	襟期孤寂只天知
우리 양친 숙수나마 즐겁게 봉양할 길 없어[469]	無因菽水同歡奉
백발로 아쉬운 정만 품고 멍하니 갈림길에 섰네	白首含情立路歧

467 석양으로 치닫는 걸 : 소재 형제가 모두 나이가 점점 많아져 늙어 가고 있음을 이른 말이다.

468 세월은……주지만 : 《논어》 〈양화(陽貨)〉에 "해와 달은 자꾸만 가니, 세월은 나를 기다려 주지 않는다.〔日月逝矣, 歲不我與.〕"라고 하였다.

469 우리……없어 : 숙수(菽水)는 콩과 물로, 콩을 먹고 물을 마시는 아주 가난한 생활을 뜻한다. 공자가 이르기를 "콩을 먹고 물을 마실지라도 어버이의 마음을 즐겁게만 하면 그것을 효도라 하는 것이다.〔啜菽飮水, 盡其歡, 斯之謂孝.〕"라고 하였다. 《禮記 檀弓下》 아직도 고향에 갈 수 없어서 아우와 함께 어버이를 봉양할 수 없음을 한탄한 것이다.

개향산[470] 도중에서 읊다
開香道中

필마 타고 채찍질하여 석양 길 가노라니	匹馬孤鞭趁夕曛
북풍이 산 중턱의 구름 불어 떨어뜨리네	北風吹落半山雲
긴긴밤 지루하여라 언제나 아침 올런고[471]	漫漫長夜何時朝
부상 불러 일분이라도 나아오게 하고파라[472]	欲喚扶桑進一分

470 개향산(開香山) : 충북 괴산군에 있는 산이다.

471 긴긴밤……올런고 : 춘추 시대 위(衛)나라 영척(甯戚)이 미천했을 때 제 환공(齊桓公)에게 등용되기를 바라는 뜻에서 노래했던 〈반우가(飯牛歌)〉에 "남산은 빛나고, 백석은 깨끗하도다. 태어나서 서로 선양하던 요순시대 못 만나, 짧은 베 홑옷도 겨우 정강이만 가릴 뿐인데, 이른 새벽부터 한밤중까지 소를 먹이자니, 긴긴밤이 지루해라 언제나 아침이 올런고.〔南山矸, 白石爛. 生不逢堯與舜禪, 短布單衣適至骭. 從昏飯牛薄夜半, 長夜漫漫何時旦.〕"라고 하였다.

472 부상(扶桑)……하고파라 : 부상은 동녘에 있다는 신목(神木)의 이름으로, 해돋이를 가리킨다. 암흑 같은 세상을 지나 태평한 밝은 세상이 오기를 희망하는 뜻으로 한 말이다.

인중[473]에게 준 시운을 사용하여 경회[474]에게 주다

用贈仁仲韻贈景晦

정신 흐릿함은 괴안국에서 노닌 것 같고[475]	迷似遊槐國
위태롭긴 무관에서 회동한 것보다 더하네[476]	危於會武關
일천여 시각[477] 동안 상상만 해 왔고	一千餘刻想
이십여 년 만에 얼굴을 처음 보았네	二十有年顔
자네는 홀로 당구를 보존하게 되었는데[478]	子獨存堂構

473 인중(仁仲) : 유희춘(柳希春, 1513~1577)으로, 본관은 선산(善山), 자는 인중(仁中), 호는 미암(眉巖)이다.

474 경회(景晦) : 이염(李閻)의 자이다. 성주 이씨(星州李氏)로 조광조(趙光祖)의 문인이었던 이충건(李忠楗)의 아들이다. 1545년(인종1) 을사사화 때 모함을 받아 파직되었고, 1547년(명종2) 경흥(慶興)에 20여 년 동안 유배되었다가 풀려났다. 1568년(선조1) 순무어사(巡撫御使)로 나갔다가 그해 영변(寧邊)에서 죽었다.

475 정신……같고 : 괴산을 괴안몽(槐安夢) 고사에 빗대서 한 말이다. 50쪽 주92 참조.

476 위태롭긴……더하네 : 무관(武關)은 지명이다. 진 소왕(秦昭王)이 초 회왕(楚懷王)에게 서신을 보내 무관에서 회동(會同)하자 유인했는데, 초 회왕은 불안해하면서도 약속을 지키러 갔다가 붙잡혀 죽임을 당했던 고사가 있다.《史記 楚世家》 자신의 처지가 몹시 불안하다는 뜻이다.

477 일천여 시각 : 이 시의 자주(自註)에서 "이경회가 사면을 입은 후 100일 만이다."라고 한 것을 시각으로 환산한 것이다. 하루 12시각씩 계산해서 100일이면 일천여 시각이 된다. 사면을 입었다고 한 것으로 보아 이염이 이때 유배에서 풀려난 듯하다.

478 자네는……되었는데 : 당구(堂構)는 주(周)나라 성왕(成王)이 "아버지가 집을 짓기 위해 법을 만들어 놓았더라도 자식이 그 터도 닦으려고 하지 않는데 더구나 집을 지으려 하겠는가.〔若考作室, 旣底法. 厥子乃弗肯堂, 矧肯構?〕"라고 한 데서 온 말로,

나는 아직도 채색옷 입고 양친을 뵙는다네　吾猶服綵斑
고향에서 생을 마치도록 윤허하신다면　松楸許畢命
조정엘 다시 갈 필요 있겠는가　不必上天還

이경회가 사면된 지 100일 만에야 이배소(移配所)로 찾아왔다. 또 이경회는 아들을 두었고, 나는 부모님이 계시므로 그 내용을 언급하였다.

자식이 아버지의 사업을 잘 계승하는 것을 의미한다.《書經 大誥》이염이 아들을 두었기 때문에 이른 말이다.

취중에 다시 짓다
醉中復題

소무는 남쪽 기러기 따라 돌아왔고[479] 蘇武隨南雁
왕교는 북쪽 오리를 빌려 나갔네[480] 王喬借北鳧
한단침 가에 서로 모인 자리엔 邯鄲枕上會
일개 쇠한 노생이 다시 더해졌구려[481] 更着一衰盧

소무는 이(李)의 일에 부쳤고, 왕교는 김(金)의 일에 부쳤다.[482]

479 소무(蘇武)는……돌아왔고 : 한 무제(漢武帝) 때 소무가 흉노(匈奴)의 사신으로 갔다가 억류된 지 19년 만에 한 소제(漢昭帝)가 흉노와 화친을 맺으면서 소무를 보내 달라고 요구하였다. 선우(單于)가 그는 이미 죽었다고 거짓말하자 한나라 측에서 상림원에서 잡은 기러기 발목에 소무가 살아 있다는 서신이 묶여 있었다고 속였다. 선우가 결국 사과하고 소무를 돌려보냈다고 한다.《漢書 蘇武傳》이염(李閻)이 오랜 유배 생활에서 사면을 받아 돌아온 것을 소무의 고사에 빗대서 한 말이다.

480 왕교(王喬)는……나갔네 : 김난상(金鸞祥)이 지방관이 되어 간 것을 왕교의 고사에 빗대서 한 말인 듯하다. 79쪽 주172 참조.

481 한단침(邯鄲枕)……더해졌구려 : 한단침은 한단몽(邯鄲夢)과 같은 뜻으로, 75쪽 주161 참조. 자신을 한단몽을 꾸었던 노생에 빗대서 말하여, 자주에서 언급한 두 사람과 합석하게 된 것을 이른 말이다.

482 소무는……부쳤다 : 이는 이염이고, 김은 김난상이다.

도중에서 읊다 10월이다.

道中 十月

천산 만산 거쳐 백 리 깊숙이 들어가니	千山萬山入百里
낙엽은 길에 가득고 바람 일지 않누나	枯葉滿蹊風不起
키 작은 동복 지친 말에 낙엽 깊이를 몰라	僕短馬罷深不知
열 걸음에 아홉 번 돌아보며 한 걸음씩 내딛었네	十步九顧一步墜
장암은 뒤쪽에 있고 노현은 앞에 보이는데	藏巖在後蘆峴前
나그네 맘속으로 말을 하니 시름 조금 덜리네	客心語口愁稍捐
상봉에 흐르는 안개 얼룩얼룩 벗어지더니	流霧上峯陰駁解
자가운 가을 햇빛 백빌을 환히 비춰 주누니	杲杲寒日臨霜顚
네 짚신 펄펄 내딛고 네 말고삐 경쾌히 휘둘러	奮而芒屩振而轡
우양이 내려오기 전[483] 어버이 뵙도록 하자꾸나	牛羊未下參庭闈
아 늘그막에 희구의 마음[484] 심해지니	嗟余老矣喜懼劇
앞으로 몇 번이나 지비 고개를 넘을 수 있을까	且能幾度踰知非

지비(知非)는 고개 이름이다.

483 우양(牛羊)이 내려오기 전 : 해가 넘어가기 전을 말한 것이다.

484 희구(喜懼)의 마음 : 희구는 기쁨과 두려움으로, 공자(孔子)가 "부모의 나이는 기억하지 않아서는 안 되니, 오래 사시면 한편으로 기쁘고, 노쇠해지면 한편으로 두려운 것이다.〔父母之年, 不可不知也. 一則以喜, 一則以懼.〕"라고 하였다. 《論語 里仁》

지비 고개에서 느낌이 있어 예전의 운을 사용하여 짓다
知非有感用舊韻

성정은 참으로 여우 머리와 같고[485]	一性眞狐首
눈동자는 말 머리에 있을 뿐이네	雙眸只馬頭
산은 백옥현에서 다하였고[486]	山窮伯玉峴
땅은 자지주[487]로 들어가누나	地入紫芝州
은택을 구함은 끝내 덧없는 계책이려니와	干澤終浮計
명성을 도피함은 되레 교묘한 꾀이고말고[488]	逃名却巧猶
평생에 소강절은	平生邵康節
공중에 기이한 누각을 지었었지[489]	空裏作奇樓

485 여우 머리와 같고 : 《예기》 〈단궁 상(檀弓上)〉에 "여우가 죽을 때 제가 살던 언덕으로 머리를 향한다."라고 하였다. 사람이 태어난 근본, 고향을 차마 잊지 못하는 것을 의미한다.

486 산은 백옥현(伯玉峴)에서 다하였고 : 백옥현은 지비현(知非峴)을 달리 이른 말이다. '지비현'의 '지비'가 《회남자(淮南子)》 〈원도훈(原道訓)〉에 "거백옥은 나이 오십이 되어서 49년 동안의 잘못을 알았다."라고 한 데서 온 말이기 때문이다.

487 자지주(紫芝州) : 상주(尙州)의 별칭이다.

488 명성을……꾀이고말고 : 《후한서(後漢書)》 〈일민열전(逸民列傳) 법진(法眞)〉에 "법진의 명성은 들을 수가 있으나, 법진의 몸은 만나 보기 어려웠다. 그는 명성을 떠났지만 명성이 나를 따라오고, 명성을 회피했지만 명성이 나를 좇아왔다."라고 하였다.

489 평생에……지었었지 : 강절(康節)은 소옹(邵雍)의 시호이고, 자는 요부(堯夫)이다. 그가 공중에 기이한 누각을 지었다는 것은 정이(程頤)가 "요부는 회포가 방광하여 마치 사통팔달의 공중누각과 같다."라고 한 데서 온 말로, 소옹의 명철 통달함을 공중누각에 빗댄 것이다. 《二程粹言 卷下 聖賢篇》

돌아가는 길에 지어서 두 아이[490]에게 보이다
歸路作示二子

안개 속 표범은 무늬가 이뤄진 뒤요[491] 霧豹斑成後
차가운 까마귀 머리가 다 희어 버렸네[492] 霜烏白盡頭
길 잃고 율리[493]를 물어 가면서 迷途問栗里
배 타고 충주를 지나가노라 乘舸過忠州
두 아이 나를 서로 축하하지만[494] 二子勤相賀
외로운 내 회포 누구와 꾀한단 말가 孤懷更孰猶
멀리서 듣건대 훌륭한 장인들 모여 遙聞會良匠
만층 누각 붙들어 세운다고 하누나[495] 扶竪萬層樓

490 두 아이 : 소재의 동문이자 동서인 강유선(康惟善)의 아들 강복성(康復誠)과 아우 노극신(盧克愼)의 둘째 아들 노대해(盧大海)이다.

491 안개……뒤요 : 두 아이가 어엿하게 성장한 것을 표범에 빗대서 한 말이다.

492 차가운……버렸네 : 전국 시대 연(燕)나라 태자 단(丹)이 진(秦)나라에 볼모로 가 있을 때 진왕(秦王)이 그를 예우하지 않으므로, 진왕에게 본국으로 돌아가게 해 달라고 요청하였다. 진왕이 "까마귀 머리가 희어지고 말 머리에 뿔이 나면 보내 주겠다.〔令烏頭白, 馬生角, 乃可許耳.〕"라고 한 데서 온 말이다.《燕丹子 卷上》 소재의 유배 생활이 너무 오래되어 까마귀 머리도 희어질 때가 되었단 뜻이다.

493 율리(栗里) : 동진(東晉)의 처사(處士) 도잠(陶潛)의 고향 마을 이름이다. 자신의 고향을 율리에 빗대서 말한 것이다.

494 두……축하하지만 : 축하 운운한 것으로 보아 이때 이미 사면령(赦免令)을 받았던 것이다.

495 멀리서……하누나 : 이때 선조(宣祖)가 막 즉위하였으므로 훌륭한 장인(匠人)들은 조정의 현신들이고, 만층 누각은 국정을 건축물에 빗대서 말한 듯하다.

취중에 읊다

醉中

정묘년 시월 십일 미시	丁卯十月十日未
달현 아래 행인이 이르렀으니	達峴之下行人至
큰 아이는 나의 벗 강씨의 맏아들이요	大兒吾友康氏冑
작은 아이는 내 아우의 둘째 아들이로다	小兒吾弟第二子
의관 갖추고 띠 띠고 길옆에서 절하는데	衣冠束帶拜道左
기색이 온화하고 장중하니 군자로구나	色溫而莊君子者
홀로 큰 술잔 마시고 말에 올라 가노라니	獨棹觥船上馬歸
행지구속은 모두 하늘에 맡기련다[496]	行止久速皆天也

496 행지구속(行止久速)은……맡기련다 : 행지구속은 맹자(孟子)가 "벼슬할 만하면 벼슬을 하고, 그만두어야겠으면 그만두고, 오래 머물 만하면 오래 머물고, 속히 떠나야겠으면 속히 떠나던 분은 공자였다.〔可以仕則仕, 可以止則止, 可以久則久, 可以速則速, 孔子也.〕"라고 한 데서 온 말이다. 《孟子 公孫丑上》 모든 것을 천명에 맡기겠다는 뜻이다.

괴산의 윤재[497]를 유별하다 2수

留別槐山尹宰 二首

이십일 년을 불원의 죄에 속해 있었는데[498]	七三年係不原書
괴이하다 양이된 후 죄가 면제되었네	自怪移來罪盡除
살려 주신 성주 은혜 실로 새 삶 주셨거니와	聖主生恩實更始
어진 군수 특별한 대우 어찌 더할 수 있으랴	賢侯殊遇豈遺餘
어머니를 새 우사에 편히 모시게 해 주고	已拚萱背便新寓
구택에 편히 계신 아버지도 뵙게 해 주었네	遂會椿庭保舊居
하늘의 뜻 어찌 곤액을 내리길 좋아하리오	天意何嘗好險阨
유독 더할 수 없는 일락[499]을 거두었다오	還收一樂獨無如

아침저녁 식사나 술자리엔 가끔 편지로 초청해	朝尊暮案間貽書
새로운 시름 예전의 한 다 깨뜨려 없애 주었지	破盡新愁舊恨除

497 윤재(尹宰) : 당시 괴산 군수였던 윤 아무개를 가리킨다. 65쪽 주126 참조.

498 이십일……있었는데 : 불원(不原)의 죄(罪)는, 《대명률(大明律)》 명례율(名例律) 상사소불원조(常赦所不原條)에 "무릇 십악을 범한 것, 사람을 죽인 것, 관청의 재물을 도둑질한 것, 강도·절도 등은……일체 진범이기 때문에 비록 국가가 사면하는 때를 만났더라도 모두 용서하지 않는다.〔凡犯十惡、殺人、盜係官財物及强盜、竊盜……一應眞犯. 雖會赦幷不原宥.〕"라고 하였다. 21년 동안은 용서받지 못할 죄인의 신분이었다는 뜻이다.

499 일락(一樂) : 한 가지 즐거움이란 뜻으로, 부모가 다 생존하고 형제가 다 무고한 것을 말한다.

천둥같이 성화같이 자주 온 게 기뻤는데	每說雷星來有數
비바람처럼 남김없이 헤지게 됨이 놀랍네	忽驚風雨散無餘
나비는 괴국에서 길 잃고 묵은 자취 찾을 게고[500]	蝶迷槐國尋陳迹
기러기는 지산으로 가서 오두막 찾아갈 걸세[501]	雁過芝山問索居
지금 늙은 몰골 다 갖추어졌으니	只是老形今已具
덧없는 세상 앞으로는 끝내 어찌될지 모르겠네	不知浮世竟何如

500 나비는……게고 : 나비가 괴국(槐國)에서 길을 잃는다는 것은 《장자》〈제물론(齊物論)〉의 호접몽(胡蝶夢)에서 온 말이다. 괴산을 떠나고 나면 꿈속에서나 어렴풋이 괴산을 찾게 될 것이라는 뜻이다.

501 기러기는……걸세 : 지산(芝山)은 상주(尙州)를 가리킨다. 괴산을 떠나 상주로 가서는 고향 집을 찾아갈 것이라는 뜻이다.

시냇가에서 윤재의 시에 화답하다

溪上和尹宰

유배객은 고향에 돌아가는 날이요	謫子歸鄕日
명공[502]은 전송을 나온 때로다	明公出餞時
다시 장부의 눈물로 옷깃까지 적시어라	還沾丈夫淚
참으로 아녀 같은 여린 애정 있구려	眞有女兒私
선달천엔 졸졸 흐르는 냇물이요	先達涓涓水
수작하는 건 넘실거리는 술잔일세	交酬灩灩巵
일생 동안 서로 좋아하는 곳엔	百年相好地
꿈속의 넋민이 찾아갈 뿐이리라	魂夢祗尋思

502 명공(明公) : 높은 지위에 있는 사람에 대한 존칭으로, 윤 군수(尹郡守)를 지칭한다.

오극심[503]의 시에 차운하다

次韻吳克諶

살펴보건대 괴산에서 지은 시는 여기까지이다.

선달천은 예전 노닐던 곳인데	先達川邊是舊遊
삼십이 년 세월이 흘렀네그려	回頭三十二年秋
덧없는 인생 예부터 슬픔과 한 많거니와	浮生自古皆悲恨
오늘 이별 자리에선 더욱 근심스럽네	此日臨歧意轉悠

503 오극심(吳克諶) : 자는 신중(信仲)이다. 1552년(명종7) 생원시(生員試)에 합격하였다.

강 동자 응철 에게 주다

贈康童子 應哲

동자는 종구(從舅)[504]의 외손이다. 그를 불러서 상주(尙州)의 객사(客舍)로 데리고 갔는데, 이때 동자는 겨우 5세였으나 대자(大字)를 능히 썼다.

동자는 우리 가문 수재인 데다	童子吾門秀
풍류 아는 이씨의 외손이로다	風流李氏甥
인간에 단봉[505]이 나타났고	人間丹鳳見
지상에 석기린[506]이 다니는구나	地上石麟行
유안의 글자는 다 바르게 써야 하고[507]	劉字要皆正
장 동자의 과거는 속성을 꺼렸느니라[508]	張科惡速成

504 종구(從舅) : 외당숙(外堂叔)을 지칭하는 말이다. 소재의 외당숙인 이후(李後)를 가리킨다.

505 단봉(丹鳳) : 머리와 날개의 깃이 적색으로 된 봉황이다. 걸출한 인물을 의미한다.

506 석기린(石麒麟) : 남조(南朝) 양(梁)나라의 문인 서릉(徐陵)이 두어 살 되었을 적에 고승(高僧) 보지(寶誌)가 그의 정수리를 어루만지면서 "천상의 석기린이로구나.〔天上石麒麟也.〕"라고 하였다. 남의 문재(文才) 있는 자제를 칭찬하는 말로 쓰인다. 《陳書 徐陵列傳》

507 유안(劉晏)의……하고 : 당 현종(唐玄宗) 때 유안이 신동으로 비서성 정자(祕書省正字)가 되었다. 현종이 그에게 "정자가 되었으니, 몇 글자나 바르게 쓸 수 있겠느냐?〔爲正字, 正得幾字?〕"라고 묻자, 유안이 "다른 글자는 다 바르게 쓸 수 있는데, 벗 붕 자만은 바르게 쓸 수가 없습니다.〔餘字皆正, 惟朋字未正.〕"라고 답하여 은연중 붕당의 폐단을 풍자하였다. 《詩林廣記 後集 卷6》 강 동자(康童子)에게 모든 글자를 바르게 쓰라는 뜻으로 한 말이다.

508 장(張)……꺼렸느니라 : 한유(韓愈)가 〈장 동자에게 준 서〔贈張童子序〕〉에 "장

성소가 정히 동방에서 나오거든[509] 成昭正出震
많이 쌓아서 때를 기다려 울리거라[510] 藏蓄待時鳴

동자는 학문의 진취를 구하는 자요, 빨리 이루려고 하는 자가 아니다.〔童子求益者, 非欲速成者.〕"라고 하였다.《東雅堂昌黎集註 卷20》 강 동자에게 학문의 진취에만 전념하고 빨리 이루려는 생각을 갖지 말라는 뜻이다.

509 성소(成昭)가……나오거든 : 성소는 주 성왕(周成王)과 한 소제(漢昭帝)의 병칭이다. 이들은 다 유약한 군주로서 성왕은 주공(周公)의 보필을 받았고, 소제는 곽광(霍光)의 보필을 받았다.《주역집해(周易集解)》 권2의 "육오는 황색 치마이니, 크게 길하니라.〔六五, 黃裳元吉.〕"라는 대문의 주석에 "음이 오의 자리에 올라 유약한 것이 높은 지위에 있으니, 이는 마치 성왕, 소제 같은 임금에게 주공, 곽광 같은 신하가 있는 것과 같다.〔陰登於五, 柔居尊位, 若成昭之主, 周霍之臣也.〕"라고 하였다. 여기서는 훌륭한 임금의 뜻으로 쓰였다. 동방(東方)에서 나왔다는《주역》〈설괘전(說卦傳)〉에 "상제가 동방에서 나오다.〔帝出乎震.〕"라고 한 데서 온 말이다. 성왕(聖王)이 남면하여 밝은 곳을 향해서 천하를 다스리는 것을 의미한다.

510 많이……울리거라 :《주역》〈계사전 하(繫辭傳下)〉에 "군자가 기물을 몸에 갈무리했다가 때를 기다려 동하면 어찌 이롭지 않음이 있겠는가.〔君子藏器於身, 待時而動, 何不利之有?〕"라고 하였다. 기물은 재능을 의미한다. 재능을 많이 축적해 두었다가 좋은 시기를 기다려 등용되기를 바란다는 뜻이다.

용안역관[511]에서 판상의 시에 차운하다 11월이다.

用安驛館次板上韻 十一月

큰 성인이 오백 년 만에 나왔거니와[512]	上聖半千載
양친 생각 십이 시각 끊임이 없네[513]	雙親十二時
용안역에서 이리저리 배회하노라니	徘徊用安驛
얻고 잃음 스스로 알 만하구려[514]	得失自知之

511 용안역관(用安驛館) : 용안역은 충주에서 서쪽으로 45리쯤에 있었다.

512 큰……나왔거니와 : 맹자(孟子)가 "500년 만에 반드시 천하에 왕정을 펼 사람이 나오나니, 그 사이에는 반드시 세상에 이름난 이가 있다.〔五百年必有王者興, 其間必有名世者.〕" 하였다. 《孟子 公孫丑下》 얼마 전에 즉위한 선조(宣祖)를 성왕(聖王)에 빗대서 한 말이다.

513 양친(兩親)……없네 : 황정견(黃庭堅)의 〈사친여주작(思親汝州作)〉 시에 "오경 밤의 꿈은 삼백 리 고향으로 가고, 어버이 생각은 하루 십이 시각 끊임이 없네.〔五更歸夢三百里, 一日思親十二時.〕"라고 하였다. 《山谷集 外集 卷6》

514 얻고……만하구려 : 두보(杜甫)의 〈우제(偶題)〉 시에 "문장은 천고에 전할 일이거니, 얻거나 잃음은 맘속으로 알 만하네.〔文章千古事, 得失寸心知.〕"라고 하였다. 《杜少陵詩集 卷18》

제천정[515]에서 마중 나온 여러 친지에게 보이다

濟川亭示相迓諸親

떠나갈 땐 북한산 환히 밝더니[516]	昔去漢山明
돌아오니 한강 물 또한 맑구려	今來漢水淸
가고 옴에 특이한 자취 없건만	去來無異跡
산수에는 넉넉한 정취 담겼네	山水有餘情
갓 즉위한 성상은 춘추 한창이신데	新聖春秋盛
부모님은 노쇠함과 질병이 겹치었네	雙親老疾幷
정자 안에서 두어 잔 술 마시노라니	亭中數杯酒
위급한 정 누구에게 토로한단 말인가	危懇爲誰傾

515 제천정(濟川亭) : 한강(漢江) 북쪽 언덕에 있던 정자이다. 풍경이 뛰어나서 조선 시대에 특히 중국 사신들이 놀며 구경하는 곳이었다고 한다.

516 떠나갈……밝더니 : 소재는 1545년(명종 즉위년) 을사사화(乙巳士禍)로 파직되어 9월 충주로 내려갔다.

옥당에 부쳐 당직하면서 기 전한에게 주다 12월이다.

寓直玉堂贈奇典翰 十二月

전한이 이때 마침 당직 교대차 온 것이다.○살펴보건대 전한은 기고봉(奇高峯)[517]이다.

지친 몰골로 성상의 부르심에 달려와　扶曳趨嚴召
외롭고 위급한 처지로 옥당에 끼었네　孤危仄玉堂
돌아보건대 이십 년 동안　回頭二十載
늙은 눈물 몇천 줄이나 흘렸던고　老淚幾千行
영남 쪽엔 쇠잔한 내 넋이 움직이고[518]　嶺嶠殘魂動
어버이껜 석양이 바쁘기만 하다오[519]　庭闈夕照忙
평생에 명언보는　平生明彦甫
내 마음을 잘 알리로다　能獲我心腸

517 기고봉(奇高峯) : 고봉은 기대승(奇大升, 1527~1572)의 호로, 본관은 행주(幸州), 자는 명언(明彦)이다.

518 영남(嶺南)……움직이고 : 소재가 당시 벼슬을 하고 있어도 마음은 늘 고향의 어버이에게 있었음을 의미한다.

519 어버이껜……하다오 : 소재의 어버이가 자꾸 노쇠해 가는 것을 뜻한다.

봉은사에서 주지 신묵의 시에 차운하다
奉恩寺次韻住持信默

앉아서 한 등감[520]을 마주하니	坐對一燈龕
등불 빛이 나뉘어 일백회암 되도다[521]	分爲百晦庵
정신은 강개를 진동시킬 만하고[522]	神魂動江介
눈서리는 산음에 활짝 갰다오[523]	霜雪霽山陰
학문은 폐하여 삼동을 그냥 보냈고[524]	失學三冬過

520 등감(燈龕) : 사찰에서 불상을 안치한 불감(佛龕) 안에 켜 놓은 장명등(長明燈)을 말한다. 어둠을 밝혀 준다는 뜻에서 등불 빛을 불법(佛法)을 가리키는 데 사용한다.

521 등불……되도다 : 회암(晦庵)은 주희(朱熹)의 호이다. 성현(聖賢)의 글을 많이 읽어 주희 같은 수많은 성현이 나오게 된다는 의미인 듯하다.

522 정신은……만하고 : 강개(江介)는 장강(長江) 부근의 동쪽 지역을 말한다. 황정견(黃庭堅)의 〈소손갈민수이학자화여식순시차운답지(蕭巽葛敏修二學子和予食筍詩次韻答之)〉 시에 "두 수재가 각각 시를 잘하여, 재주 명성이 강개를 진동시키네.〔二妙各能詩, 才名動江介.〕"라고 하였다. 《山谷集 外集 卷3》 소재가 한강(漢江) 동쪽에 위치한 봉은사(奉恩寺)의 주지(住持) 신묵(信默)의 총명한 정신력을 황정견의 시에 나온 두 수재에 빗대서 한 말인 듯하다.

523 눈서리는……갰다오 : 산음(山陰)은 회계군(會稽郡)의 현명(縣名)인데, 여기서는 한강 북쪽 지역을 가리킨다. 산음에 관련한 고사는 111쪽 주265 참조. 소재가 왕휘지(王徽之)와 같은 홍취를 가지고 봉은사의 신묵을 찾아왔다는 뜻으로 한 말인 듯하다.

524 학문은……보냈고 : 삼동(三冬)은 가난한 집 자제들이 글을 읽을 수 있는 겨울철 3개월의 농한기를 말한다. 한 무제(漢武帝) 때 동방삭(東方朔)이 상서(上書)하여 "신은 나이 13세에 글을 배우기 시작하여 삼동에 배운 문사만으로도 쓰이기에 넉넉합니다.〔年十三學書, 三冬文史足用.〕"라고 하였다. 《漢書 東方朔傳》 자신은 동방삭처럼 학문을 열심히 하지 못했다는 겸사이다.

상심만 한세상 오늘까지 해 왔다네	傷心一世今
손의 걸상 밖에 나갔다 들었다 하면서	行藏客榻外
새벽에 일어나니 경금 소리 들리네[525]	晨起聽驚禽

525 새벽에……들리네 : 경금(驚禽)은 '활에 다친 새〔傷弓之鳥〕'와 같은 뜻이다. 화살에 다쳐 본 새는 활만 보면 깜짝깜짝 놀란다. 왕년에 당한 고초를 생각할 때마다 두려움을 느끼게 됨을 의미한다.

지진에게 주다
贈知眞

진이란 것을 참으로 아는가[526]	眞也眞知否
행하는 것이 바로 진실한 거라네	行焉是實然
일찍이 찬가를 스승으로 섬겼는데[527]	早年師粲可
후일에는 한전의 사이가 되었구려[528]	異日作韓顚
큰 산악 주위는 산림이 고요하고	嶺嶠石林靜
도회지는 기름 불이 들볶는 듯하니[529]	市朝膏火煎
두 가지[530] 중에 잘 가려 지내야만	還能擇二者
바야흐로 상승선[531]을 얻을 수 있으리	方得上乘禪

526 진(眞)이란……아는가 : 승려(僧侶)의 호가 지진(知眞)이기 때문에 그의 호를 가지고 물어본 말이다.

527 일찍이……섬겼는데 : 찬가(粲可)는 동토 선종(東土禪宗)의 여섯 조사(祖師) 중 제2조 혜가(慧可)와 제3조 찬(粲)의 병칭이다. 승려 지진이 일찍이 고승(高僧)을 사사(師事)했다는 뜻이다.

528 후일에는……되었구려 : 한전(韓顚)은 한유(韓愈)와 승려 태전(太顚)의 병칭이다. 103쪽 주237 참조. 소재와 승려 지진의 사이가 예전 한유와 태전처럼 되었다는 뜻이다.

529 도회지는……듯하니 : 기름과 불이 들볶는다는 것은 52쪽 주101 참조. 세인(世人)들이 서로 해치거나 화를 당하는 등의 복잡한 사정을 위의 고사에 빗대서 한 말이다.

530 두 가지 : 산림(山林)과 시조(市朝)이다.

531 상승선(上乘禪) : 상승은 가장 고명하고 원만한 최상의 교법(敎法)을 뜻하는 불교 용어이다. 상승선은 곧 최상의 교법을 수행한 승려라는 의미이다.

용인에서 차운하다[532]

次韻龍仁

반평생은 해중의 산에서 지내고　半世海山上
늘그막엔 갈림길 가운데 서 있네　暮年歧路中
겨울 따스해 사방 처마로 비가 치는데　冬暄四簷雨
구슬픈 한숨에 온 뜨락엔 바람 이누나　悲嘯一庭風
내 어찌 청운의 선비이리오　豈是青雲士
한갓 백발의 늙은이일 뿐일세　徒然白髮翁
하지만 한 치의 순결한 맘[533] 남아 있어　猶餘寸心白
나날이 동쪽에서 해가 솟듯 한나오　日日日生東

532 용인(龍仁)에서 차운하다 : 차운한 시는 용인현관(龍仁縣館)의 판상시(板上詩)를 가리킨다. 《하서전집(河西全集)》 권8 〈용인관판상운별경원(龍仁館板上韻別景遠)〉 시도 동일한 운을 사용하였다.

533 한……맘 : 애군우국(愛君憂國)의 충정은 조금도 변함이 없다는 의미이다.

진위에서 차운하다[534]

次韻振威

괴이타 행색은 바쁘게 분주하지만　　怪來行色太奔忙
부자 군신 은혜와 의리 절로 심장하네　　父子君臣意自長
대궐의 엄숙하신 용안 곁을 멀리 떠나왔고　　魏闕龍顔違肅穆
고당의 백발 어버이 처량함은 생각이 나누나　　高堂鶴髮憶凄凉
하정은 감히 남 먼저 언덕을 오르지는 못하지만[535]　　遐情未敢先登岸
일명 받고도 날로 담 옆으로 달릴 줄만 알았네[536]　　一命惟知日走墻
고향에서 늙으며 숙수라도 봉양할 만하거니[537]　　歸老儘堪供菽水
고향 산천 송죽들도 모두 은택 입으리라　　故山松竹摠恩光

534 진위(振威)에서 차운하다 : 차운한 시는 진위 동헌(東軒)의 판상시를 가리킨다. 《임백호집(林白湖集)》 권3 〈진위동헌운(振威東軒韻)〉 시도 동일한 운을 사용하였다.

535 하정(遐情)은……못하지만 : 하정은 고상한 생각으로, 세속을 초탈하여 길이 은거하고자 한다는 의미이다. 남보다 앞장서서 세속을 초탈하려는 뜻을 갖지는 못한다는 겸사이다.

536 일명(一命)……알았네 : 일명은 대부(大夫) 지위에 임명된 것을 이른다. 공자의 선조인 정고보(正考父)가 솥을 만들어 경계하는 말을 새기기를 "대부의 임명을 받았을 때는 고개를 수그리고, 하경의 임명을 받았을 때는 등을 구부리며, 상경의 임명을 받았을 때는 온몸을 구부리어, 길을 갈 때는 담장 옆으로 총총걸음으로 다녔으니, 아무도 나를 감히 업신여기지 않으리라.〔一命而僂, 再命而傴, 三命而俯. 循牆而走, 亦莫余敢侮.〕"라고 하였다. 《春秋左氏傳 昭公7年》 작은 벼슬이라도 받으면 그저 공경하여 봉직할 뿐이라는 뜻이다.

537 고향에서……만하거니 : 가난한 생활이지만 자신이 직접 어버이를 봉양할 수 있을 것이라는 뜻이다. 숙수(菽水)에 대해서는 188쪽 주469 참조.

직산에서 차운하다[538]

次韻稷山

헐떡이는 폐는 추위에 더욱 숨이 차고	喘肺寒仍窒
시리고 아픈 다리는 얼어서 뻣뻣하네	酸肱凍不仁
솜옷은 계로의 해진 옷처럼 입을 뿐이요[539]	袍從季路獘
갖옷은 후산의 가난함 때문에 빌려 입네[540]	裘借后山貧
객사의 문후엔 특별한 은혜에 부끄럽고	館候慙恩異
역참의 전송은 전례의 준행임을 알겠네	郵傳認例遵
어진 조정에서 귀양을 허락해 주니	仁朝許歸養
다행히도 나는 태평성대 백성이로다	幸是太平民

538 직산(稷山)에서 차운하다 : 차운한 시는 성석린(成石璘)의 〈송김분사인부직산(送金汾舍人赴稷山)〉 시를 가리킨다.

539 솜옷은……뿐이요 : 솜옷이란 공자(孔子)가 "해진 솜옷을 입고 여우 갖옷, 담비 갖옷 입은 사람과 같이 서 있어도 부끄러워하지 않는 사람은 중유뿐이다.〔衣敝縕袍, 與衣狐貉者立, 而不恥者, 其由也與?〕"라고 한 데서 온 말이다. 계로(季路)는 중유의 자이다.《論語 子罕》 가난하기 때문에 중유처럼 해진 옷을 입을 뿐이라는 뜻이다.

540 갖옷은……입네 : 후산(后山)은 송대(宋代)의 시인 진사도(陳師道)의 호이다. 청렴결백하기로 이름이 높았다. 조정지(趙挺之)와 동서 간이었으나 미워했다. 비서성 정자(秘書省正字)로 있을 때 교사(郊祀)의 행례(行禮)에 참예하게 되었는데, 일기는 몹시 춥자 아내가 조정지의 집에 가서 솜 둔 옷을 빌려다 주었다. 조정지의 집에서 가져온 것을 물어 알고는 입지 않았다가 끝내 한질(寒疾)을 얻어 죽었다.《宋史 文苑列傳 陳師道》 자신은 진사도처럼 가난하기는 하나, 진사도처럼 청렴결백하지 않고 갖옷을 남에게 빌려 입기도 한다는 뜻이다.

홍양[541]의 판상에 쓰인 조 태허공의 시[542]에 차운하여 목백 충경[543] 신담 에게 받들어 보이다

次洪陽板上曺太虛公韻奉示牧伯沖卿 申湛

술 취한 나머지 삼경 밤에 차를 조금 마시니　　中酒三更啜少茶
친구의 관아에서 고향 생각 그립기도 하여라　　歸心戀戀故人衙
세상 다스림이 전원 흥취와는 상관없고말고　　經綸不屬田園興
침상 머리 두 자루 촛불을 다 태워 버렸네　　燒盡牀頭二燭花

그대는 지방관으로 진작부터 명성이 있었건만　　百里專城蚤有聲
나는 반평생 섬 생활에 아무것도 못 이뤘네　　半生孤嶼竟無成
서로 만나 동이 술로 슬픔 기쁨 나누다 보니　　相逢尊酒悲懽了
가슴속 한 조각 맑은 얼음은 예전 같구려[544]　　依舊胸中一段淸

541 홍양(洪陽) : 충남 홍주(洪州)의 옛 이름이다.

542 조 태허공(曺太虛公)의 시 : 태허공은 조위(曺偉, 1454~1503)의 자로, 본관은 창녕(昌寧), 호는 매계(梅溪)이다. 김종직(金宗直)의 문인이다. 그의 운이란 그가 지은 〈홍주제영(洪州題詠)〉 시이다.

543 목백(牧伯) 충경(沖卿) : 당시 홍주 목사(洪州牧使)인 신담(申湛, 1519~1595)의 자로, 본관은 고령(高靈), 호는 어성(漁城)이다.

544 가슴속……같구려 : 두보(杜甫)의 〈입주행증서산검찰사두어(入奏行贈西山檢察使竇御)〉에 "두 시어는 천리마나 봉황 새끼 같아서, 삼십도 되기 전에 충의를 다 갖추어, 강직하기가 세상에 다시없으니, 만 골짝서 나온 번쩍이는 한 조각 맑은 얼음을 영풍관 한로관의 옥병에 넣어 둔 것 같구려."라고 하였다. 한 조각 맑은 얼음은 인품의 고결함을 의미한다. 《杜少陵詩集 卷10》

취하여 충경에게 주다

醉贈沖卿

친구 가운데 신 홍주[545] 같은 사람 드문데	故人少似申洪州
이십오 년 만에 객지에서 만났네그려	客裡相逢廿五秋
나의 조카가 그대의 사위가 되었는데[546]	我從子兮君半子
일남 일녀 낳아 기르며 부부 애정 좋다지	一男一女情悠悠
세상 하도 분란스러워 고상한 생각 없고	世紛多緖無遐想
석양은 나는 듯 빠른데 멀리 갈 길 남았네	夕照如飛有遠遊
백발인 오늘날엔 여행도 맘껏 하기 어려운데	白髮只今難浪迹
한산 하늘 상산 고개에 나무 구름만 빽빽구려[547]	韓天商嶺樹雲稠

545 신 홍주(申洪州) : 홍주 목사(洪州牧使) 신담(申湛)을 가리킨다.

546 나의……되었는데 : 신담의 딸이 노극신(盧克愼)의 장자 노대하(盧大河)에게 시집갔다.

547 한산(韓山)……빽빽구려 : 한산은 신담의 고향이고, 상산(商山)은 소재의 고향이다. 나무와 구름에 관한 것은 46쪽 주79 참조.

서원의 판상시에 차운하여 목백 흠재[548]에게 받들어 올리다

次西原板上韻奉呈牧伯欽哉

천명은 형가회[549]에 당하였고 天命亨嘉會
인심은 사모하며 기대하는 처음인데 民情想望初
쇠한 몰골은 만 리를 떠도는 나그네요 衰容萬里客
맑은 대화는 십년 독서보다 낫구려[550] 淸話十年書
눈 쌓인 산봉은 화려한 관사 둘러쌌고 雪岫圍華館
바람 받은 솔은 하늘 아래 모습 감췄네[551] 風松隱碧虛
내 고향 산천이 점차 눈에 들어오니 家山漸入眼
돌아갈 홍치가 나를 고무시키누나 歸興起嗟予

맹세를 애석해함은 감히 못 잊거니와[552] 不敢忘惜誓

548 목백(牧伯) 흠재(欽哉) : 당시 청주 목사(淸州牧使)로 재직 중이던 이헌국(李憲國, 1525~1602)의 자로, 본관은 전주(全州), 호는 유곡(柳谷)이다.

549 형가회(亨嘉會) : 《주역》 〈건괘(乾卦) 문언(文言)〉에 "형이란 아름다운의 모임이다.〔亨者, 嘉之會也.〕"라고 하였다. 새로운 임금이 즉위하여 태평성대가 도래할 조짐이라는 뜻이다.

550 맑은……낫구려 : 친구 간에 대화를 나눈 것이 그만큼 유익했다는 뜻이다. 십년 독서(十年讀書)에 대해서는 112쪽 주270 참조.

551 바람……감췄네 : 소나무에 눈이 가득 쌓여 모습이 드러나지 않는 것을 형용한 말이다.

552 맹세를……잊거니와 : 맹세를 애석해한다는 것은 《초사(楚辭)》의 〈석서(惜誓)〉에 굴원(屈原)이, 회왕(懷王)이 자신과 맹세해 놓고 다시 배신한 것을 애석히 여겼다는

〈수초부〉[553]야 어찌 찾을 필요 있겠는가　何容尋遂初
성상의 은혜는 경연에서 나왔고　君恩出內幄
어버이 병환은 중서에 보고했네[554]　親病進中書
노래자 옷이 낡아질까 두렵고[555]　只怕萊衣弊
녹양이 비게 될까 의아도 하네[556]　終疑祿養虛
세모 향해 서로 슬퍼해 주는 뜻　相哀向歲暮
오직 그대만이 나의 속을 알리라　惟子是知予

뜻이다. 자신도 참소(讒訴)를 입어 임금의 신임을 얻지 못하고 쫓겨난 처지를 굴원에 빗대서 한 말이다. 따라서 조정으로부터 쫓겨나 고통받은 것을 감히 잊을 수 없다는 뜻이다.

553 수초부(遂初賦) : 76쪽 주164 참조.

554 성상(聖上)의……보고했네 : 중서(中書)는 중서성(中書省)의 약칭으로, 여기서는 조정(朝廷)을 의미한다. 병든 어버이를 봉양하기 위해 관직을 사퇴한 결과 그 소원을 이루어 고향으로 돌아가게 되었다는 뜻이다.

555 노래자(老萊子)……두렵고 : 노래자처럼 채색옷을 입고 장난하여 부모를 기쁘게 해 드리려는 뜻에서, 채색옷이 낡아질까 두렵다고 한 것이다.

556 녹양(祿養)이……하네 : 녹양은 녹봉으로 부모를 봉양하는 것이다. 자신이 끝내 벼슬하지 않다가는 도리어 부모를 봉양할 거리도 없게 되지 않을까 하는 생각에서 한 말이다.

피반대령[557]에 오르다

登皮盤大嶺

궁벽한 고을 인산[558]을 지나가다가	僻縣仁山去
피반대령을 올라서 바라보니	皮盤大嶺登
천 길 눈을 어지러이 날려 내리고	亂之千丈雪
만 층 얼음을 몽땅 입혀 놓았네	盝以萬層氷
동복 다리는 얼어 터진 채로 달리고	凍脚皴仍走
말발굽은 넘어졌다 다시 일어나누나	霜蹄蹶復興
서로 힘을 합해 넘어야 하기에	應須共戮力
말에겐 콩 주고 사람은 됫술을 마시네	豆馬酒人升

557 피반대령(皮盤大嶺) : 충청도 회인현(懷仁縣)에 있는 고개인데, 가파른 고갯길이 꼬불꼬불하고 아주 높아서 위험한 곳이라고 전한다.

558 인산(仁山) : 회인현의 옛 이름이다.

회인의 판상시에 차운하다

次懷仁板上韻

골짝 안엔 인산현 자리하였고	峽裏仁山縣
구름 끝엔 작은 돌들 숲 이루었네	雲端小石林
처마가 텅 비니 달빛 가장 먼저 얻고	簷虛先得月
마을이 후미지니 그늘 생기기 쉽네	村僻易生陰
백발은 분주히 떠돌면서 다 세었는데	白髮驅馳盡
술잔은 주야로 깊숙이 따라 마시노라	淸樽日夜深
내일 아침엔 이 자식이 노래자 되어	明朝老萊子
부모님 마음을 기쁘게 해 드리리라	應悅二人心

대곡을 방문하여 술을 마시다
訪大谷飮

남쪽 끝엔 본디 노인성 있고	南極自有星
큰 골짝엔 절로 향기가 있어[559]	大谷自有馨
찾아온 장자가 많았을 터이니	應多長者轍
깨어 있는 사람[560]을 몇이나 보았는고	曾見幾人醒
서로 탄식하는 건 다 같은 백발이요	嘆息俱頭白
서로 좋아함은 똑같이 반기는 눈이로다	懽愉共眼靑
정당시에게 가는 역마를 탄 듯도 하고[561]	如乘赴鄭驛
양자운을 방문하는 술병을 싣기도 했네[562]	更載訪雲甁
안도는 먼저 문밖에 나와 맞이했는데[563]	安道先迎戶

559 큰……있어 : 큰 골짝이란 호가 대곡(大谷)인 성운을 가리키고, 향기는 세상에 널리 전파할 만한 덕행(德行)과 성예(聲譽)를 의미한다.

560 깨어 있는 사람 : 세속에 물들지 않은 정의로운 사람을 말한다. 175쪽 주434 참조.

561 정당시(鄭當時)에게……하고 : 한(漢)나라 사람 정당시는 사람을 매우 좋아하여 태자 사인(太子舍人)으로 있을 적에 휴일마다 항상 장안(長安)의 여러 교외(郊外)에 역마를 비치해 두고 빈객을 초대하여 접대했다고 한다.《史記 汲鄭列傳》성운의 초대를 받은 것이 마치 정당시에게 초대받은 것과 같다는 뜻이다.

562 양자운(揚子雲)을……했네 : 소재가 술을 가지고 성운을 찾은 것이 마치 호사가들이 양웅을 찾은 것과 같다는 뜻이다. 112쪽 주269 참조.

563 안도(安道)는……맞이했는데 : 안도는 진(晉)나라 은사(隱士) 대규(戴逵)의 자이다. 111쪽 주265 참조. 소재가 왕휘지와 같은 흥취를 가지고 찾아갔는데, 성운이 먼저 문밖에 나와 자신을 맞이했다는 뜻이다.

귀산은 뜨락에 서 있지 않았네[564] 龜山不立庭
눈 쌓인 울타리엔 소나무 높다랗고 雪籬松矯矯
바람 부는 언덕엔 대나무 우뚝해라 風岸竹亭亭
그동안 촌에서 어른이나 뫼시지 않고 不作陪村杖
괜히 외람되게 경연에서 시종했었네 空煩侍御經
한 해가 저문 이때 슬피 노래하노니 悲歌歲已暮
관곡한 이 심정을 한번 들어주소서 款曲試相聽

564 귀산(龜山)은……않았네 : 귀산은 송대(宋代) 유학자 양시(楊時)의 호이다. 《송사(宋史)》 〈도학열전(道學列傳) 양시〉에 “어느 날 스승인 정이를 뵈러 갔는데, 정이가 마침 눈을 감고 조용히 앉아 있었다. 양시가 동문인 유작과 함께 시립하고 문밖에서 떠나지 않았다. 이윽고 정신을 차려 보니, 문밖엔 눈이 한 자쯤 내려 있었다.〔一日見頤, 頤偶瞑坐. 時與游酢侍立不去, 頤旣覺, 則門外雪深一尺矣.〕”라고 하였다. 자신은 스승뻘인 성운에게 양시처럼 스승을 존경하는 태도를 취하지 못했다는 겸사이다.

대곡의 시에 차운하여 취중에 초하다
次大谷韻醉草

산골짝 하늘 회오리바람에 눈발도 급한데	回風急雪峽中天
우연히 방문하매 옥천 노인[565]을 환대해 주네	邂逅相容老玉川
금귀로 바다처럼 많은 술 대접함은 안 바라니	不待金龜酒如海
굳이 나를 유배 중의 신선이라 부르진 마오[566]	未須呼我謫中仙

565 옥천(玉川) 노인 : 옥천은 당대(唐代)의 시인 노동(盧仝)의 자호(自號)이다. 소재도 노씨(盧氏)이기 때문에 자신을 노동에 빗대서 한 말이다.

566 금귀(金龜)로……마오 : 금귀는 황금으로 주조한 거북 형상의 꼭지가 달린 관인(官印)을 말한다. 당대(唐代)의 관원(官員)들이 지녔던 일종의 패물(佩物)이라고도 한다. 이백(李白)이 처음 장안(長安)에서 당대의 풍류 시인 하지장(賀知章)을 만났는데, 하지장이 이백의 문장을 보고는 크게 감탄하여 차고 있던 금귀를 술과 바꾸어 마셨던 데서 온 말이다. 《李太白文集 卷20 對酒憶賀監》 적선인(謫仙人)은 인간 세상에 귀양 온 사람이라는 뜻이다. 하지장이 문재가 아주 뛰어났던 이백을 가리켜 한 말이다. 여기서는 성운에게 하지장이 이백을 대접했던 그런 접대까지는 바라지 않으니, 자신을 적선인이라 부르지도 말아 달라는 뜻이다.

현조 동지[567]의 묘소를 배알하고 감탄하여 짓다 무진년(1568, 선조1)[568] 1월이다.

謁玄祖同知墓感歎有作 戊辰正月

중모[569]의 주산은 형세가 웅장하고 中牟主嶽勢雄尊
청룡 백호 둘러 있고 초목도 무성한데 龍虎盤紆草樹蕃
그 밑엔 한 시대의 충의한 넋 묻혀 있고 下有一時忠毅魄
묘전에선 이십 년 만에 봉사 현손이 참배드렸네 前參廿載孝玄孫
향로 연기 향기롭고 제주 제수 정결하고 爐煙馥馥醪羞潔
산비탈 햇살 반짝이고 예절은 잘 행했는데 崖日煌煌禮數溫
마음 갈앉히매 응험이 있는 듯함을 언뜻 깨닫고[570] 乍覺潛心若有應
손짓하여 초동목수 묘문 밖으로 내보냈네 爲麾樵牧出山門

567 현조 동지(玄祖同知) : 광주 노씨(光州盧氏)의 족보에 의하면, 현조는 노덕기(盧德基)이다. 가선대부(嘉善大夫) 동지중추부사(同知中樞府事)를 지냈다.

568 무진년 : 이때 소재는 54세였다.

569 중모(中牟) : 상주의 속현(屬縣)이다.

570 마음……깨닫고 : 응험이 있는 듯하다는 것은 한유(韓愈)의 〈알형악묘수숙악사제문루(謁衡嶽廟遂宿嶽寺題門樓)〉 시에 "마음 갈앉히고 묵묵히 기도하니 응험이 있는 듯해라, 어찌 정직함이 신명께 감통한 게 아니겠는가. 잠시 뒤에 운무를 조용히 소제하여 산봉들이 나오는지라, 쳐다보니 우뚝한 산꼭대기가 하늘을 떡 버티고 섰네.〔潛心默禱若有應, 豈非正直能感通? 須臾靜掃衆峰出, 仰見突兀撑青空.〕"라고 한 데서 온 말이다.《韓昌黎集 卷3》 소재가 선조(先祖)의 묘소에서 정성을 다해 예(禮)를 행함으로써 마치 신명이 감동하는 듯한 느낌을 받게 되었음을 의미한다.

조상을 존경하고 숭모해야만　聽說祖宗須敬尊
자손 번창해진단 말을 참으로 믿겠네　信知枝葉始昌蕃
민둥산 만들어 놓고 남겨 준 노복들만 책망하고　童山空責遺奴僕
자신만 살찌우는 자손 됨이 부끄럽네　肥已眞慙後子孫
제위토는 대부분 부호에게 들어갔거니와　祭土已多輸富俠
재궁은 어디 있어 문후 드릴 수 있겠는가　齋宮何處問寒溫
미천한 소생이 뼈아프게 여겨 처리코자　微生痛骨將料理
감히 거친 시구로 온 문중에 고하노라　敢把荒詞告一門

희정[571]에게 주다

贈希正

살펴보건대 충주 목사(忠州牧使) 박민헌(朴民獻)이다.

이월이라 강물이 불어나더니	二月江水生
오늘 아침엔 강 위가 맑게 개었네	今朝江上晴
탄금대엔 붉은 입술 숨었을 게고[572]	琴臺絳唇隱
소나무 오솔길엔 설당[573]이 환히 밝구려	松逕雪堂明
자사가 새로운 정사를 시작하니	刺史開新政
충주는 바로 예전의 이름이로세[574]	忠州卽舊名
맑은 술잔으로도 흥을 다하지 못해라	淸罇不盡興
백발 나이에 충만한 정취가 있구려	白首有餘情

'즉(卽)'이 다른 본에는 '자(自)'로 되어 있다.

571 희정(希正) : 박민헌(朴民獻, 1516~1586)의 자로, 본관은 함양(咸陽), 호는 슬한당(瑟僩堂)·정암(正庵)이다.

572 탄금대(彈琴臺)엔……게고 : 160쪽 주399 참조.

573 설당(雪堂) : 소식이 황주 단련부사(黃州團練副使)로 있을 때 서호(西湖)의 동파(東坡)에 당(堂)을 지어 '설당'이라 이름하고 여기에서 시 읊는 것을 낙으로 삼고 지냈다. 《東坡全集 東坡先生年譜》 여기서는 박민헌이 거처하는 당(堂)을 가리킨다.

574 자사(刺史)가……이름이로세 : 예전의 이름이란 바로 당대(唐代)의 충주 자사(忠州刺史)에 빗대서 한 말이다. 당나라 시인 백거이(白居易)가 한림학사(翰林學士)로 있다가 얼마 안 되어 강주 사마(江州司馬), 충주 자사로 폄척되었다. 《白樂天詩集 卷11 曲江感秋 序》 박민헌이 충주 목사로 부임해 온 것을 은연중 백거이의 일에 빗대서 한 말이다.

앞의 운을 다시 사용하다

復用前韻

인심은 절로 소장[575]의 이치 있거니와	人心自消長
하늘의 뜻 절로 흐렸다 갰다 하누나	天意自陰晴
해와 달은 동쪽 서쪽에서 나타나고	日月東西見
호수와 산은 안과 밖이 환히 빛나네[576]	湖山表裏明
석 잔의 술로 정취만 얻을 뿐이요[577]	三杯但得趣
오언시를 지어 이름을 탐하진 않는다오[578]	五字不貪名
이는 모두 한가로운 읊조림일 뿐	摠爲閑吟咏
성정에서 우러나온 그런 시가 아니라네	非關發性情

575 소장(消長) : 《주역》의 원리. 예컨대 양(陽)이 성하면 음(陰)이 쇠하고, 음이 성하면 양이 쇠해지는 것을 이른다. 대체로 양은 군자와 선(善)에 해당하고, 음은 소인과 악(惡)에 해당한다. 여기서는 변화의 뜻으로 전용하였다.

576 해와……빛나네 : 주희(朱熹)의 〈등정왕대(登定王臺)〉 시에 "해와 달은 동쪽 서쪽에서 나타나고, 호수와 산은 안과 밖이 환히 열렸네.〔日月東西見, 湖山表裏開.〕"라고 하였다. 《晦庵集 卷5》

577 석……뿐이요 : 이백(李白)의 〈월하독작사수(月下獨酌四首)〉 시에 "석 잔을 마시면 큰 도에 통하고, 한 말을 마시면 천지자연과 부합하나니, 취중의 정취만을 얻을 뿐이요, 술 깬 자에게는 전하지 말아야지.〔三杯通大道, 一斗合自然. 但得酒中趣, 勿爲醒者傳.〕"라고 하였다. 《李太白集註 卷23》

578 오언시를……않는다오 : 송대(宋代)의 시인 진여의(陳與義)의 〈적원(適遠)〉 시에 "평생에 오언 율시만을 지었으되, 머리가 희도록 이름을 탐하진 않았네.〔平生五字律, 頭白不貪名.〕"라고 하였다. 《簡齋集 卷9》

박이 나에게 열한 구를 주고 정이 화답하도록 강요하므로, 내가 취하여 첫머리와 맨 끝의 두 글자만 뽑아서 장난삼아 수답하다[579]

朴贈予十一句正也强之和予醉摘首尾二字戲酬

우뚝하여라 금호의 산은 높다랗고　　岌岌琴山高
금호의 물은 도도히 흘러만 가네　　琴之水滔滔
방차율의 패전을 길이 슬퍼하노라　　長悲房次律
책략을 결단해 진도에서 싸운 일을[580]　　決策戰陳陶

579 박(朴)이……수답하다 : 박은 박민헌(朴民獻)이다. 정(正)은 박민헌의 자 희정(希正)의 약칭인 듯하다. 박민헌의 저서인 《슬한재집(瑟僩齋集)》이 있다고 하나, 실제로 전하지는 않은 듯하다.

580 방차울(房次律)의……일을 : 방차율은 당 현종(唐玄宗) 때의 재상(宰相) 방관(房琯)의 자이다. 처음 육혼산(陸渾山)에 은거하다가 현종 때 이부 상서(吏部尙書), 동평장사(同平章事)에 이르렀다. 안녹산(安祿山)의 반란 때 대군을 인솔하여 진도택(陳陶澤)에서 반란군과 마주 싸웠으나, 부하 장수들을 잘못 쓴 탓으로 적에게 대패하여 무려 4만의 군사를 잃었다. 《新唐書 房琯列傳》

복성[581]에게 주다

贈復誠

노자[582]의 여생 항상 백구 따라 다녔는데 盧子殘生隨白鷗
회상컨대 지금까지 삼십이 년 노닐었구나 回頭三十二年遊
동랑포구에서 동풍이 거세게 일어나 東郞浦口東風起
외론 배를 불어 대니 배가 가지 못하누나 吹着孤篷不肯流

581 복성(復誠) : 강유선(康惟善)의 유복자(遺腹子)이다. 자는 암회(巖會)·명지(明之), 호는 죽간(竹礀)이다.

582 노자(盧子) : 소재 자신을 지칭한다.

배를 타고 가서 형지와 만나기로 약속했으나 그가 오지 않았다
舟行期泂之不至

모래 언덕에 배 대어 배 안에서 자고	宿舸依沙岸
봉창을 열고 나와 정산을 물어보았네	開篷問鼎山
마을 깊숙한 데로 늙은 말은 들어가고	村深老馬入
노 젓는 소리 그치자 백구가 돌아오네	櫂靜白鷗還
술 마시니 애간장이 끊어질 듯한데	洗勺愁腸斷
불경 해설하던 설법 소리 조용하구려	翻經講舌閑
오늘 밤 신륵사에 홀로 있지만	今宵神勒寺
우리 두 얼굴을 달빛이 다 비추리[583]	孤月照雙顏

583 오늘……비추리 : 달빛이란 두보(杜甫)의 〈몽이백이수(夢李白二首)〉 시에 "지는 달빛 지붕마루에 가득하니, 아직도 그대 얼굴이 비추는가 의심하노라.〔落月滿屋梁, 猶疑照顏色.〕"라고 한 데서 온 말로, 멀리 떨어져 있는 친구를 그리는 뜻으로 쓰인다. 《杜少陵詩集 卷7》 소재가 형지와 신륵사(神勒寺)에 함께 가기로 약속했었는데, 이때 그가 오지 않으므로 자신만 신륵사에 가서 그를 그리는 뜻으로 한 말인 듯하다.

신륵사 각 장로의 시축 가운데서 차운하다

神勒寺覺長老軸中次韻

신륵사는 고려 시대 사찰인데	神勒前朝寺
고승 보제존자[584] 거주했었네	高僧普濟居
연기구름 저녁 돛배에 떨어지고	煙雲暮帆落
물속 달빛[585]에 밤 창은 허명하구려	水月夜窓虛
명예 이끗은 몸에 아직 얽혀 있고	名利身猶縛
산림과 인연은 소원한 것 같아라	山林迹若疎
외론 회포에 물거품 인생 느꺼워	孤懷感泡沫
오만 일을 요서에 부쳐 버리노라[586]	萬事付澆書

584 보제존자(普濟尊者) : 고려의 고승(高僧) 나옹 선사(懶翁禪師)가 공민왕(恭愍王) 때 왕사(王師)가 된 후 받은 호이다. 그는 여주(驪州) 신륵사(神勒寺)에서 죽었다.

585 물속 달빛 : 나옹 선사의 당호(堂號)인 강월헌(江月軒)의 의미를 전용한 듯하다.

586 오만……버리노라 : 요서(澆書)는 새벽에 술 마시는 것을 말한다. 육유(陸游)의 〈춘만촌거잡부(春晚村居雜賦)〉 시에 "거품 뜬 술잔 가득 새벽 술 마시고, 꿈 나비 침상에 가로누워 낮잠을 자네.〔澆書滿挹浮蛆甕, 攤飯橫眠夢蝶牀.〕"라고 하였는데, 그 자주(自注)에 "동파 선생은 새벽에 술 마시는 것을 요서라 하였고, 이 황문은 낮잠 자는 것을 탄반이라고 하였다.〔東坡先生謂晨飲爲澆書, 李黃門謂午睡爲攤飯.〕" 하였다. 《劍南詩藁 卷24》

감탄

感歎

성상의 깊은 은혜 무엇으로 보답한단 말가	北闕恩深答奈何
살날이 얼마 안 남아 보답할 날 많지 않네	西山日薄報無多
군신의 의리로는 출사하는 게 당연하지만	顧其義理當然爾
몸과 말로 구차히 영합할 것 있으랴	豈必形聲苟合耶
가소로워라 녹록한 보통 사람 목숨으로	可笑尋常餘子命
또한 이십여 년 유배에 처해졌음이	還投二十許年竄
황혼에 왕년을 손꼽으며 말없이 앉았노라니	黃昏屈指無言坐
담장 아래 파란 쑥이 싹을 틔워 나왔구나	墻下靑蒿已梗芽

한 사인[587] 주 에 대한 만사 두 장을 짓다 3월이다.

韓舍人 澍 挽詞二章 三月

시강원엔 요장의 추천으로 출사하여	講院推僚長
청진이 탁니를 비추는 것 같았었지[588]	淸塵照濁泥
자갈 안고 함께 죽을 뜻 지녔었고[589]	懷沙同死志
부절 쥐고 돌아온 시기도 같이했네[590]	握節共歸期
난옥 같은 자질을 어찌 흔하다 하리오	蘭玉寧論賤

587 한 사인(韓舍人) : 의정부 사인(議政府舍人)을 지낸 한주(韓澍)로, 본관은 당진(唐津), 자는 시중(時仲)이다. 1545년(명종 즉위년) 을사사화(乙巳士禍) 때 윤임(尹任)과 같은 마을 사람이라는 이유로 관작을 삭탈당하고 이성(利城)에 안치되었다가 뒤에 장단(長湍)으로 양이(量移)되었고, 1567년(선조 즉위년) 다시 서용되어 벼슬이 사인에 이르렀다.

588 청진(淸塵)이……같았었지 : 청진은 바람 따라 높이 날리는 티끌을 말하고, 탁니(濁泥)는 흐린 물속에 가라앉은 진흙을 말한다. 위(魏)나라 조식(曹植)의 〈칠애시(七哀詩)〉에 "낭군은 청결한 도로의 티끌 같고요, 첩은 흐린 물속 진흙 같소이다.〔君若淸路塵, 妾若濁水泥.〕"라고 하였다.《文選 卷23》 한주의 인품이 동료 사이에서 월등히 뛰어났음을 의미한다.

589 자갈……지녔었고 : 자갈을 안는다는 것은 굴원(屈原)이 자갈을 안고 멱라강(汨羅江)에 투신한 데서 온 말이다.《楚辭 9章 懷沙》 을사사화 때 소재가 한주와 똑같이 처벌을 받으면서 서로 의리에 죽을 각오를 했었다는 뜻이다.

590 부절(符節)……같이했네 : 부절을 쥐었다는 것은 한 무제(漢武帝) 때 소무(蘇武)가 흉노(匈奴)에 사신 갔다가 억류된 지 19년 만에야 돌아왔는데, 그때까지 한(漢)나라의 부절을 손에 꼭 쥐었다는 데서 온 말이다. 소재와 한주가 을사사화 때 소인(小人)들의 모함으로 유배되었다가 오랜 세월이 지난 이때에야 풀려나게 된 것을 소무에 빗대어 한 말이다.

날아오름이 더딘 걸 한하지 않았는데　　飛騰不恨遲
인생은 참으로 운명이 있으려니와　　人生眞有數
천도는 아마도 앎이 없는 듯하구려　　天道恐無知
객지에서 생전의 그 얼굴 만났었는데　　羈旅逢生面
망설이다 옛 모습을 다시 못 보게 되었네　　依違阻舊儀
봄바람이 도성에 가득한 이때　　春風滿京國
백발로 침문에서 비통해할 뿐일세[591]　　白首寢門悲

지난겨울에 선배는 서거하였는데　　冬日先生逝
봄바람 불 때 나그네는 찾아왔네　　春風客子來
경사에 와서 새로이 눈물 흘리노라니　　京華新涕淚
조정 반열은 예선에 배회했던 곳일세　　鵷鷺舊徘徊
운명은 잦은 용사의 해에 들었고[592]　　運在龍蛇屢
사람들은 옥수가 잠깐임을 보았네[593]　　人看玉樹纔
집안을 살펴보니 한 줌 양식도 없는데　　檢家無甔石
가업을 전하는 덴 고애자가 있구려　　傳業有孤哀
기년[594]도 다 누리지를 못하고　　未究耆年享

591 백발로……뿐일세 : 침문(寢門)은 내실(內室)의 문(門)이다.《儀禮 士喪禮》 여기서는 친구의 상(喪)에 조문하는 것을 말한다.

592 운명은……들었고 : 용사(龍蛇)는 지지(地支)의 진사(辰巳)와 같은 말이다. 운명이 용사에 들었다는 것은 현인의 죽음을 의미한다. 이해가 무진년(1568)이기도 하기 때문에 한주의 죽음을 이렇게 표현한 것이다.

593 사람들은……보았네 : 지란(芝蘭)과 옥수(玉樹)는 훌륭한 자손을 의미한다.《晉書 謝安列傳》 재능이 뛰어난 한주를 남들이 오래도록 보지 못하게 되었다는 뜻이다.

공연히 노전만 재촉케 하였네[595]	空教露電催
어찌 감당하랴 그의 중씨와	何堪與仲氏
당시의 오만 일들 얘기 나누는 걸[596]	話起萬端開

594 기년(耆年) : 60세이다. 《예기》 〈곡례 상(曲禮上)〉에 "60세를 기라 하니, 이때는 남을 지시하여 부린다.〔六十曰耆, 指使.〕"라고 하였다.

595 공연히……하였네 : 노전(露電)은 마르기 쉬운 아침 이슬과 순간에 번쩍이는 번갯불을 말한 것으로, 아주 짧은 시간을 의미한다. 《金剛般若波羅密經》 한주의 생애가 그만큼 짧았음을 애석해하는 뜻이다.

596 어찌……걸 : 중씨(仲氏)는 한주의 둘째 형인 한호(韓灝)를 가리킨다. 이때 한주의 큰형인 한숙(韓淑)은 죽은 지 오래이고, 둘째 형인 한호만 생존했기 때문에 소재가 그와 더불어 을사사화를 겪은 일 등 여러 가지 일들을 서로 얘기했음을 의미한다. 《乙巳傳聞錄》

경사에 조회 가는 이 정[597] 원록 을 보내면서 율시 두 수를 짓다

送李正 元祿 朝京二律

이십 년 동안은 관서 꿈에 젖었다가[598] 廿載關西夢
삼춘엔 경사에서 이별의 시름 짓네 三春洛下愁
어찌 견디랴 전속국이 那堪典屬國
또 박망후를 좇아가게 되었네그려[599] 又逐博望侯
시인들의 애석해한 표정 볼 수 없지만 不見時人惜
우리들의 만류함도 용납하기 어려우리 難容我輩留

597 이 정(李正) : 이원록(李元祿, 1514~1574)으로, 본관은 덕수(德水), 자는 정서(廷瑞), 호는 송담(松潭)이다. 정(正)은 관직명인데, 그의 관력에는 '정'이라는 직명이 보이지 않는다. 1541년(중종36) 별시 문과(別試文科)에 급제한 이후 사관(史官)을 거쳐 홍문관, 사헌부의 여러 관직을 역임하였다. 이조 정랑에 이어 병조 정랑으로 재직하던 중 숙부(叔父)인 이기(李芑)의 전횡을 비난한 일로 탄핵을 받아 강계(江界)에 안치(安置)되었다가 1567년(선조 즉위년)에야 풀려나왔다. 복직되어 영흥 부사(永興府使), 공조 참의 등을 역임하였다. 《國朝人物考》《미암일기(眉巖日記)》 권5에 의하면, 이원록은 1568년 사은사(謝恩使)로 연경(燕京)에 갔다.

598 이십……젖었다가 : 이원록이 평안도 강계에 20년 동안 안치되었던 일을 말한다.

599 어찌……되었네그려 : 전속국(典屬國)은 한대(漢代)의 관명(官名)이다. 한 무제(漢武帝) 때 소무(蘇武)는 흉노(匈奴)에 사신 갔다가 19년 만에야 풀려나 돌아와서 전속국에 임명되었다. 《漢書 蘇建傳》 강계에 안치된 지 20년 만에 풀려나 돌아온 이원록을 소무에 빗대서 한 말이다. 박망후(博望侯)는 한 무제 때 박망후에 봉해진 장건(張騫)을 가리킨다. 《史記 衛將軍驃騎列傳》 이원록이 따라가는 명나라 사행(使行) 중의 정사(正使)를 한나라 정건에 빗대서 한 말이다.

이별은 길이 몹시도 슬프거니 別離長惻惻
백발의 이내 마음 편안할 수 있으랴[600] 白首寸心休

'별리(別離)'가 다른 본에는 '부생(浮生)'으로 되어 있다.

병든 눈엔 근래 들어 눈물 흘릴 일도 많아라 病眼多新涕
나그네 회포는 다시 친구 만나 눈물짓네 羈襟更舊遊
어느 해에 조나라 옥벽 갖고 돌아올꼬[601] 何年璧歸趙
만 리 멀리 주나라 음악을 보러 가누나[602] 萬里樂觀周
비 오는 역참엔 짙붉은 꽃 시들 게고 雨驛濃花晚
바람 치는 정자엔 가을 낙엽 지겠지[603] 風亭落木秋

600 이별은……있으랴 : 진사도(陳師道)의 〈별숙부곤산승(別叔父崑山丞)〉 시에 "또 천 리 멀리 이별을 하게 되니, 한 치 마음을 편안하게 할 수 없네.〔又爲千里別, 未使寸心休.〕"라고 하였다. 《後山集 卷5》

601 어느……돌아올꼬 : 조(趙)나라 옥벽(玉璧)을 갖고 돌아온다는 것은, 전국 시대 진 소왕(秦昭王)이 15성(城)으로 조나라의 화씨벽(和氏璧)과 바꾸자고 했을 때, 조나라 인상여(藺相如)가 소왕의 속임수를 알아차리고 화씨벽을 온전히 지킨 고사에서 온 말이다. 《史記 藺相如列傳》 사명(使命)을 띠고 명나라에 가는 이원록에게 인상여와 같이 사명을 완수하고 돌아오라는 뜻이다.

602 주(周)나라……가누나 : 춘추 시대 오(吳)나라 계찰(季札)이 사신으로 상국(上國)을 두루 유람하면서 당대의 어진 사대부들과 사귀었고, 특히 노(魯)나라에서는 옛 주나라의 음악들을 관찰하였던 데서 온 말이다. 《史記 吳太伯世家》 명나라에 사신으로 가는 이원록이 계찰처럼 그곳의 예악문물(禮樂文物)을 두루 관찰하리라는 뜻이다.

603 비……지겠지 : 조선 사행이 중국을 왕복하는 데 수개월이 소요되므로, 비 오는 역참 운운한 것은 사행이 조선에서 출발할 때의 계절을 말한 것이고, 바람 치는 정자 운운한 것은 사행이 중국에 도착하는 시기 또는 사명을 완수하고 중국을 출발하여 돌아오는 시기를 가리켜 말한 것이다.

강산의 신명이 넉넉히 부호해 주리니 江山足扶護
진중하여 신명과 더불어 꾀하시게나 珍重與神謀

민 의정[604] 기 에 대한 만사

閔議政 箕 挽詞

예전엔 봉황이 아침 양지쪽에서 울더니[605]	昔日朝鳴鳳
금년은 용사의 해에 들어왔구려[606]	今年歲在龍
어떤 이가 수가를 두려워했던고[607]	何人怕樹稼
훈업 있어 이종 위에 새기었네[608]	有業上彝鐘
어질어 종심의 수를 가까이 누렸고[609]	仁近從心壽

604 민 의정(閔議政) : 민기(閔箕, 1504~1568)로, 본관은 여흥(驪興), 자는 경열(景說), 호는 관물재(觀物齋)·호학재(好學齋)이다.

605 봉황이……울더니 : 《시경》〈대아(大雅) 권아(卷阿)〉에 "봉황새가 울어 대니, 저 높은 뫼이로다. 오동나무가 자라니, 저 양지쪽이로다.〔鳳凰鳴矣, 于彼高岡. 梧桐生矣, 于彼朝陽.〕"라고 한 데서 온 말로, 정직하게 감간(敢諫)하는 현사(賢士)를 비유한다. 민기를 봉황에 빗대서 한 말이다.

606 금년은……들어왔구려 : 이해가 무진년(1568, 선조1)이기도 하기 때문에 민기의 죽음을 현인의 죽음에 빗대서 한 말이다.

607 어떤……두려워했던고 : 수가(樹稼)는 눈, 서리, 이슬이 내려서 수목(樹木) 위에 꽁꽁 얼어붙는 현상을 이르는데, 이것이 생기면 흉년이 들거나 대신(大臣)이 죽는 재변(災變)이 있게 된다고 한다. 당 현종(唐玄宗) 때 겨울에 경성(京城)에 추위가 극심하여 서리가 나무에 붙어 꽁꽁 얼자, 양황제(讓皇帝) 이헌(李憲)이 그것을 보고 자신의 죽음을 예견하였다.《舊唐書 讓皇帝憲列傳》 재상(宰相) 민기의 죽음을 이헌의 죽음에 빗대서 한 말이다.

608 훈업(勳業)은……새기었네 : 이종(彝鐘)은 종묘(宗廟)의 제기(祭器)와 종의 병칭으로, 옛날에 공훈(功勳)이 있는 사람의 사적(事績)을 여기에 새겼다.

609 어질어……누렸고 : 어질어 수(壽)를 누렸다는 것은 공자(孔子)가 "지혜로운 자는 즐겁고, 인한 자는 장수한다.〔智者樂, 仁者壽.〕"라고 한 데서 온 말이다. 《論語 雍

현자를 뒤이을 종자로 전하였구려[610] 賢傳繼後宗
온화함은 훌륭한 선비의 모범이었는데 雍容佳士表
곧장 당처럼 봉분 쌓아 닫아 버렸네[611] 直閉若堂封

也》 종심(從心)의 수(壽)는 공자가 "내가 일흔 살에는 하고 싶은 대로 하여도 법도에 어긋나지 않았다.〔七十而從心所欲, 不踰矩.〕"라고 한 데서 온 말로, 전하여 70세를 말한다. 《論語 爲政》 민기의 향년은 65세였으므로, 70세에 가까웠다고 한 것이다.

610 현자(賢者)를……전하였구려 : 민기의 후사가 될 종자(宗子)가 어질다는 뜻이다.

611 당(堂)처럼……버렸네 : 공자가 "봉분을 마치 마루처럼 사방에 기초를 두고 높게 쌓는 것을 보았다.〔吾見封之若堂者矣.〕"라고 한 데서 온 말로, 전하여 분묘(墳墓)를 의미한다. 《禮記 檀弓上》 민기를 이미 장사 지냈다는 뜻이다.

옥당에 우직하면서 두 노선생의 시를 보고 차운하여 소감을 부치다

寓直玉堂觀兩老先生詩次韻寓感

회재(晦齋)와 규암(圭庵)이다.

두 노인은 실로 간세의 인물[612]이거니와	二老實間世
또한 양남[613]에서 한 시대를 같이하였네	兩南還一時
공자 안자의 도를 즐긴 것이 어찌하여	如何孔顏樂
굴원 가의의 슬픔을 만들었던가[614]	便作誼原悲
천상에선 기미를 타겠거니와[615]	天上騎箕尾
인간에선 이미 함께 사별하였네	人間死別離

612 간세(間世)의 인물 : 세상에 어쩌다 나는 큰 인물을 뜻한다.

613 양남(兩南) : 호남과 영남의 병칭이다. 이언적은 영남 사람이 분명하지만, 송인수의 관향은 충남 은진(恩津)이고 만년의 은거지는 충북 청주(淸州)였으므로, 호남과는 상관이 없는 듯하다.

614 공자……만들었던가 : 이언적과 송인수는 같이 공자(孔子)의 도(道)를 독실히 행한 성리학자인데, 이언적은 1547년(명종2) 양재역 벽서 사건(良才驛壁書事件)에 연루되어 강계(江界)에 유배된 뒤 끝내 배소(配所)에서 죽었고, 송인수는 1545년 을사사화(乙巳士禍) 때 파직되어 청주(淸州)에 은거하다가 끝내 사사(賜死)되었다. 순수하게 공자의 도를 독실히 행한 학자들이 최후에는 굴원(屈原), 가의(賈誼)와 같은 슬픔을 만나게 되었음을 이른 말이다.

615 천상에선……타겠거니와 : 기(箕)와 미(尾)는 별 이름인데, 옛날 은 고종(殷高宗)의 현상(賢相) 부열(傅說)이 죽은 뒤에 이 두 별 사이로 올라가서 별이 되었다고 한다. 《莊子 大宗師》 이언적, 송인수가 부열과 같은 존재가 되었을 것이라는 뜻이다.

괜스레 옥당의 달빛만 남아 있어	空餘玉堂月
예전의 정인을 비춰 주는 듯하구려[616]	照得舊心知

616 괜스레……듯하구려 : 예전의 정인(情人)은 이언적과 송인수가 살아 있을 때 그들을 매우 사모했던 소재를 지칭한다. 이때 소재는 옥당(玉堂)에서 숙직하던 터라, 자신의 사모하는 마음을 달빛은 알고 있으리라는 뜻이다.

이 정[617]에게 부쳐 작별하다

寄別李正

만 리 대지 꽃 날리고 나그네 꿈 희미한데	萬里飛花客夢迷
병든 이래 근심 걱정 다시 허둥지둥하노라	病來愁緖更悽悽
일생 동안 무슨 일인들 뜻대로 할 수 있으랴	百年何事能如意
남으로 가려는 때 자네는 서로 가는구려	我欲南時子已西

617 이 정(李正) : 이원록(李元祿)을 가리킨다. 233쪽 주597 참조.

족친들이 모여 의정의 영정을 배알하고 집으로 옮겨 봉안하다 3월이다.

會謁議政影子移安于家 三月

살펴보건대 선생의 8세조(世祖)인 상촌(桑村) 선생 노숭(盧嵩)[618]의 영정이다.

해와 달이 나란히 진에 임한 때에[619]	歲月幷臨辰
비조의 진영을 집에 옮겨 봉안할 제	移安鼻祖眞
단문복 친족[620]들을 불러 맞이하여	招要袒免服
십삼 인이 차례로 배알하였네	序拜十三人
버들 우거진 청파역은 석양이 지고	柳暗青坡晩
하늘 맑은 백악산은 한창 봄일세	天晴白岳春
뉘 알리오 계사를 치르는 것[621]이	誰知修禊事

618 노숭(盧嵩) : 1337~1414. 본관은 광주(光州), 자는 중보(中甫), 호는 상촌(桑村)이다.

619 해와……때에 : 이해가 무진년(戊辰年)이고, 3월이 또 진월(辰月)이기 때문에 이른 말이다.

620 단문복(袒免服) 친족 : 단문복은 초상 때 모든 오복(五服) 이외의 원친(遠親)들에게는 상복의 제도가 없기 때문에 윗옷의 왼쪽 소매를 벗어 왼쪽 팔을 드러내고 관을 벗고 머리를 묶어 매기만 하는 형식이다. 여기서는 후대 자손들을 통틀어 이른 말이다.

621 계사(禊事)를 치르는 것 : 진 목제(晉穆帝) 영화(永和) 9년(353) 3월 삼짇날, 즉 상사일(上巳日)에 왕희지(王羲之), 사안(謝安), 손작(孫綽) 등 당대의 명사(名士) 40여 인이 회계(會稽) 산음(山陰)의 난정(蘭亭)에 모여서 계사를 행하고, 이어 곡수(曲水)에 술잔을 띄우고 시를 읊으면서 성대한 풍류놀이를 했던 데서 온 말이다. 당시 노씨(盧氏) 원근의 친족들이 선조의 일로 한자리에 모여 계사를 행한 일을 말한다.

바로 친친[622]을 권면하는 일인 줄을　　所以勸親親

622 친친(親親) : 《예기》 〈대전(大傳)〉에 "사람의 도는 친척을 친히 하는 것이니, 친척을 친히 하기 때문에 시조를 존중하고, 시조를 존중하기 때문에 종족을 공경하며, 종족을 공경하기 때문에 종족을 모아 단결하고, 종족을 모아 단결하기 때문에 종묘가 장엄해진다.〔人道, 親親也. 親親故尊祖, 尊祖故敬宗, 敬宗故收族, 收族故宗廟嚴.〕"라고 하였다.

왕심리 친구의 집에서 자게 되었는데, 취중에 독촉을 받고 차운하다

杆心里宿友家醉中見迫次韻

벼슬하여 군신간 의리엔 부합했지만	義合君臣契
봉양 못해 부모의 은덕은 저버렸네	恩孤父母將
인간 세상 절로 희비 교차하지만	人間自悲喜
세속 밖은 한가함과 바쁨이 상관없지	物外任閑忙
봄비 속에 노원역 들판은 광활하고	春雨蘆原曠
갠 뒤의 춘풍은 유택[623]에 길이 불어오네	光風柳宅長
평소 잘 아는 두시니 시생들이	深知二三子
나를 위해 이별 시름 죄다 토로하누나	爲我罄離腸

623 유택(柳宅) : 도잠(陶潛)의 〈오류선생전(五柳先生傳)〉에 "선생은 어디 사람인지 알 수 없고, 또한 그 성자도 알 수 없다. 집 가에 버드나무 다섯 그루가 있어 그것으로 호를 삼았다.〔先生不知何許人也, 亦不詳其姓字. 宅邊有五柳樹, 因以爲號焉.〕"라고 한 데서 온 말이다.《陶淵明集 卷5》 왕심리(枉心里) 친구의 집을 도잠의 집에 빗대서 한 말이다.

신씨정[624]에서 무회 아우를 생각하다 4월이다.

愼氏亭懷無悔甫弟 四月

길은 평구역에서 다하였고	路盡平丘驛
강물은 판사정[625]에서 깊어졌네	江深判事亭
정자에 오르니 만고강산 확 트이고	登臨萬古豁
잠자리는 오경 밤에 시원도 해라	枕席五更淸
이슬 어린 물가엔 고기와 새 번득이고	露渚翻魚鳥
금빛 물결엔 달과 별이 움직이누나	金波動月星
남쪽 고향 생각에 눈물을 죄다 쏟고	南鄕雙淚盡
대궐을 향한 마음은 밝기만 하네	北闕寸心明

624 신씨정(愼氏亭) : 연산군(燕山君)의 처남이며 중종(中宗)의 장인인 신수근(愼守勤)의 정자(亭子)를 가리킨다. 본관은 거창(居昌), 자는 근중(勤仲), 호는 소한당(所閒堂)이다. 그의 정자는 평구역(平丘驛) 근처에 있었다.

625 판사정(判事亭) : 신수근이 판돈녕부사를 지냈기 때문에 그의 정자를 이렇게 호칭한 것이다.

여주 대수리에 가서 이 참판을 방문하고 그의 죽은 백씨를 생각하다[626]

驪州大愁里訪李參判懷其亡伯

쫓겨나선 똑같이 우환 속에 지냈는데	放逐均憂患
돌아와 보니 그동안 유명을 달리하였네	歸來間死生
지금 와서 그의 아우를 만나 보니	如今逢令弟
그는 또 우경의 신세가 되었네그려[627]	又復作虞卿
오늘은 봄 다한 여강 가에 누웠다가	春盡驪江臥
내일은 구름 깊숙한 새재를 넘어가리	雲深鳥嶺行
성은이 끝내 부모 봉양 윤허하시니	皇恩終許養
뒤에 만날 기약은 밝히기 어렵구려	後會更難明

626 여주(驪州)……생각하다 : 이 참판(李參判)은 이중경(李重慶)이고, 그의 죽은 형은 이수경(李首慶)이다. 《을사전문록(乙巳傳聞錄)》〈이수경전(李首慶傳)〉에 의하면, 이수경의 자는 백희(伯喜)이다. 을사사화(乙巳士禍)가 일어나자, 이휘(李煇), 이중열(李仲悅), 정황(丁熿) 등과 가까이 지냈다는 이유로 온성(穩城)에 유배되었다가 1553년에 방귀전리(放歸田里)되어, 시주(詩酒)를 낙으로 삼고 지냈다. 이중경의 자는 숙희(叔喜)이다. 1546년 증광시 문과(增廣試文科)에 급제한 이후, 여러 관직을 거쳐 1563년 예조 참판에 이르렀다. 그 후 권신(權臣) 이량(李樑)이 유배되자, 그의 일당으로 몰려 파직되었다. 소재는 마침 파직되어 여주에 내려가 지내던 이중경을 방문했는데, 죽은 그의 형과는 본래 친분이 있었기 때문에 회상한 것이다.

627 지금……되었네그려 : 우경(虞卿)은 전국 시대 유세사(遊說士)로 조(趙)나라 재상(宰相)이 되었다가, 친구인 위제(魏齊)의 일로 인하여 양(梁)으로 가서 곤궁하게 지내면서 《우씨춘추(虞氏春秋)》를 저술하였다. 《史記 虞卿列傳》 이중경의 처지를 우경에 빗대서 한 말이다.

청심루에서 차운하다[628]

清心樓次韻

오랜 시간 구름 안개 처마 끝에 끼어 있어	長時雲霧宿簷端
올라오니 사월에도 객의 낯이 써늘하네	四月登臨冷客顔
여강의 깊은 근원 오대산에서 발원하였고	驪岸深源五臺水
용문산 뻗은 형세 육명산에 이어졌네	龍門遠勢六名山
석양 모래톱 새 그림자 하늘 저쪽에서 오고	晩沙鳥影來天外
연기 낀 절간 종소리 숲 사이에서 나는구나	煙寺鐘聲出樹間
긴 강물 눈여겨보며 휘파람 한번 불고 나니	注目長江一嘯罷
종래의 설화 모두 무의미한 것이었네[629]	向來說話摠成閑
두 소장에 진정한 것 만 가지로 격발되어	兩紙陳情激萬端
특별한 은총 내리어라 천안을 감동시키었네[630]	殊恩空只動天顔
이번 생엔 도성문에 들어가길 원하거니와	此生願入脩門路

628 청심루(清心樓)에서 차운하다 : 여주(驪州) 청심루의 판상(板上)에 새겨진 시들 중에 고려의 주열(朱悅), 이곡(李穀), 이색(李穡), 한수(韓脩)가 이 운자(韻字)를 사용하였다.

629 긴……것이었네 : 청심루 주위의 경관을 직접 조망해 보니, 이전에 들었던 것보다도 훨씬 장관이라는 뜻이다.

630 두……감동시키었네 : 1568년(선조1) 3월 소재가 홍문관 직제학으로 재직 중에 귀양할 목적으로 해직을 청하는 소장(疏章)을 두 차례나 올렸으나 윤허받지 못하였다. 이때가 말미를 얻어 귀근만 하고 올라오라는 분부를 받고 고향으로 내려가는 중이었다.

죽기 전에 속리산으로 의당 돌아가야지	未死須歸俗離山
군친에 대한 의리 본디 성분 내의 일이지만[631]	固是君親性分內
예로부터 일의 형세 득위 서로 교차했네[632]	從來事勢得違間
황혼 무렵 청심루에 조용히 앉았노라니	淸心樓上黃昏坐
남은 생애 하루의 여유가 되레 한스럽구나	却恨殘年一日閑

631 군친(君親)에……일이지만 : 의리(義理)로써 임금을 섬기는 일은 본디 누구나 타고난 천성에서 나온다는 뜻이다.

632 예로부터……교차했네 : 득위(得違)의 득은 군신간에 의리가 서로 부합하여 임금을 섬기게 되는 경우를 말하고, 위는 그 반대의 경우를 말한다. 예로부터 신하가 사세(事勢)에 따라 임금을 섬기는 경우도 있고, 섬기지 못하고 떠나는 경우도 있었다는 뜻이다.

양근에서 느낌이 있어 판상의 기재[633]의 시에 차운하다

楊根有感次板上企齋韻

7세조(世祖)[634]께서 양근 군사(楊根郡事)를 지내셨다고 한다.

칠세까지 가문의 경복이 남아 있어　七世餘家慶
외론 후손이 화려한 관직 포양받았네　孤孫袞職華
양근에서는 감격의 눈물을 뿌리었고　楊根灑感涕
사곡에는 은택의 물결이 접하였도다[635]　沙谷接恩波
서산에 걸친 해는 위급하기만 하고　危迫西山日
북극의 오색 놀 높다랗게 펼쳐 있네[636]　高褰北極霞
두 가지 다 온전히 할 도리가 없어[637]　兩全無了道
시든 꽃을 마주해 오만 생각에 젖노라　萬慮對殘花

633 기재(企齋) : 신광한(申光漢, 1484～1555)의 호로, 본관은 고령(高靈), 자는 한지(漢之)이다.

634 7세조(世祖) : 소재의 7세조인 노상인(盧尙仁)을 가리킨다.

635 사곡(沙谷)에는……접하였도다 : 사곡은 상주(尙州) 화령현(化寧縣)의 지명으로, 이곳에 소재의 조모 묘소가 있었다. 은택의 물결이 접했다는 것은 임금이 소재에게 말미를 주어 선영(先塋)을 성배(省拜)하도록 해 준 것을 말한다.

636 서산(西山)에……있네 : 서산에 걸친 해는 소재의 연로한 부모의 얼마 남지 않은 생애를 말하고, 북극(北極)의 오색 놀은 군왕(君王)의 거소(居所)인 대궐에 상서로운 놀이 펼쳐져 있다는 뜻이다.

637 두……없어 : 두 가지란 충효를 지칭한다. 어버이와 임금을 섬기는 데 있어 어느 한쪽에 치우치다 보면 다른 한쪽에는 소홀하게 될 수밖에 없다는 뜻이다.

용추의 절벽에 쓰다

題龍湫崖

그 옛날 벼랑 끝에 올라 깊은 소를 굽어볼 제 憶登危頂俯深湫
낚싯줄에 끌려 나온 금린어의 정상이 시름겨웠지 絲曳金鱗狀可愁
그 후로 삼십삼 년 세월이 꿈속의 일만 같아라 三十三年夢中事
한때의 비바람이 내 회상 속에 들온 듯하네[638] 一時風雨入回頭

638 한때의……듯하네 : 33년이란 세월이 마치 한때 잠시 지나간 비바람처럼 느껴진다는 뜻이다.

문경에서 차운하여 감회를 쓰다

聞慶次韻書感

판상(板上)에 퇴계(退溪)의 시가 있었다.

강물은 종횡으로 흘러가고	水勢縱橫去
산세는 서로 버티는 형세로다	山形掎角之
인마 지치니 험한 곳 경유한 게 생각나고	人勞思歷險
하늘 가까워라 세상 말을 듣고자 하누나[639]	天近欲聽卑
코 골고 자느라 긴 붓은 던져 버렸지만[640]	鼾榻抛長筆
굶주린 밥상엔 몇 숟가락이나 줄였던고	飢盤減幾匙
영령들은 역마를 달리지 말지어다[641]	英靈莫馳驛

639 하늘……하누나 : 하늘이 높지만 세간의 말들을 다 듣고 선악을 잘 살핀다는 뜻이다. 춘추 시대 송 경공(宋景公)은 어느 날 형혹성(熒惑星)이 자기 나라의 분야(分野)에 출현하자 몹시 걱정하였다. 이에 사성(司星)인 자위(子韋)가 재앙의 책임을 재상과 백성, 흉년에 전가시킬 수 있다고 하였다. 경공이 정승은 자신의 팔다리와 같고, 백성이 없고 흉년이 들어 백성이 곤궁해지면 임금 노릇을 할 수 없다고 말하였다. 자위가 "하늘은 높지만 세간의 말을 다 듣는 것인데, 군주께서 세 마디의 군주다운 말씀을 하셨으니, 형혹성이 의당 움직일 것입니다.〔天高聽卑, 君有君人之言三, 熒惑宜有動.〕"라고 했는데, 과연 형혹성이 자리를 옮겨 갔다고 한다. 《史記 宋微子世家》

640 코……버렸지만 : 소재가 술 많이 마시고 코 골며 자느라 시문 짓는 일을 작파했다는 뜻인 듯하다.

641 영령(英靈)들은……말지어다 : 남제(南齊) 때 공치규(孔稚圭)가 변절하여 벼슬길에 나간 주옹(周顒)을 풍자하여 〈북산이문(北山移文)〉을 짓고 다시는 북산에 발을 들여놓지 못하도록 하였다. 그 대략에 "종산의 영령과 초당의 신령이 연기로 하여금 역로를 달려가서 산정에 이문을 새기게 하였다.〔鍾山之英、草堂之靈, 馳煙驛路, 勒移山

어찌 차마 다시 위험한 데[642]를 오를쏜가　何忍更乘危

庭.〕"라고 하였다.《會稽志 卷20》 다시 벼슬길에 나가지 않을 테니, 영령들은 자신을 증오하여 연기로 하여금 역로(驛路)를 달려가서 산정(山庭)에 이문을 새기게 할 것이 없다는 뜻이다.

642 위험한 데 : 벼슬길을 지칭한다.

차운하다
次韻

한 경서 읽다가 백발이 되어 뜻이 아득한데	一經頭白意蒼蒼
오만 일은 분란스러라 호번하기 한량없네	萬事紛如浩莫量
전주[643]는 정밀히 연구해도 공은 절로 작지만	傳註日精功自小
시 읊어 의미를 찾노라면 흥은 진진하다오	諷吟時繹興能長
성군만이 초학자 계발할 것을 깨달았거니와	聖君獨覺開新學
현사들은 모두 속된 창자 씻기를 생각한다오	賢士皆思洗俗腸
먼저 천명을 온전히 한 붕우들 귀중하여라[644]	珍重友朋先立命
잗단 일 말하지 않은 게 어찌 해로울 것 있나[645]	不言細故是何妨

정히 걱정되어 하늘에 묻는 건[646] 쓸데없나니	枉費端憂問彼蒼

643 전주(傳註) : 종래의 경적(經籍)을 해석해 놓은 문자들을 통틀어 말한 것이다.

644 먼저……귀중하여라 : 천명을 온전히 했다는 것은 맹자(孟子)가 "요절하거나 장수함에 의심하지 않아서 몸을 닦아 천명을 기다리는 것은 천명을 온전히 하는 것이다.〔殀壽不貳, 修身以俟之, 所以立命也.〕"라고 하였다. 《孟子 盡心上》 정의(正義)를 견지하다가 일찍 세상을 떠난 친구들을 그리는 뜻에서 한 말인 듯하다.

645 잗단……있나 : 두보(杜甫)의 〈적소행(赤霄行)〉에 "장부는 이름을 드리워 만년을 진동하나니, 잗단 일을 기억하는 건 높은 현자 아니라오.〔丈夫垂名動萬年, 記憶細故非高賢.〕"라고 하였다. 《杜少陵詩集 卷14》

646 정히……건 : 두보(杜甫)의 〈견민(遣悶)〉 시에 "남은 힘으로 바다에 배 띄우려니, 정히 걱정되어 저 하늘에 묻노라.〔餘力浮於海, 端憂問彼蒼.〕"라고 하였다. 《杜少陵詩集 卷21》

인간사를 응당 서로 상량할 뿐이로다	只應人事與商量
고향엔 남은 세월 급박한 두 노친이 계시고	丘園急景存雙老
성상의 맑은 광채 아랜 공경 대신 모였네	帷幄淸光集衆長
한 질병으로 어복을 깎는 걸[647] 항상 근심할 뿐	一疾常虞剝魚腹
외론 수레는 양장에서 부러짐을 걱정 않지만[648]	孤轅不患阨羊腸
지금은 효도로 다스려 교화를 경신한 터라	卽今孝理更新化
남은 생에 어버이 섬김에 지장 없게 해 주셨네	免使殘生仰事妨

647 어복(魚腹)을 깎는 걸 : 물고기가 썩는 것은 배로부터 시작하기 때문에 어복을 깎는다는 것은 복통(腹痛)을 가리킨다.《春秋左氏傳 宣公12年》 자신의 지병(持病)을 가리켜 한 말인 듯하다.

648 외론……않지만 : 양장(羊腸)은 산서성(山西省)에 위치한 양장판(羊腸坂)을 가리킨다. 비탈길이 마치 양의 창자처럼 꼬불꼬불하여 매우 험난하므로 붙여진 이름이다. 한(漢)나라 때 왕양(王陽)이 익주 자사(益州刺史)가 되어 구절 양장판(九折羊腸坂)을 지나다가 "선인의 유체를 받들고 어찌 이렇게 험난한 곳을 자주 다닐 수 있겠는가.〔奉先人遺體, 奈何數乘此險?〕"라고 탄식하였다. 뒤에 왕준(王尊)이 익주 자사가 되어서 이 곳에 이르러 마부를 재촉하며 "말을 어서 몰아라. 왕양은 효자가 되었으니, 왕준은 충신이 되겠노라.〔驅之! 王陽爲孝子, 王尊爲忠臣.〕"라고 하였다.《漢書 王尊傳》 왕준처럼 험난한 길을 가리지 않고 신명을 바쳐 임금에게 충성을 다할 각오가 되어 있다는 뜻이다.

퇴계에게 부쳐 올리다
寄上退溪

이십여 년 전에 백옥당 학사로 채워졌는데[649]	白玉堂盛二紀前
늘그막에 회상하니 그 모습 다시 그립구려	黃昏回首更依然
풍파가 스스로 요동칠 뿐 운림은 고요하고[650]	風波自動雲林靜
수염 머리털 쇠할지라도 도기는 온전하리[651]	髭髮從衰道氣全
성상의 특별한 은택 북해보다 더 깊고요[652]	帷幄異恩深北海
어버이 남은 생애 서산 중턱에 걸쳐 있다오[653]	庭闈殘日半西巓
은정과 의리를 참작해 스스로 능히 결단하니	援情參義吾能斷
선생의 진퇴의 알맞은 처사가 사랑스럽구려	可念先生進退便

649 이십여……채워졌는데 : 백옥당(白玉堂)은 한림원(翰林院), 홍문관(弘文館) 등을 가리킨다. 여기서는 퇴계(退溪) 이황(李滉)이 당시로부터 20여 년 전에 홍문관 학사(學士)를 지냈던 것을 말한다.

650 풍파가……고요하고 : 운림(雲林)은 은자(隱者)의 처소를 말하는데, 여기서는 이황의 처소를 가리킨다. 이때 이황이 풍파와 같은 분분(紛紛)한 세사(世事)와는 무관하게 홀로 조용히 지내고 있었음을 의미한다.

651 수염……온전하리 : 도기(道氣)는 도인(道人)의 기상(氣象)을 말한다. 이황은 나이가 들면서 몸이 늙어 갈지라도 세속을 초탈한 도인의 기상은 잘 간직하리라는 뜻이다.

652 성상(聖上)의……깊고요 : 당시 선조(宣祖)가 소재의 사직을 윤허하지 않고, 말미만 주어 귀근하도록 해 준 것을 말한다.

653 어버이……있다오 : 소재의 어버이가 생존할 날이 얼마 남지 않았다는 뜻이다.

선외조고[654]의 〈전중계축시〉에 차운하다

次韻先外祖考殿中契軸詩

지위는 청절[655]로 구분되어 뭇 관서를 압도하고	地分淸切壓羣司
정신은 풍상[656]을 끼고 타고난 위엄 떨치었네	神挾風霜起宿威
서로 피하는 건 환자의 말만이 아니었고[657]	且避未須桓子馬
다퉈 바라본 건 어찌 꼭 포공의 수의리오[658]	爭瞻何用暴公衣
새벽 조참에 차 한 잔 마시면 몸은 거뜬해지고	趨晨茶罷身猶健
가는 곳마다 주연이 열려 풍취도 넉넉하였네	隨處尊開趣不稀
잠깐 새에 지금 사람 옛사람을 본 듯하거니[659]	頫仰乍成今視昔

654 선외조고(先外祖考) : 이자화(李自華, ?~1520)로, 본관은 성주(星州), 자는 실이(實而)이다.

655 청절(淸切) : 청귀(淸貴)하면서 가깝다는 뜻으로, 대궐 안에서도 임금의 처소와 가장 가까이 있는 어사대(御史臺)를 가리킨다.

656 풍상(風霜) : 엄숙하고 맹렬한 어사대의 정신을 서릿바람에 빗대서 말한 것이다.

657 서로……아니었고 : 환자(桓子)는 후한(後漢) 때의 어사(御史) 환전(桓典)이다. 환전이 총마(驄馬)를 타고 다니면서 환관(宦官)들의 비행을 거리낌 없이 탄핵하자 사람들이 "가는 길을 우선 멈추어서, 총마 탄 어사를 피하자꾸나.〔行行且止, 避驄馬御史.〕"라고 하였다.《後漢書 桓典列傳》〈전중계축시〉에 등장하는 이들 또한 후한의 환전에 뒤지지 않았다는 뜻이다.

658 다퉈……수의(繡衣)리오 : 포공(暴公)은 한 무제(漢武帝) 때의 직지사자(直指使者) 포승지(暴勝之)이다. 한 무제 말기에 군사를 자주 징발하여 군국(郡國)에 도적이 떼 지어 일어났을 때, 포승지는 수의를 입고 도끼로 도적떼를 축포하고, 군사를 징발하는 데에 종사한 자들을 모조리 잡아 처형하여 위명을 떨쳤다.《漢書 王訢傳》포승지의 수의가 아니라도 〈전중계축시〉에 등장한 어사들의 수의도 위명이 높았다는 뜻이다.

굳은 절조로 맺어진 교분 그 누가 어길쏜가　　　歲寒心契有誰違

659 지금……듯하거니 : 왕희지(王羲之)의 〈난정기(蘭亭記)〉에 "후세 사람들이 지금 사람들을 볼 때도 지금 우리가 옛사람들을 보는 것과 같을 것이다.〔後之視今, 亦猶今之視昔.〕"라고 하였다. 《晉書 王羲之列傳》 인생의 무상함을 의미한다.

월계[660]의 배 안에서

月溪舟中

백 길 밧줄로 바람 부는 포구의 배를 끌어	百丈牽風浦
외로운 배로 월계를 거슬러 올라가니	孤篷泝月溪
텅 비고 밝음은 위아래가 한가지이고[661]	空明同上下
구름 안개는 동쪽과 서쪽이 반반일세	煙靄半東西
나그네 흥취는 고향 길이 넓기만 하고	客興南程闊
고향 가는 넋은 대궐이 아득키만 해라	歸魂北極迷
맑은 가을 풍광은 바라보니 끝없는데	淸秋望不盡
쌀쌀한 해는 사람을 향해 나식하구나	寒日向人低

660 월계(月溪) : 양근군(陽根郡)에 있는 개천 이름이다.

661 텅……한가지이고 : 텅 비었다는 것은 맑은 천광(天光)을 가리키고, 밝다는 것은 달빛 아래 맑은 물결을 가리킨다. 소식(蘇軾)의 〈전적벽부(前赤壁賦)〉에 "계수나무 노와 목란 상앗대로, 맑은 물결을 치며 달빛 흐르는 강물을 거슬러 오르도다.〔桂棹兮蘭槳, 擊空明兮泝流光.〕"라고 하였다. 《東坡全集 卷33》 위아래가 한가지라고 한 것은 하늘과 강물에 똑같이 달빛이 반사되어 위아래가 똑같이 밝게 빛나는 광경을 말한 것인데, 주희(朱熹)의 〈봉동장경부성남 이십영(奉同張敬夫城南二十詠)〉 중 〈월사(月榭)〉 시에 "그대와 함께 물에 비친 달 위에 오르니, 위아래가 지극히 텅 비고 밝구려.〔與君淩倒景, 上下極空明.〕"라고 하였다. 《晦庵集 卷3》

대탄에서 두 수를 읊다

大灘二首

준급한 협곡엔 뭇 산록이 돌아들고	急峽回群麓
깊은 못엔 오만 시내 다 모여드네	貪潭集萬溪
암초가 걱정되어 노온탄[662]으로 올라가다	愁巖老溫上
역참을 묻고자 대탄 서쪽으로 가니	問站大灘西
양쪽 언덕엔 버들 뿌리가 갈라져 있고[663]	兩岸楊根坼
외로운 배엔 저녁 빛이 희미하구나	孤帆暝色迷
기나긴 청운의 길 하도 험난한지라	靑雲長路澁
백발에 장대한 뜻 수그러들기만 하누나	白首壯心低
안도를 찾아가는 길은 아니건만	不作尋安道
도리어 섬계에 배 띄운 것 같구나[664]	還如汎剡溪

662 노온탄(老溫灘) : 남한강(南漢江) 하류에 있는 여울로, 수청탄(水靑灘)이라고도 한다.

663 양쪽……있고 : 버드나무가 냇물 양쪽 언덕에 죽 늘어서 있는 광경을 표현하면서 동시에 '버들 뿌리〔楊根〕'는 양근군을 지칭하므로, 남한강이 양근군의 중간을 가로질러 흘러가는 것을 가리켜 한 말이다. 양근군은 오늘날 경기도 양평군의 일부이다.

664 안도(安道)를……같구나 : 안도는 진(晉)나라 때 은사(隱士)인 대규(戴逵)의 자이다. 이 구절은 대규와 왕휘지(王徽之)의 고사에서 온 것으로, 자세한 내용은 111쪽 주265 참조. 소재가 달밤에 배를 타고 가노라니, 왕휘지가 친구 대규를 찾아가던 정황과 흡사하다는 뜻이다.

바람이 물 위에 부는 대로[665] 따라가며 從風來水面
달빛이 산 서쪽에 비추길 기다리노라 待月照山西
흥이 다하여 한가할 땐 조용해지고 興盡閑時靜
시름 생기면 간 곳마다 혼미해지네 愁生着處迷
해마다 옥당의 이 늙은이는[666] 連年玉堂老
오만 일에 백미가 숙여질 뿐이로다[667] 萬事白眉低

665 바람이……대로 : 소옹(邵雍)의 〈청야음(淸夜吟)〉에 "달은 하늘 한가운데 이르고, 바람은 물 위에 살살 부누나.〔月到天心處, 風來水面時.〕"라고 한 데서 온 말이다. 이 시는 물과 달이 서로 비추는 맑은 정경을 서술한 것으로, 마치 광풍제월(光風霽月)처럼 가슴속이 깨끗하여 조금의 사욕도 없이 조용히 도(道)에 합치되는 경지를 의미한다. 《性理大全書 卷70》 여기서는 배를 타고 가는 도중의 풍광만을 소옹의 시에 빗대서 한 말이다.

666 해마다……늙은이는 : 옥당(玉堂)의 늙은이는 자신을 지칭한다. 소재는 1567년(선조 즉위년), 1568년 연달아 홍문관 교리, 부제학 등에 제수되었다.

667 백미(白眉)가 숙여질 뿐이로다 : 머리가 늘 숙여진다는 뜻으로, 겸손을 의미한다.

갈산에서 자다 3수

宿葛山 三首

저녁에 갈산의 여관에서 자노라니	夕得葛山店
아직 양근의 시내를 떠나지 못했네	未離楊根溪
달은 지붕 모서리에서 돋아 오르고	蟾蜍吐屋角
여치는 침상 서쪽에서 울어 대누나	絡緯哭床西
알지 못해라 성시에 거주할 때에도	不識居城市
방향이 헷갈린 적이 있었던가	還曾有放迷
내 몸 소재의 원근도 잊었거니	已忘身遠近
어찌 도로의 높고 낮음을 꺼릴쏜가	豈憚路高低

이 몸은 부침하는 도경과 같고[668]	身是浮沈梗
벼슬살이는 시내를 오르내림과 같아라	官如上下溪
마음 있어 이것을 주재하지만	有心爲主宰
그 무엇[669]이 동서로 끌어당기나	何物引東西
험악한 호탄도 두려워하지 않거니[670]	未怕胡灘惡

668 이……같고 : 도경(桃梗)은 복숭아나무로 깎아 만든 인형이다. 사람 몸뚱이의 정처 없는 실상은 마치 물에 떴다 잠겼다 하며 떠다니는 인형과 같다는 뜻이다.

669 그 무엇 : 고관대작이나 명리(名利) 따위를 우회적으로 지칭한다.

670 험악한……않거니 : 호탄(胡灘)은 기주부(夔州府) 만현(萬縣)의 서쪽으로 60리쯤에 있다고 하는데, 아주 위험한 곳으로 알려졌다. 두보(杜甫)의 〈연충주사군질택(宴忠州使君姪宅)〉 시에 "나는 조카의 집에 와서 놀기 위함이지, 저 호탄을 두려워해서가

어찌 대현[671]의 길 헷갈림을 꺼리겠는가　寧嫌大峴迷
남녘 고향 가는 도중 칠월은 다했는데　南征七月破
대궐을 돌아보니 오색구름[672] 나직하네　回望五雲低

무거운 곳은 무쇠나 깃털이 똑같고　重處均金羽
깊은 곳은 바다나 시내가 똑같다오　深來等海溪
은혜 입은 별은 북신을 옹위하거니와[673]　銜恩星拱北
은덕을 갚으려니 해는 서로 기우네[674]　報德日傾西
늙은 눈물은 흘려도 뚜렷한 계책 없건만　老淚沾無策
희미한 등불이나마 비추어 어둡진 않네　殘燈照不迷
평생에 호해의 기개는　平生湖海氣
무슨 일로 완전히 수그러들지 않는고[675]　何事未全低

아니란다.〔自須遊阮舍, 不是怕湖灘.〕"라고 하였다.《杜少陵詩集 卷14》 험악한 여울쯤은 두려워하지 않는다는 뜻이다.

671 대현(大峴) : 산동성(山東省)에 예로부터 험관(險關)으로 일컬어진 대현산(大峴山)이 있기는 하나 자세하지 않다.《만기요람(萬機要覽)》에 의하면, 경기(京畿) 양주(楊州) 관내에 대현이 있는 것으로도 전해진다.

672 오색구름 : 길상(吉祥)의 징조로서 흔히 제왕(帝王)의 거소(居所)를 지칭한다.

673 은혜……옹위하거니와 : 북신(北辰)은 북극성으로, 임금을 의미한다.《論語 爲政》 벼슬하면 의당 임금을 극진히 섬겨야 한다는 뜻이다.

674 은덕(恩德)을……기우네 : 부모의 은덕을 갚고자 하는데, 부모는 노쇠하여 생존할 날이 많지 않다는 뜻이다.

675 평생에……않는고 :《삼국지(三國志)》〈위서(魏書) 진등전(陳登傳)〉에 "진원룡은 호협(豪俠)한 기개가 있는 선비로서 호기를 제거하지 못했더라.〔陳元龍湖海之士, 豪氣不除.〕"라고 하였다. 즉 진원룡처럼 호기를 완전히 제거하지 못했다는 뜻이다.

정강에서

井江

반년 동안 이 강물을 세 차례 보노니 半年三見此江流
덧없는 세상 외론 원행길 어느 때나 그칠꼬 浮世孤征幾日休
문득 생각난다 그 옛날 용화송면 길에서 却算龍華松面路
하룻밤 새 사람 머리 희게 했던 걸[676] 更教人白一宵頭

676 문득……걸 : 용화송면(龍華松面)은 용화솔면(龍華率面)이라고도 하는데, 상주(尙州) 속리산(俗離山)에서 서쪽 15리쯤 되는 곳에 있다. 소재가 고향으로 가는 길에 이 마을에서 비에 막혀 하룻밤을 자고 간 일이 있었다. 하룻밤 새 머리를 희게 했다는 것은 이 하룻밤을 몹시 지루하게 느껴서 한 말인 듯하다. 《소재집》 권1에 〈솔면의 인가에 묵으면서 하루 동안 비에 막혀 지내다〔宿率面人家阻雨一日〕〉 시가 있는데, 이 시를 지은 시기는 1547년(명종2) 2월이었다.

준암에서 박 목사의 시에 추화하다[677] 8월이다.

鐏巖追和朴使 八月

우묵한 모양 천연이라 온전할 것 없거늘 天生窪樣不須全
억지로 준암이라 부른 그는 바로 주선이었네[678] 强喚成鐏是酒仙
돌 베고 취했다 깼다 하여 탁옹을 업신여기고[679] 枕石醉醒欺卓甕
바위에서 마시며 읊조려 천선도 사절했구려[680] 倚巖觴咏謝泉船
백년 묵은 자취 아래 가을 슬퍼한 나그네요[681] 百年陳迹悲秋客

677 준암(鐏巖)에서……추화하다 : 준암은 술그릇처럼 중심이 우묵하게 파인 바위이다. 박 목사는 충주 목사(忠州牧使)를 지낸 눌재(訥齋) 박상(朴祥)을 가리킨다. 그의 시는 박상이 준암을 언급하여 지은 두 편의 시를 말한다. 〈차운수우생견증지작(次韻酬友生見贈之作)〉 시에는 "서풍 아래 내 홍취는 준암자에 있는데, 나의 깃 망가진 채 억지로 날려는 게 부끄럽구나.〔西風興在鐏巖子, 愧我傷翎强試騫.〕"라고 하였고, 〈범주차의중운(泛舟次宜中韻)〉 시에는 "술자리를 물리고 준암을 내려가니, 뱃사공이 뱃머리를 돌리는구나.〔撤席下鐏巖, 舟人回鷁首.〕"라고 하였다. 《訥齋集 續集 卷1》

678 억지로……주선(酒仙)이었네 : 주선은 애주가였던 박상을 지칭한다. 술그릇처럼 우묵하게 파인 바위를 보고 박상이 처음으로 '준암'이라 명명한 듯하다.

679 돌……업신여기고 : 탁옹(卓甕)은 필탁(畢卓)의 술항아리라는 뜻이다. 필탁은 진대(晉代)의 문신으로 술을 몹시 즐겨 마시어 주호(酒豪)로 이름이 높았다. 그가 이부랑(吏部郎)으로 있을 때 밤중에 이웃집의 술을 실컷 훔쳐 마시고 그 자리에서 잠들었다가 이튿날 아침에야 풀려난 일이 있었다. 《晉書 畢卓列傳》 준암의 술자리 풍류야말로 필탁처럼 남의 집 술항아리를 훔쳐 마시고 취하는 것과는 비교할 바가 아니라는 뜻이다.

680 바위에서……사절했구려 : 준암에서 술 마시고 시가(詩歌)를 읊조렸던 풍류가 고인이 배에서 술 마시고 시가를 읊조리던 풍류보다도 월등하다는 뜻이다.

681 백년……나그네요 : 백년 묵은 자취란 박상이 일찍이 머물렀던 준암을 가리키고, 가을을 슬퍼한 나그네란 자신을 지칭한다. 가을을 슬퍼하다는 51쪽 주93 참조.

한 시대에 남긴 풍도는 숨은 현자[682]에서 나왔네　一代遺風避世賢
곧장 푸른 절벽 가득 시를 쓰고 싶지만　直欲題詩滿蒼壁
장전 같은 신필 없어 맡길 수가 없구려[683]　更無神筆屬張顚

682 숨은 현자(賢者) : 박상을 가리킨다.

683 장전(張顚)……없구려 : 장전은 당대(唐代)에 초성(草聖)으로 일컬어진 장욱(張旭)을 가리킨다.《新唐書 文藝列傳中 張旭》 여기서는 소재가 시를 지어서 절벽 가득 쓰고자 해도 장욱 같은 명필이 없어 써 달라고 부탁할 데가 없다는 뜻이다.

청천[684]에서 목사 이공[685] 헌국 에게 주다

青川贈牧使李公 憲國

시안의 여관에서 아쉬운 작별 이후[686]	惜別始安館
청천에서 이제야 영공을 만났는데	青川逢令公
겉모습은 그대보다 늙었지만	形容吾較老
정취는 우리 서로 똑같구려	氣味自相同
산골짝 비는 남녘 길에 떨어지고	峽雨墜南路
대궐 구름은 북녘 하늘 가리웠네	宮雲蔽北空
처량도 하여라 일생의 의지가	凄凉一生意
중도에서 황무지가 되어 버린 것이	蕪沒半途中

684 청천(青川) : 청주(淸州) 관내의 면 소재지이다.

685 목사 이공(牧使李公) : 당시 청주 목사(淸州牧使)였던 이헌국(李憲國)이다.

686 시안(始安)의……이후 : 시안은 괴산의 옛 이름이다. 소재가 괴산의 배소(配所)에 있을 때 이헌국이 방문하여 서로 만났던 것을 말한다.

보은의 도중에서 읊다

報恩道次

춘하추동 사계절마다 고향에 근친 가면서	冬春秋夏四言歸
건너고 넘노라니 산천은 옛 모습 그대로인데	度度山川逞故姿
서산 너머 절반쯤 넘어가는 저 해만은	惟有半嘶西岫日
금년엔 바쁜 듯 작년엔 느렸던 듯 느껴지네[687]	今年忙似去年遲

687 서산(西山)……느껴지네 : 소재가 지난해까지는 유배 중이어서 세월이 더디 간다고 느꼈다가, 유배가 풀린 이후 금년에는 조정과 고향을 자주 왕래하다 보니 절로 세월이 바삐 간다고 느낀 듯하다.

경윤 유순중[688]에게 부쳐 주다 9월이다.

寄贈慶尹柳純仲 九月

그 옛날 구중궁궐 드나들 적에　　還往雙門內
이중과는 서로 연배 간이었네[689]　　倫行二仲間
영원의 급난 뒤로 벗은 숙초에 덮였고[690]　　鴒原朋友草
복사에 머물던 대부는 이제 돌아왔다네[691]　　鵩舍大夫環
옛일 회상하니 새로운 생각은 많은데　　回首多新思
흉금을 열고 보니 예전 그 얼굴이로세　　開襟只舊顔
덧없는 세상일일랑 말하지 않고　　不談浮世故
그저 한가로이 지내고자 탐할 뿐이네　　乾沒任成閑

경윤의 형은 먼저 죽었고 그의 아우가 지금 생존했는데, 형제 모두 나와 서로 아는 처지이다.

688 경윤(慶尹) 유순중(柳純仲) : 경주 부윤(慶州府尹) 유순선(柳順善, 1516~1577)으로, 본관은 진주(晉州), 자는 순중, 호는 소재(素齋)이다.

689 이중(二仲)과는……간이었네 : 이중은 유순선과 그의 아우로 자가 택중(擇仲)인 유종선(柳從善)이다. 세 사람의 생년이 서로 비슷하여 연배간이라고 말한 것이다.

690 영원(鴒原)의……덮였고 : 영원은 161쪽 주400 참조. 숙초(宿草)는 1년 지난 묵은 뿌리에서 난 풀이다. 증자(曾子)가 "벗의 무덤에 해묵은 풀이 있으면 곡하지 않는다.〔朋友之墓, 有宿草而不哭焉.〕"라고 하였다. 이는 벗은 죽은 지 1년이 지나면 곡하지 않는다는 의미이다.《禮記 檀弓上》 소재가 유순선의 형의 상차(喪次)에는 가서 곡할 수 없는 처지였기 때문에 가지 못했고, 이제는 그의 무덤에 묵은 풀이 난 뒤라는 뜻이다.

691 복사(鵩舍)에……돌아왔다네 : 대부(大夫)는 자신을 태중대부(太中大夫) 가의(賈誼)에 빗대서 한 말로, 유배에서 사면되었음을 의미한다. 복사는 배소(配所)를 가리킨다. 33쪽 주45 참조.

도성에선 삼춘에 작별했었고	京國三春別
명주[692]선 하루 동안 만났었지	名州一日間
거마 명하여 찾는 꿈 하 많거니와[693]	夢饒相命駕
서신을 자주 보내 늘 왕복하였네	書屢自循環
숙수는 자로를 상심케 할 테지만[694]	菽水應傷路
단표를 안자처럼 즐길 수 있으랴[695]	簞瓢豈樂顔
끝내는 임명장 받는 걸 배워야겠네[696]	終須學捧檄
십실[697]은 더 조용하고 한가할 테니	十室更淸閑

692 명주(名州) : 유순선이 부윤(府尹)으로 부임한 경주를 높여 일컫은 말이다.

693 거마(車馬)……많거니와 : 《세설신어(世說新語)》〈간오(簡傲)〉에 "혜강은 여안과 매우 친한 사이였기에 그가 생각나면 천 리 먼 길에 거마를 명하여 타고 갔다."라고 하였다. 친구 간의 정의가 매우 친밀했음을 의미한다.

694 숙수(菽水)는……테지만 : 숙수는 188쪽 주469 참조. 부모를 잘 봉양할 수 없음을 자로에 빗대서 한 말이다.

695 단표(簞瓢)를……있으랴 : 안회처럼 도를 즐기지는 못한다는 뜻이다.

696 끝내는……배워야겠네 : 후한(後漢) 때 모의(毛義)가 집은 가난하고 어머니는 늙었으므로 수령(守令) 임명장을 받고는 어머니를 봉양할 수 있다는 생각에 희색이 만면했는데, 어머니가 작고한 뒤에는 바로 벼슬을 그만두었던 데서 온 말이다.《後漢書 劉平列傳》 집이 가난하여 부모를 봉양하기 어려우므로 모의처럼 낮은 지방관이라도 해야겠다는 뜻이다.

697 십실(十室) : 대략 열 가호쯤 되는 아주 작은 고을을 의미한다.

방생[698]이 내방하였으므로 부질없이 써서 주다

房生來訪謾書爲贈

수신은 이름이고 성은 곧 노가인데	守愼其名卽姓盧
항상 과회[699]라 부르고 별호는 소재라네	常呼寡悔別號穌
옥주 바다 광활했고 상산 험준했는데	沃州海闊商山嶮
곳곳마다 만나는 이 준부 자네였네[700]	處處相逢是俊夫

698 방생(房生) : 방응현(房應賢, 1523~1589)으로, 본관은 남양(南陽), 자는 준부(俊夫), 호는 사계(沙溪)이다.

699 과회(寡悔) : 소재의 자이다.

700 옥주(沃州)……자네였네 : 옥주는 진도(珍島), 상산(商山)은 상주(尙州)의 옛 이름이다. 소재가 진도에 유배 중일 때도 방응현이 여러 차례 방문했었는데, 지금 상주에도 그가 다시 내방하였으므로 이렇게 말한 것이다.

앞의 운을 사용하여 청주 목사에게 부치다
用前韻寄淸牧

하늘 뜻은 애당초 정해졌으려니와	天意當年定
인정은 후세에 가서 공정해진다오	人情後世公
성상의 은총 특별함은 다 아는 바지만	皆知聖寵異
그 무엇이 지친과 함께함만 하겠는가[701]	誰與血恩同
외기러기는 너른 들판에서 울부짖고[702]	獨雁號淸野
저녁 해는 서쪽 하늘로 내려가고 있네[703]	殘暉下碧空
이러한 때 농서의 노인[704]만이	于時隴西老
진실로 내 심중의 사람이로다	諒在我心中

701 성상(聖上)의……하겠는가 : 임금의 은총으로 늘 벼슬에 제수되지만, 어버이를 모시고 봉양하는 것만 못 하다는 뜻이다.

702 외기러기는……울부짖고 : 외기러기는 형제간에 서로 떨어져 있는 것을 상징한 것으로, 현재 소재와 아우가 서로 떨어져 있는 상황을 말한 듯하다.

703 저녁……있네 : 저녁 해는 늙은 부모를 가리키며, 서쪽 하늘로 내려간다는 것은 자꾸 늙어 간다는 뜻이다.

704 농서(隴西)의 노인 : 농서는 군명(郡名)으로, 한대(漢代)의 대장군(大將軍) 이광(李廣), 당대(唐代)의 이백(李白) 등을 배출한 농서 이씨(隴西李氏)를 말한다. 당시 청주 목사(淸州牧使) 이헌국(李憲國)의 성이 이씨이기 때문에 농서 이씨에 빗대서 한 말이다.

도수 선생[705]에게 수답하다

酬陶叟先生

벼슬 사직하고 공은 먼저 떠났는데	乞退公先去
당연히 떠나야 할 나만 홀로 남았네	當歸我獨留
임금과 부모를 맘속에 늘 잊지 못해	君親懷耿耿
천지간에 그리운 생각 그지없으리	天地思悠悠
학문은 맘을 비워 얻는 게 귀하거니와	學貴虛心得
명예는 귀 가리고 훔치는 게 수치라네[706]	名羞掩耳偸
한강 배 봉창 아래 서로 만날 날	相逢柁樓底
국화 피는 가을에나 있게 될는지	倘在菊花秋

이상은 퇴계(退溪)의 시이다.

소자는 끝내 한나라로 돌아왔고[707]	蘇子終還漢
장공은 이미 유후로 만족했다오[708]	張公已足留

705 도수(陶叟) 선생 : 도옹(陶翁), 퇴도(退陶) 등의 호를 사용했던 이황(李滉)을 높여 일컬은 말이다.

706 명예는……수치라네 : '귀를 가리고 종을 훔친다.〔掩耳盜鐘〕'는 뜻으로, 자신을 속이는 행위를 말한다. 《呂氏春秋 自知》

707 소자(蘇子)는……돌아왔고 : 유배에서 풀려난 것을 소무의 일에 빗대서 한 말이다. 192쪽 주479 참조.

708 장공(張公)은……만족했다오 : 장공은 한 고조(漢高祖)의 모신(謀臣) 장량(張良)이다. 장량이 한 고조를 도와 천하를 통일하고 유후(留侯)에 봉해지고 나서 "내가

이별의 아쉰 회포 늘 슬프거니와	別懷長惻惻
똑같은 우리 도는 갈 길이 멀기만 하네	同道只悠悠
욕심을 적게 함이 참으로 주를 높임이요[709]	寡欲眞尊主
비우기만 하면 도둑을 부를까 염려로다[710]	徒虛恐引偸
모름지기 자득함이 있어야 할 것이니	須要有自得
바둑을 배움에 어찌 추의 말만 전념하랴[711]	聽奕豈專秋

지금 세 치의 혀로 제왕의 스승이 되어 만호에 봉해지고 열후가 되었으니, 이는 포의에게 극도의 영광으로 나에게는 더없이 만족하다 하겠다."라고 한 데서 온 말이다.《史記 留侯世家》 소재가 일찍이 인종(仁宗)의 사부(師傅)를 지내기도 했기 때문에 이렇게 말한 것이다.

709 욕심을……높임이요 : 주(主)는 일신(一身)의 주재(主宰)가 되는 사람의 바른 마음을 가리킨다. 욕심을 적게 하면 바른 마음을 잃지 않게 된다는 뜻이다.

710 비우기만……염려로다 : 도둑은 이런저런 잡념을 가리킨다. 마음을 그저 비우기만 하면 이로 인해 잡념이 더 자라게 되리라는 뜻이다. 이 구절은 앞의 이황의 시에서 "학문은 맘을 비워서 얻는 게 귀중하다."라고 한 말을 비판하는 의미인 듯하다.

711 모름지기……전념하랴 : 추(秋)는 전국 시대에 바둑을 매우 잘 두던 혁추(奕秋)를 가리킨다. 맹자(孟子)가 아무리 하찮은 기예라도 전념하지 않으면 성취할 수 없다고 하면서 예로 든 사람이다.《孟子 告子上》 여기서는 학문은 스승의 가르침에만 전념하는 것만이 최선의 방법이 아니고 반드시 스스로 체득하는 것이 가장 중요하다는 뜻이다.

봉산서원[712]에서 느낌이 있어 취중에 쓰다

鳳山書院有感醉筆

일찍이 목사로 귀덕[713]에 부임하여	令宰臨歸德
서당을 화령현에 창건하였으니	書堂起化寧
당시엔 백록동의 의미를 가졌는데[714]	當時鹿洞意
오늘날엔 봉산서원이라 이름하누나	今日鳳山名
규제를 창건한 호걸은 있었는데[715]	有傑興規制
액경을 주청한 사람은 없었구려[716]	無人請額經
회상하건대 이십 년 전에는	回頭二十載
노선생이 아직 작고하지 않았었네[717]	不死老先生

712 봉산서원(鳳山書院) : 경북 상주시 화서면에 있는 서원이다. 명종(明宗) 연간에 상주 목사(尙州牧使) 신잠(申潛)이 창건한 10여 서원 가운데 하나로, 훗날 소재를 향사(享祀)하는 서원이 되었다.

713 귀덕(歸德) : 상주의 옛 이름이다.

714 서당(書堂)을……가졌는데 : 백록동(白鹿洞)은 당(唐)나라 때 강주 자사(江州刺史) 이발(李渤)이 창건한 백록동서원(白鹿洞書院)을 가리킨다. 주희(朱熹)가 지남강군(知南康軍)이 되어 서원의 유지(遺址)를 찾아서 옛 모습을 재정비하고 학규(學規)를 만들어 강학(講學)에 힘썼다. 여기서는 신잠이 상주 목사로 부임하여 처음으로 백록동서원처럼 강학하는 장소를 만들었다는 뜻이다.

715 규제(規制)를……있었는데 : 규제는 서원의 규모와 양식을 가리키고, 호걸(豪傑)은 서원을 창건한 신잠을 지칭한다.

716 액경(額經)을……없었구려 : 액경은 서원에 사액(賜額)과 경서(經書)를 하사하는 것을 이른다. 이는 봉산서원이 사액 서원이 아니었음을 의미한다. 주희가 백록동서원을 중수하고 나서 편액과 경서 등을 내려 줄 것을 주청한 일이 있다.

다시 차운하다

復次韻

처량하여라 산천은 수려하거니와[718]	憭慄川原秀
맑고 그윽한 골짝은 편안도 하여라[719]	淸幽洞壑寧
예전 친구들 모여 더없이 다정하건만	多情舊伴會
아무 언덕[720] 이름은 기억을 못 하겠네	不記某丘名
소나무 잣나무는 어느 때나 늙으며	松柏何時老
마름과 연꽃은 그 몇 해나 지냈는고	菱荷幾歲經
깊은 가을에 백발만 남아 있으니	窮秋存白首
평생의 뜻 저버린 걸 깊이 깨닫겠네[721]	深覺負平生

717 회상하건대……않았었네 : 노선생(老先生)은 신잠이다. 신잠은 1554년(명종9)에 죽었다. 이때가 1568년(선조1)으로 그가 죽은 지 15년이 된다.

718 처량하여라 산천은 수려하거니와 : 계절이 늦가을이기 때문에 한 말이다. 전국시대 초(楚)나라의 문인 송옥(宋玉)이 일찍이 가을을 슬퍼하는 뜻으로 〈구변(九辯)〉을 노래한 데서 온 말이다. 51쪽 주93 참조.

719 편안도 하여라 : 고을 이름이 화령(化寧)이기 때문에 이렇게 말한 것이다.

720 아무 언덕 : 한유(韓愈)의 〈송양거원소윤서(送楊巨源少尹序)〉에 "아무 나무는 우리 선인께서 심은 것이요, 아무 물, 아무 언덕은 내가 어렸을 때에 낚시질하며 놀던 곳이다.〔某樹, 吾先人之所種也; 某水某丘, 吾童子時所釣遊也.〕"라고 하였다. 《五百家註昌黎文集 卷21》

721 깊은……깨닫겠네 : 두보(杜甫)의 〈정월삼일귀계상유작간원내제공(正月三日歸溪上有作簡院內諸公)〉 시에 "백발 나이로 막부엘 쫓아가노라니, 평생의 뜻 저버린 걸 깊이 깨닫겠네.〔白頭趨幕府, 深覺負平生.〕"라고 하였다. 《杜少陵詩集 卷14》

근심 속에 앉아서 읊다

憂坐

하늘은 끝내 내게서 앙화를 거두지 않아	天意其終不悔予
짐짓 기쁨 슬픔[722]을 드러내게 하누나	故教榮戚竝形於
부모 병환은 종심 이후로 정히 걱정되는데	正憂親瘽從心後
임금 은총은 즉위 초에 특별히 입었도다	特荷君恩嗣服初
철석간장 충정을 남김없이 피력하여	瀝得石肝千點血
다섯 봉의 사직소를 대궐에 올리었네	裁成金闕五封書
종래엔 군친의 변고에 대처하듯[723]	向來似處君親變
이십여 년을 세 곳에 갇혀만 있었노라[724]	只爲三囚廿載餘

722 기쁨 슬픔 : 기쁨은 새로 즉위한 임금이 소재에게 사면과 관직을 제수하는 등의 특별한 은총을 내린 데 대하여 한 말이고, 슬픔은 어버이에게 병환이 있음을 말한 것이다.

723 군친(君親)의 변고에 대처하듯 : 정상적으로 벼슬살이를 할 수 없었음을 의미한 듯하다.

724 세……있었노라 : 소재가 처음엔 순천(順天)에 유배되었다가 다음엔 진도(珍島)로 이배(移配)되었고, 마지막으로 괴산으로 이배되어 모두 세 군데서 유배 생활을 한 것을 가리킨다.

노음산[725]을 생각하다

懷露陰山

조석간(趙石磵)이 여기에 우거하면서 거짓 미치광이 행세를 하였다. 우연히 지지(地志)를 열람하다가 느낌이 있어 쓰다.

노음산이 어디쯤에 있었던가	何許露陰山
상주 서쪽으로 십 리쯤인데	州西十里間
소 타고 돌 계곡 길 지날 적에는	騎牛石磵逕
오직 한가함을 달과 함께하였네	惟有月同閑

725 노음산(露陰山) : 상주(尙州)에서 서쪽으로 10리쯤에 있는데, 서로악(西露岳)이라고도 한다. 북석악(北石岳), 남연악(南淵岳)과 함께 상산삼악(商山三岳)이라고도 일컫는다.

성덕에 관한 일을 기록하다

紀聖德事

간사하고 아첨한 자를 죽은 뒤에 처벌한 일[726]을 가리킨다. ○'성(聖)'이 다른 본에는 '성(盛)'으로 되어 있다.

융경 이 년이요 성상의 원년이라	二年隆慶上元年
구월 하순 어느 날 밤 전교를 내리시어	九月終旬一夜傳
큰 성인이 큰 정사를 행하셨으니	大聖人爲大政事
낼 아침엔 밝은 태양 청천에 떠오르리	明朝白日上青天

726 간사하고……일 : 1568년(선조1) 9월 22일 군신간의 원만한 논의 끝에 마침내 죽은 남곤(南袞)에 대한 처벌을 내린 조치를 말한다. 《宣祖實錄 1年 9月 22日》

정사의 '11월 초하루에 조서를 내려 의례를 마치고 기쁨을 기록하다.'라는 제목의 시에 차운하다

次正使暢月朔日宣詔禮成志喜韻

살펴보건대 임신년(1572, 선조5) 11월 한림학사(翰林學士) 한세능(韓世能), 이과급사중(吏科給事中) 진삼모(陳三謨)가 와서 만력황제(萬曆皇帝)[727]의 등극조(登極詔)를 반포하였는데, 이때 선생이 관반(館伴)이 되었다. 이로부터 아래로 14수는 관반록(館伴錄)에 속한다.

만백성의 태평 구가 새 황제를 떠받들고　謳歌顒望拱新皇
조서 내려 은택 펴서 옛 법도를 빛내도다　誥諭覃恩煥舊章
예법은 후영 위시하여 몸 갖춰야 하거니와[728]　禮始候迎須備體
음악은 조서 선포 따라 절로 법도 이루었네　音隨宣布自成方
향 연기는 모락모락 용연[729] 기운 피어오르고　爐煙裊上龍涎氣
궁선은 맑은 하늘에 치미 광채 펼치도다[730]　宮扇晴開雉尾光

727 만력황제(萬曆皇帝) : 명 신종(明神宗)을 가리킨다.

728 예법(禮法)은……하거니와 : 후영(候迎)은 본국에 오는 빈객을 기다리고 영접하는 일을 말한다. 몸〔體〕을 갖춘다는 것은 《예기》 〈예기(禮器)〉에 "예라는 것은 사람의 몸과 같은 것이다. 신체가 불구이면 군자는 사람의 몸이 온전하지 못하다고 말한다.〔禮也者, 猶體也. 體不備, 君子謂之不成人.〕"라고 하였다.

729 용연(龍涎) : 용연향(龍涎香)이다. 수컷 향유고래의 토사물에서 추출한다.

730 궁선(宮扇)은……펼치도다 : 궁선은 의장(儀仗)의 일종으로, 제왕(帝王)이 사용하던 먼지를 막기 위한 장선(障扇)을 말한다. 치미(雉尾)는 꿩의 꽁지깃이다. 이것으로 궁선을 장식한다. 두보(杜甫)의 〈추흥팔수(秋興八首)〉에 "구름이 치미에 옮겨 가니 궁선이 열린다.〔雲移雉尾開宮扇.〕"라고 하였다. 《杜少陵詩集 卷17》

모두가 성명께서 뒤이어 비췄기에[731] 摠爲聖明方繼照
하늘 명령 사람의 일 끝없이 영원하리 天時人事共靈長

731 모두가……비췄기에 : 뒤이어 비췄다는 것은 《주역》 〈이괘(離卦) 상(象)〉에 "밝음이 둘인 것이 이가 되니, 대인이 이것을 보아서 밝음을 이어 사방을 비추느니라.〔明兩作離, 大人以繼明照于四方.〕"라고 한 데서 온 말로, 태자가 천자의 밝은 덕을 계승한다는 의미이다. 명 신종이 새로 천자의 자리에 오른 것을 가리킨다.

'조서 선포의 예를 마치자 국왕이 만류하여 근정전에서 관대해 주었는데 문밖으로 전송 갈 때에 갠 하늘에서 갑자기 눈송이 두어 점이 날리다.'라는 제목의 시에 차운하다
次宣詔禮成國王留款勤政殿送出門外時晴空忽飛雪數點韻

손님 자리 질서 정연해라 준동임을 알거니와[732]	賓筵秩秩解尊東
삼라만상 그 모두가 덕화의 품 안에 들었도다	物象森森盡下風
별관에 추위 깊을 제 옥절은 돌아가려 하고[733]	別館寒重歸玉節
존엄한 뜰에 해 짧은데 아숭을 철수하였네[734]	嚴庭日短撤牙崇
조서 밝게 빛나라 부고에 막 갈무리했는데	芝綸焜燿初藏府
버들개지 흩날려라 공중 가득 메울 듯하네	柳絮飄揚欲滿空

732 손님……알거니와 : 손님 자리가 질서 정연하다는 것은《시경》〈소아(小雅) 빈지초연(賓之初筵)〉에 "손님이 처음 자리에 나갈 때에, 좌우가 질서 정연하다.〔賓之初筵, 左右秩秩.〕"라고 한 데서 온 말이다. 준동(尊東)은 술병의 동편이란 뜻으로,《의례(儀禮)》〈향사례(鄕射禮)〉에 "유사가 술병의 동편에 대부를 위하여 자리를 깔고 나면 주인과 대부가 함께 당에 오르되, 대부는 주인이 잔 씻은 데 대하여 절하지 않고, 주인은 잔 가득히 술을 따라서 대부의 자리로 가서 대부에게 바친다."라고 하였다. 우리 조정에서 칙사를 접대함에 있어 의례대로 행하였다는 뜻이다.

733 별관(別館)에……하고 : 별관은 칙사가 묵고 있는 객관을 말하고, 옥절(玉節)은 칙사가 소지한 옥으로 만든 부절(符節)을 가리킨다.

734 아숭(牙崇)을 철수하였네 : 아숭은 숭아(崇牙)와 같은 뜻으로 종(鍾), 경(磬) 등 악기를 거는 틀이다.《시경》〈주송(周頌) 유고(有瞽)〉에 "업을 설치하고 종경 틀을 설치하니, 숭아에 깃털을 꽂았도다.〔設業設虡, 崇牙樹羽.〕"라고 하였다. 본국으로 돌아가는 칙사를 위해 음악을 연주하려고 설치했던 것을 철수한다는 뜻이다.

앞으로 점차 푸른 산천 상서론 기운 펼치리니	從此葱葱佳氣轉
이내 소신은 다시 풍년을 기원할 것도 없다오	小臣無復願年豐

정사의 '국왕이 경회루로 초치해 앉히고 인하여 시한[735]을 요구하므로 이 시를 바치다.'라는 제목의 시에 차운하다

次正使國王邀坐慶會樓因索詩翰呈此韻

에워싼 산세는 높은 봉우리가 첩첩이요	四圍山勢積岧嶢
일백 이랑 못물 빛은 은하에 연접하누나	百頃池光接漢霄
날 듯한 화려한 누각 밝은 태양에 가직하고	飛出瓊樓白日近
내려다보이는 봉래도는 붉은 놀이 아스라하네	俯臨蓬島赤霞遙
구봉의 신선 행차 생소 불며 내려오매[736]	緱峯仙馭笙初下
낭원의 향기론 바람 계수에서 풍기었지[737]	閬苑香風桂已飄
사명 받든 만리 행차 약속이 엄중한 거라	萬里王程有嚴束
귀한 손 만류해 오늘 아침을 길게 하지 못하네[738]	不將嘉客永今朝

735 시한(詩翰) : 자필로 쓴 자작시를 말한다.

736 구봉(緱峯)의……내려오매 : 구봉은 구지산(緱氏山)으로, 구지산과 생소에 관한 고사는 125쪽 주307 참조. 만력황제(萬曆皇帝)의 등극을 선인(仙人)의 하강에 빗대서 한 말인 듯하다.

737 낭원(閬苑)의……풍기었지 : 낭원은 곤륜산(崑崙山) 꼭대기에 있는 낭풍전(閬風巓)이란 선경(仙境)을 말하고, 한림원(翰林院)의 별칭으로도 쓰인다. 등극조(登極詔)를 받들고 조선에 온 칙사 한림학사(翰林學士) 한세능(韓世能) 등의 인품을 찬미한 말이다.

738 귀한……못하네 : 《시경》〈소아(小雅) 백구(白駒)〉에 "깨끗한 저 흰 망아지가, 밭곡식 먹었다고 핑계 대고, 발과 가슴을 얽어매 놓고, 오늘 아침을 길게 늘여서, 귀한 우리 이 손님을, 더 놀다 가시게 하리라.〔皎皎白駒, 食我場苗. 縶之維之, 以永今朝. 所謂伊人, 於焉逍遙.〕"라고 하였다. 떠나는 칙사와의 이별을 아쉬워하는 뜻이다.

정사의 '사명을 받들고 조선에 온 지 3일 만에 선성의 문묘를 알현하고 명륜당으로 물러 나와서 제생들과 상견례를 갖고 이 시를 남겨 주었다. 홍산 선생[739]의 운을 사용하였다.'라는 제목의 시에 차운하다

次正使奉使至朝鮮三日謁宣聖廟退於明倫堂與諸生相見留此用鴻山先生韻

선사 알현하는 데는 예의 넉넉하였고	謁罷先師禮有餘
하사에게도 성심 다해 돌아보며 배회하였네	推誠下士眷躊躇
교화가 골고루 미친 것이 아니라면	不緣聖化能覃被
문풍이 먼 데까지 펴지게 할 수 있으랴	那使文風得遠舒
청아에 팔교 펼 제 군자 뵈어 즐거웁고[740]	八敎菁莪君子樂
양재엔 현송 울려라 장부[741]들이 거처하누나	兩齋絃誦丈夫居

739 홍산(鴻山) 선생 : 명(明)나라 화찰(華察)의 호이다. 화찰은 무석인(無錫人)으로 자는 자잠(子潛)이다. 1526년(중종21) 진사(進士)에 급제한 이후 여러 관직을 거쳐 시독학사(侍讀學士), 장남경한림원(掌南京翰林院) 등을 역임하였다. 시에 능하였고, 저서로 《암거고(巖居稿)》, 《한림고(翰林稿)》, 《황화집(皇華集)》 등이 있다. 《明史 文苑列傳 華察》

740 청아(菁莪)에……즐거웁고 : 청아는 《시경》 〈소아(小雅)〉의 편명인 〈청청자아(菁菁者莪)〉의 약칭으로, 빈객에게 연회를 베푸는 자리에서 불렀던 노래이다. 팔교는 기자(箕子)가 조선에 와서 인민(人民)을 교화하기 위해 만들었다는 팔조교(八條敎)이다. 여기서는 아마도 이곳이 태학(太學)이기 때문에 태학생(太學生)에게 가르치던 《대학(大學)》의 팔조목(八條目)을 지칭한 듯하다.

741 장부(丈夫) : 성균관 유생(儒生)을 말한다.

전수해 준 심법[742]이 무엇인고 하면	相傳心法知何在
다름 아닌 정허[743]라고 제생에게 말해 주었네	說與諸生是靜虛

742 전수해 준 심법(心法) : 요(堯), 순(舜), 우(禹)가 서로 선위(禪位)할 적에 전수한 16자 조언으로 "인심은 위태롭고 도심은 은미하니, 정밀하고 전일하게 하여 진실로 그 중을 잡으라.〔人心惟危, 道心惟微, 惟精惟一, 允執厥中.〕"라고 한 말을 가리킨다. 《書經 大禹謨》

743 정허(靜虛) : 청정무욕(淸淨無欲)으로, 이것이 심법의 요체가 된다는 말이다. 성인을 배울 수 있는가 하는 질문에 염계 선생이 "욕심이 없으면 정할 때는 마음이 텅 비고, 동할 때는 곧은 것이다. 정할 때에 마음이 비면 밝아지고 밝으면 통하며, 동할 때에 곧으면 공정해지고 공정하면 넓어진다. 밝고 통하고 공정하고 넓어지면 성인이 거의 될 것이다.〔無欲則靜虛動直. 靜虛則明, 明則通; 動直則公, 公則溥. 明通公溥, 庶矣乎.〕"라고 하였다.《近思錄 存養》

정사의 '한강의 누각에 오르다.'라는 제목의 시에 차운하다

次正使登漢江韻

돌아가는 길에 동파관(東坡館)에 이르러 기록하여 보여 주었다.

도도히 흐르는 한강 가에서 놀이를 하노라니　江漢滔滔作上游
단청 빛 은은하여라 높은 누각 덩그렇네　丹青隱隱起高樓
지평면에 멀리 울려온 메아리는 항상 웅장하고　地平遠響來常壯
넓은 하늘에 짙은 구름 걷히질 않누나　天闊層陰結不收
흥취의 방일함은 왕래함에 만족했거니와　興任往還眞自得
예의 깍듯한 응대엔 모욕할 자 없었지　禮容酬酢肯相羞
은구와 옥운을 어두운 밤에 던져 주니[744]　銀鉤玉韻還投暗
나도 몰래 깜짝 놀라 진땀이 갖옷을 적셨네　不覺驚人汗透裘

744 은구(銀鉤)와……주니 : 은구는 '은 갈고리'라는 뜻으로, 자획이 아름다우면서도 굳세고 힘찬 서법을 일컫는다. 옥운(玉韻)은 상대방의 시문에 대한 미칭이다. 백거이(白居易)의 〈장발락중왕영호상공수찰겸욕이편총행이장구답지(將發洛中枉令狐相公手札兼辱二篇寵行以長句答之)〉 시에 "옥운을 잠깐 들으매 능히 술을 깰 만하고, 은구를 자세히 읽으니 낯을 활짝 펼 만하구려.〔玉韻乍聽堪醒酒, 銀鉤細讀當披顔.〕"라고 하였다. 《白樂天詩後集 卷8》 어두운 밤에 던져 준다는 것은 《사기(史記)》 〈추양열전(鄒陽列傳)〉에 "신은 들으니, 명월주나 야광벽을 어두운 밤 길가는 사람에게 던져 주면 칼을 어루만지며 노려보지 않을 사람이 없다고 합니다. 왜냐하면 까닭 없이 보물이 앞에 이르기 때문입니다.〔臣聞明月之珠、夜光之璧以闇投人於道路, 人無不按劍相眄者. 何則? 無因而至前也.〕"라고 하였다. 상대방의 시가 하도 아름다워서 깜짝 놀랐다는 의미이다.

부족한 내가 칙사를 접반하게 되어 날마다 존안을 뵈면서 모시게 되니, 기쁨을 형용할 데가 없었다. 칙사가 돌아갈 수레에 서둘러 기름 치고 정비하는 것을 보니, 이별의 슬픔을 감당할 수 없어 감히 근체시 2수를 지어 기록하여 경당대인[745]께 바쳐서 바로잡아 주기를 바라는 바이다

鄙人獲忝陪侍日覿淸眄得御之喜所難喩也歸輦催脂不勝黯然敢掇近體二首錄呈敬堂大人斤正

공경이란 어떤 형태인가	不知爲敬有何形
일개영[746]을 거두어 간직하는 것이리라	恐只收將一箇靈
광명[747]함에서 점차로 안을 바룰 수 있나니	漸自光明能內直
끌어 일으켜 정신을 깨도록 요할 것 없고말고[748]	未容提掇要神惺

745 경당대인(敬堂大人) : 이때 칙사로 온 정사(正使) 한세능(韓世能)의 호일 듯하나 달리 확인할 수가 없다.

746 일개영(一箇靈) : 일개영명(一箇靈明)의 약칭으로 마음을 가리킨다. 왕수인(王守仁)의 《전습록(傳習錄)》 권하(卷下)에 "선생이 이르기를 '사람은 또 무엇을 마음이라 하는가?' 하자, 대답하기를 '다만 이 일개영명한 것을 이른 말입니다.' 하였다.〔先生曰: "人又甚麽叫做心?" 對曰: "只是一箇靈明."〕"라고 하였다.

747 광명(光明) : 마음의 밝은 작용을 말한다. 《전습록》 권하에 "혹자가 묻기를 '근래에 공부를 하면서 또한 망념이 생기지 않음을 자못 깨달았습니다. 다만 가슴속이 밝지 않고 흐리멍덩할 뿐이니, 어떻게 하여 광명을 얻어야 할지 모르겠습니다.'라고 하자, 선생이 이르기를 '처음 공부를 시작하는 처지에 어떻게 가슴속이 광명함을 얻을 수 있겠는가.……너는 다만 중요한 것이 양지상(良知上)에서 공부를 하는 데에 있으니, 양지상에서의 공부를 오래오래 쌓아 가면 흐리멍덩했던 가슴속이 절로 광명해질 것이다.' 하였다."라고 하였다.

중국 배워 성인의 도 전수할 이 누구인가　誰人北學堪傳受
우리의 도가 동으로 온 게 이것이 전형이라오　吾道東來是典刑
공자 안자가 참으로 도를 즐기던 곳엔　想得孔顔眞樂地
조화의 근원이 도도히 흘러 멈춘 적이 없었으리　天機袞袞不曾停

만호후가 당신을 한번 아는 것만 하리오[749]　萬戶何如一識君
덕스런 용모 어디서나 절로 맑고 온화하네　德容隨處自淸溫
태산북두의 고상한 명망 당세를 압도하고[750]　斗山雅望傾當世
높은 자품 묘사하는 건 후손에게 달려 있으리　描畫高姿在後昆
중흥의 호칭을 한택목에게 돌리려 하는가[751]　肯把中興歸擇木

748 끌어……없고말고 : 끌어 일으킨다는 것은, 주희(朱熹)가 이르기를 "초학자가 처음 공경을 가져 지키려고 할 때에는 모름지기 힘써 하되, 조금이라도 놓아 버림이 있음을 깨달았거든 곧 거두어들이고 끌어 일으키면 공경이 바로 그 가운데 있게 된다."라고 한 데서 온 말이다. 《心經附註 卷3 牛山之木章》 다만 소재는 굳이 그럴 필요가 없다고 주희와 견해를 달리하였다.

749 만호후(萬戶侯)가……하리오 : 이백(李白)이 자기를 천거해 달라는 뜻으로 형주자사(荊州刺史)로 있던 한조종(韓朝宗)에게 보낸 편지 〈여한형주서(與韓荊州書)〉에서 "태어나서 만호후에 봉해지기는 굳이 원치 않고 다만 한 형주를 한번 알기를 바랄 뿐이다.〔生不用封萬戶侯, 但願一識韓荊州.〕"라고 하였다. 《李太白文集 卷25》 한세능 성이 한씨이기 때문에 그의 문장과 인품을 한조종에 빗대서 한 말이다.

750 태산북두(泰山北斗)의……압도하고 : 태산북두는 《신당서(新唐書)》 〈한유전찬(韓愈傳贊)〉에 "한유가 작고한 뒤로 그의 말이 크게 행해져서, 학자들이 그를 태산북두처럼 우러러 받들었다."라고 한 데서 온 말이다. 한세능의 인품과 문장을 성이 같은 한유에 빗대서 한 말이다.

751 중홍의……하는가 : 한택목(韓擇木)은 당(唐)나라 창려인(昌黎人)이다. 중흥(中興)의 호칭은 두보(杜甫)의 〈이조팔분소전가(李潮八分小篆歌)〉의 주(註)에 한택

연구를 가지고 헌원과는 겨루지 말아야겠네[752]	休將聯句鬪軒轅
내일은 광활한 대지 천 리 먼 길을 돌아가리니	明朝汗漫還千里
황곡은 예로부터 한두 번씩 높이 나는 거라오[753]	黃鵠由來一再騫

목은 팔분서(八分書)를 잘 썼는데, 후한(後漢)의 명필 채옹(蔡邕)의 서법(書法)을 본받았으므로 세상에서 그를 '백개중흥(伯喈中興)'이라 호칭했다고 한 데서 온 말로, 채옹의 서법이 다시 나왔다는 뜻이다. '백개중흥'이란 호칭이 한택목보다는 칙사인 한세능에게 더 걸맞다는 뜻이다.

752 연구(聯句)를……말아야겠네 : 헌원(軒轅)은 형산(衡山)의 도사(道士) 헌원미명(軒轅彌明)을 가리킨다. 헌원과 연구에 대해서는 138쪽 주345 참조. 헌원미명과 같은 한세능과는 연구를 겨룰 수가 없다는 뜻이다.

753 황곡(黃鵠)은……거라오 : 황곡은 69쪽 주140 참조. 한세능의 청운의 뜻을 높이 나는 황곡에 빗대서 한 말이다.

부족한 내가 수일 동안 따라 노닐면서 등용문의 행운을 감당치 못했는데, 행차가 돌아가는 이때 이별의 슬픔이 갑자기 더해지므로 삼가 근체시 2수를 받들어 기록하여 금강대인[754]께 바치면서 황공해하는 바이다

鄙人數日攀遊不勝登門之幸玆當回御別思遽劇謹奉近體二首錄呈錦江大人惶恐

금강 앞에 비추던 하나의 덕성[755]이	錦水前頭一德星
멀리 북두 따라 동해로 내려왔네[756]	遙從北斗下東溟
누각에 누워서는 스스로 호기를 없앴거니와[757]	臥樓却自除豪氣

754 금강대인(錦江大人) : 칙사의 부사(副使)인 진삼모(陳三模)의 호일 듯하나 확인할 수 없다. 금강은 진삼모의 고향으로 추측되는 촉(蜀) 지방의 금강을 말한다.

755 덕성(德星) : 경성(景星), 세성(歲星) 등을 일컫는데, 현인이 세상에 나왔을 때 나타난다고 한다. 여기서는 현사(賢士)인 진삼모를 가리킨다.

756 북두(北斗)……내려왔네 : 진삼모가 정사(正使) 한세능(韓世能)을 따라 조선에 왔다는 뜻이다. 성이 한씨(韓氏)인 한세능을 일찍이 태산북두(泰山北斗)로 일컬어졌던 한유(韓愈)에 빗대서 한 말이다.

757 누각(樓閣)에……없앴거니와 : 삼국(三國) 시대 위(魏)나라 허사(許汜)가 일찍이 유비(劉備), 유표(劉表)와 함께한 자리에서 천하의 인물을 논하였다. 허사가 진등(陳登)을 가리켜 아직 호기를 제거하지 못했다고 하면서 하는 말이, 난리 때 그를 만났는데, 그가 자신을 손님으로 대접하는 뜻이 없어 한참 동안 서로 말하지 않다가, 그는 높은 와상으로 올라가 눕고 자신은 아래 와상에 눕게 하였다고 하였다. 그러자 유비가 말하기를 "그대는 국사의 명망을 지닌 사람이다. 지금 천하가 크게 어지러워 임금이 처소를 잃은 판이라, 그대에게 오직 나라를 걱정하고 자신을 잊어서 온 세상을 구제할 뜻이 있기만을 바랐다. 그런데 그대는 전답이나 살 집을 구하고 다닐 뿐 아무런 채택할

걸상은 걸었어라 그 누가 지령을 허여해 줄꼬[758] 懸榻將誰許地靈
만남에 느꺼울 땐 청조신을 읊조리고 感遇時吟青鳥信
잠에서 깨고서도 백운경을 품에 안았네[759] 破眠還抱白雲經
풍류와 문장이 참으로 좌중을 놀래킬 만한데 風流文采眞驚座
먼 나라에 빌려주어 훌륭한 명성 전파하였네 與借遐邦播勝馨

하늘 끝 눈서리가 봉래산 곤륜산 가득할 제[760] 天涯霜雪滿蓬崙
바라보매 우뚝하여 잊을 수가 없도다[761] 瞻望巖巖不可諼
높은 명성은 태양 가의 성상 밖에 있고[762] 名在日邊星象表

만한 말이 없었으니, 원룡이 이것을 꺼렸던 것이다. 어찌 그대와 말할 가치가 있었겠는가. 나 같았으면 자신은 백척루 위로 올라가 눕고 그대는 땅바닥에 눕게 했을 것이다."라고 하였다. 《三國志 魏書 陳登傳》 진삼모를 천하의 명사(名士)였던 진등에 비유하면서도 그가 진등처럼 호기는 부리지 않았다는 뜻이다.

758 걸상은……줄꼬 : 걸상은 20쪽 주4 참조. 지령(地靈)이란 산천토지(山川土地)의 영수(靈秀)한 기운이다. 《古文眞寶 後集 卷2 滕王閣序》 서유(徐孺)는 서치(徐穉)의 자가 유자(孺子)이므로 그의 자를 줄여서 일컬은 말이다. 진번이 서치에게 한 것과 같은 특별한 대접을 자신은 진삼모에게서 받을 자격이 안 된다는 겸사이다.

759 백운경(白雲經)을 품에 안았네 : 옛 사람들의 시에 '백운을 안고 잔다.〔抱白雲眠〕'라는 구절을 다수 볼 수 있는데, 모두 은자(隱者)의 생활을 의미한다. 여기서는 칙사의 부사인 진삼모를 지칭한 것인지 자세하지 않다. 그리고 '백운경(白雲經)'의 경(經)도 서적을 의미하는지 자세하지 않다.

760 하늘……제 : 봉래산(蓬萊山)은 조선에 있다는 삼신산(三神山) 가운데 하나이고, 곤륜산(崑崙山)은 중국에 있는 신산(神山)이다. 이 두 곳에 눈이 가득하다는 것은 이때 조선과 중국이 똑같이 엄동설한을 만났으므로 한 말이다.

761 바라보매……없도다 : 우뚝하다는 것은 사신(使臣)의 인품을 높여 이른 말이고, 잊을 수 없다는 것은 떠나는 사신을 아쉬워하는 말이다.

762 높은……있고 : '태양 가'는 제왕(帝王)의 좌우를 가리키고, 성상(星象)은 수많은

정신은 요동 바다 구름 기슭에서 노닐었네[763]	神遊遼左海雲根
술을 대해선 빗장을 던지려 할 것 없었거니와[764]	對罇不用謀投轄
시구를 사색함엔 어찌 문 닫은 적이 있던가[765]	覓句何曾待閉門
흥겨웠다 홀쩍 떠나고 나면 묵은 자취 되리니	乘興翩然便陳迹
한단일침몽을 몇 번이나 놀라 깰런고[766]	邯鄲一枕幾驚魂

조관(朝官)을 성체(星體)의 현상에 빗대서 한 말이다. 중국 사신의 명성이 조관들 중에 우뚝하다는 뜻이다.

763 정신(精神)은……노닐었네 : 중국 사신이 조선에 와서 지낸 것을 이른 말이다.

764 술을……없었거니와 : 한(漢)나라 때 진준(陳遵)이 매양 빈객들을 당(堂)에 가득히 초청해서 연음(宴飮)을 베풀 때마다 대문을 걸어 잠그고 빈객들의 수레 빗장을 뽑아 우물에 던져 버리곤 하였다.《漢書 遊俠傳 陳遵》 중국 사신들에게 주연을 베풀 때마다 수레 빗장까지 우물에 던져서 붙잡을 일은 없었다는 뜻이다.

765 시구(詩句)를……있던가 : 문을 닫고 시구를 사색한다는 것은 진사도(陳師道)는 시를 지을 때 와상으로 올라가 이불을 끌어다 덮고는 한참 동안 끙끙거리다가 갑자기 놀란 표정으로 일어나서 붓을 가져다 신속히 써 내려갔다고 한다.《却掃編 卷中》 중국 사신은 괴로이 사색하지 않고도 시를 잘 지었다는 뜻이다.

766 한단일침몽(邯鄲一枕夢)을……깰런고 : 한단일침몽은 한단몽(邯鄲夢)과 같은 뜻으로, 75쪽 주161 참조. 중국 사신이 떠난 뒤에도 늘 그리워하는 마음에 꿈을 자주 꾸게 될 것이라는 뜻이다.

정사가 동지일에 태평관에서 지은 시에 차운하다 2수
次正使至日太平館作韻 二首

선경 같은 높은 관사에서 태평을 경하하여라　高館仙居慶太平
깊은 땅속에서 한 양기가 막 생긴 때[767]이로다　窮泉陽德屬初生
왕래함에 이험을 느끼는 건 고금인의 뜻이요[768]　往來夷險古今意
부앙함에 소식영허하는 건 천지의 뜻이로다[769]　俯仰盈消天地情
고상한 시가는 뛰어나 서로 다퉈 칭상케 하건만　逸韻駸駸容競賞
거친 내 문장은 어두워 화답한 게 참람되구려　荒詞昧昧僭相賡
마시던 중 이별한 뒤로는 전혀 즐거운 일 없어　飮中別後渾無賴
사람 만나면 이번 사행의 일만 말할 줄 안다오　唯解逢人說此行

험난한 길 머나멀고 저녁 구름 질펀한데　關山迢遞暮雲平
이로부터 이별하면 이번 생엔 끝이라네　此別應知隔此生
성 위 날던 까마귀는 거의 다 돌아가고　城上飛鴉歸欲盡
연석 가의 흐르는 물 무심히도 가는구나　席邊流水去無情
남의 옥저 탐한들 어찌 사들일 수 있으랴[770]　貪人玉筯那堪買

767 한……때 : 한 양기가 처음 생기는 동지(冬至)를 말한다. 《禮記 郊特牲》

768 왕래(往來)함에……뜻이요 : 먼 길을 왕래하면서 고금인(古今人)이 똑같이 평탄함과 험난함을 겪는다는 뜻이다.

769 부앙(俯仰)함에……뜻이로다 : 부앙은 일거일동(一擧一動), 동정(動靜)의 뜻이고, 소식영허(消息盈虛)는 모든 사물의 변화를 말한다. 《주역》 〈박괘(剝卦) 단(彖)〉에 "군자가 소식과 영허를 숭상하는 것이 천도이다.〔君子尙消息盈虛, 天行也.〕"라고 하였다.

빈 골짝에 황금을 던져라 감히 화답 못 하겠네[771] 擲牝黃金不敢賡
덧없는 세상 예부터 만남 이별 허다커니 浮世從來多聚散
상심되어라 오직 달과 함께 갈 뿐이로다 傷心唯有月同行

770 남의……있으랴 : 옥저(玉筯)는 옥으로 만든 젓가락 또는 서체 가운데 전서(篆書)의 일종인 옥저전(玉筯篆)을 가리키기도 한다. 남이 소유한 것은 아무리 탐내도 얻을 수 없다는 뜻으로, 소재가 중국 사신의 문장을 아주 훌륭하게 여긴다는 겸사이다.

771 빈……하겠네 : 한유(韓愈)의 〈증최입지평사(贈崔立之評事)〉 시에 "가련타 쓸데없이 정신만 허비하여 텅 빈 골짜기에 황금을 던져 놓은 듯하네.〔可憐無益費精神, 有似黃金擲虛牝.〕"라고 하였다. 《五百家注昌黎文集 卷4》 아무리 노력해 봐도 헛수고만 할 뿐 중국 사신의 문장 수준을 따를 수가 없다는 겸사이다.

돌아가는 행차를 바라보면서 나의 진정을 문장에 드러내어 두 대인 선생에게 바치다

奉瞻行軒情見于辭呈兩大人先生

황제의 조서는 기자 조선에 후히 내리었고	聖詔優箕壤
칙사의 깃발은 어쩌다 한성에 왕림했는데	華旌少漢城
오늘 아침엔 명협 아홉 잎이 터 나왔고[772]	今朝九蓂吐
어젯밤엔 하나의 양기가 생겨났었지[773]	昨夜一陽生
나그네 꿈은 난액으로 돌아갈 게고[774]	客夢歸鸞掖
고향 생각은 역정을 낱낱이 세리	鄕心數驛程
선비 좋아해 소박한 예 용납해 주고	好儒容薄禮
풍속 자문했으니 태평터라 아뢰겠지[775]	問俗報昇平
모시게 되어서는 온 조정이 다 기뻤고	得侍同朝喜

772 오늘……나왔고 : 이날이 바로 동짓달 초아흐레였음을 의미한다. 명협(蓂莢)은 168쪽 주417 참조.

773 어젯밤엔……생겨났었지 : 어제는 동짓달 초여드레를 말한 것으로, 이해에는 동짓달 초여드렛날 밤중에 동지가 들었다.

774 나그네……게고 : 나그네는 중국 사신을 가리키고, 난액(鸞掖)은 천자(天子)의 궁전을 지칭한다.

775 풍속……아뢰겠지 : 풍속을 자문했다는 것은 《시경》〈소아(小雅) 황황자화(皇皇者華)〉에 "부지런히 달리는 사나이는, 행여 못 미칠까 염려하도다.……이리저리 채찍질하여 달려서, 두루 찾아서 자문을 하도다.〔駪駪征夫, 每懷靡及.……載馳載驅, 周爰咨詢.〕"라고 하였다. 중국 사신이 사명을 받들고 조선에 나왔으니만큼, 조선의 풍속을 자문하여 알고 돌아가서는 반드시 황제께 조선이 태평하더라고 아뢸 것이라는 뜻이다.

기쁜 안색 받든 이 몸 영광이었네[776]	承歡此老榮
하늘과 땅처럼 멀리 헤어지고 나면	雲泥相望逈
맞고 보내는 일 더는 없겠구려	無路更將迎

776 기쁜……영광이었네 : 소재가 중국 사신을 잘 접대함으로써 중국 사신이 기쁜 안색으로 대해 준 것을 이른 말이다.

부사가 준 시에 차운하다

次副使贈韻

돌아갈 행차를 바라보니 문득 하늘과 땅처럼 현격하게 멀어지는 느낌이 들어 수일 동안 우울하게 지내고 있었다. 그러던 차에 부쳐 화답해 준 시 한 장을 갑자기 받아 보니, 친절히도 나를 생각해 주었다. 부족한 내가 어떻게 이런 대접을 받을 수 있단 말인가. 시문의 거칠고 졸렬함은 생각하지 않고 즉시 고상한 시에 차운하여 삼가 돌아가는 사람을 통해 이 해외 인사의 구구한 생각을 부치는 바이다.

예로부터 큰 즐거움 새로 아는 것[777]인데	從來莫樂是新知
광활한 천지간에 만남 또한 한때이리라	四海相逢亦一時
관사의 문후 땐 해진 옷 고치길 감히 노래하련만[778]	館候敢歌衣敝改
저력의 자질로 공연히 계수나무 곁에 끼었었네[779]	樗材空傍桂林枝

777 새로 아는 것 : 부사(副使) 진삼모(陳三模)와 새로 알게 된 것이 더없이 즐거운 일이라는 뜻이다. 새로 아는 것에 대해서는 185쪽 주463 참조.

778 관사(館舍)의……노래하련만 : 《시경》 〈정풍(鄭風) 치의(緇衣)〉에 "당신의 검은 옷이 잘도 어울리네, 해지면 내가 또 새로 기워 주리라."라고 하였는데, 정(鄭)나라 환공(桓公), 무공(武公) 부자가 연이어 주(周)나라 사도(司徒)가 되어 직임을 잘 수행하므로, 정나라 사람이 그 덕을 찬양하여 친애하는 정을 노래한 시이다. 진삼모를 정나라 환공, 무공과 같은 현상(賢相)에 빗대서 한 말이다.

779 저력(樗櫟)의……끼었었네 : 자신이 재능이 부족한데도 훌륭한 분의 곁에 끼어 있었다는 겸사이다.

주미 휘두르며 통역 통해 얼마나 감탄했던가[780]	幾歎揮麈憑人舌
생각 대신 목도 같은 시 던진 게 부끄럽구려[781]	終愧投桃代臆詞
백 척 누각 앞에서 자주 서글피 보노라니	百尺樓前頻悵望
석양 내린 서쪽 길에 사신 수레만 달리는구나	夕陽西路但星馳

서쪽 소식을 내게 이내 알려 와서	西音旋報小儒知
운전[782]을 펴 놓고 한번 읽어 보는 때로다	一展雲牋一讀時
부족한 나는 뇌의의 교칠에 부합키 어렵지만[783]	鄙分難投雷義漆
새로운 시는 절로 간재의 후손에서 나왔구려[784]	新詩自出簡齋枝

780 주미(麈尾)……감탄했던가 : 주미는 고라니의 꼬리털로 만든 먼지떨이를 말하는데, 옛날 청담하던 사람들이 많이 지녔고, 후세에는 불도(佛徒)들이 설법(說法)할 때 흔히 사용했다고 한다. 여기서는 진삼모가 주미를 쥐고 휘두르면서 통역을 통하여 소재의 시문에 매우 감탄했다는 뜻이다.

781 생각……부끄럽구려 : 목도(木桃)는 과일 이름이다. 《시경》〈위풍(衛風) 목과(木瓜)〉에 "나에게 목도를 던져 주기에, 아름다운 옥으로 보답하네.〔投我以木桃, 報之以瓊瑤.〕"라고 한 데서 온 말로, 하찮은 물건을 의미한다. 진삼모에게 자신의 하찮은 시문을 보여 준 것이 끝내 부끄럽다는 겸사이다.

782 운전(雲牋) : 구름 모양과 꽃무늬가 있는 종이로, 진삼모가 소재에게 시를 써서 보낸 종이를 가리킨다.

783 부족한……어렵지만 : 후한(後漢) 사람 뇌의(雷義)와 진중(陳重)의 우정이 매우 두터웠으므로, 향리(鄕里) 사람들이 말하기를 "아교와 칠이 견고하다고 하지만, 뇌의와 진중의 사이만은 못하리라."라고 하였다. 《後漢書 獨行列傳 雷義》 진삼모의 성이 진씨(陳氏)이므로 그를 진중에 빗대어, 자신같이 부족한 사람은 진삼모와 교칠(膠漆)처럼 친밀한 사이가 되기 어렵다는 겸사이다.

784 간재(簡齋)의 후손에서 나왔구려 : 간재는 〈화장구신수묵매(和張矩臣水墨梅)〉로 유명한 송대(宋代)의 시인 진여의(陳與義)의 호이다. 진삼모 성이 진씨인 데다 시를 잘하기 때문에 간재를 닮았다는 뜻에서 한 말이다.

자하의 술잔[785]으로 이미 즐거움 만끽했건만	紫霞已罷開歡酌
〈백설곡〉에 화답하는 문장을 기할 수 있겠는가[786]	白雪能期達和詞
머리 들어 밝은 달은 함께 보겠거니와	擧首猶應共明月
이번 생엔 길이 좌망 좌치 신세로다[787]	此生長作坐忘馳

관반록(館伴錄)은 여기까지이다.

785 자하(紫霞)의 술잔 : 자하는 선인(仙人)의 음료를 말한 것으로, 자하의 술은 미주(美酒)를 의미한다.

786 백설곡(白雪曲)에……있겠는가 : 〈백설곡〉은 옛날 초(楚)나라의 가곡으로, 곡조가 고상하여 창화하는 사람이 아주 드물었다. 전하여 아주 뛰어난 시가(詩歌)를 뜻한다. 여기서는 중국 사신의 〈백설곡〉 같은 시에 감히 화답할 수 없다는 겸사이다.

787 이번……신세로다 : 좌망(坐忘)은 지체를 버리고 총명을 내쫓으며, 형체를 떠나고 지혜를 버려서 대통의 경지에 동화하는 것이다. 《莊子 大宗師》 좌치(坐馳)는 몸은 가만히 앉았으되 마음은 밖으로 달려 나감을 말한 것이다. 《莊子 人間世》 소재가 중국 사신과 헤어진 뒤에도 항상 그를 잊지 못하여 마음이 늘 그에게로 달려갈 것이라는 뜻이다.

시약청에서 읊다

侍藥廳

일기(日記)를 살펴보건대 정축년(1577, 선조10) 6월 공의전(恭懿殿)께서 병환에 걸리자 선생이 도제조(都提調)로서 제조(提調) 정종영(鄭宗榮), 부제조(副提調) 박계현(朴啓賢)과 함께 탕약을 받들어 올렸다. 공의전은 바로 인종대왕비(仁宗大王妃) 인성왕후(仁聖王后)이다.

자선당 곁 자그마한 시약청에	資善堂邊有小廳
늙은 신하는 막 부임해 마음이 아득하네	老臣初赴意冥冥
오늘 저녁 약을 먼저 맛볼 줄만 알 뿐이요[788]	但知此夕先嘗藥
의경 공부 소홀했던 지난 시절 후회되네	空悔他年懶讀經
음암하게 속임수 쓰는 악인[789]은 세상에 남았고	黤黮罔謀遺世孼
명명하게 인으로 돕는 영혼[790]은 하늘에 계시도다	明明仁佑在天靈
향 사르고 만수무강 길이 축원하노라니	揷香長祝無疆壽
일월 풍운 그 시절이 갑자기 깨달아지누나[791]	日月風雲頓覺醒

788 약을……뿐이요 : 《예기》 〈곡례 하(曲禮下)〉에 "임금이 병이 들어 약을 마시게 되면 신하가 먼저 맛보고, 아버지가 병이 있어 약을 마시게 되면 자식이 먼저 맛본다.〔君有疾飮藥, 臣先嘗之; 親有疾飮藥, 子先嘗之.〕"라고 하였다.

789 속임수 부리는 악인 : 일찍이 을사사화(乙巳士禍)를 일으킨 자들을 지칭한다.

790 인(仁)으로 돕는 영혼 : 승하(昇遐)한 인종(仁宗)을 지칭한다.

791 일월(日月)……깨달아지누나 : 일월은 명군을 풍운(風雲)은 현신을 비유한 말이다. 그 시절이란 소재가 처음 벼슬하여 중종, 인종을 섬기던 때이다.

처음으로 병환이 약간 차도가 있다는 말을 듣다 7월이다.

初聞少間 七月

외람히 우조에서 열수에 응한 관원이 되었더니[792] 忝虞朝應宿官
문득 큰 바다에 갇혀 구의산 바라보며 통곡했네[793] 便囚冥海哭疑山
대궐 안에서 작은 문채로 패금 이룬단 말만 들었고[794] 徒聞巷裏萋成錦
강가에 눈물 뿌려 반죽 된 것[795]은 보지 못했다오 不見江干灑作斑

792 외람히……되었더니 : 열수(列宿)에 응한 관원은 낭관(郎官)을 가리킨다. 후한(後漢) 명제(明帝) 때 관도공주(館陶公主)가 자기 아들을 위하여 낭관 자리를 요구하자, 명제가 이르기를 "낭관은 위로는 하늘의 별들에 응하고 나가면 백리 고을의 장관이 된다."라고 하였다. 《後漢書 顯宗孝明帝紀》 우조(虞朝)는 순(舜) 임금의 조정(朝廷)이란 뜻으로 여기서는 인종(仁宗)을 순 임금에 빗대서 한 말이다. 소재가 1545년(인종1) 이조 좌랑에 임명되어 인사 행정에 참여했던 일을 말한다.

793 구의산(九疑山) 바라보며 통곡했네 : 순 임금이 순행하다 제위(帝位) 39년 만에 창오(蒼梧)의 들에서 붕어(崩御)하여 상강(湘江)의 남쪽 구의산에 장사 지냈다. 《史記 五帝本紀》 인종이 승하한 이후로 소재는 진도(珍島)의 배소(配所)에서 항상 인종의 산릉(山陵) 쪽을 향하여 통곡했다는 뜻이다.

794 대궐……들었고 : 패금(貝錦)은 자개의 비단 무늬로, 《시경》 〈소아(小雅) 항백(巷伯)〉에 "문채가 조금 있는 것으로, 자개의 비단 무늬를 이루도다. 저 남을 참소하는 자여, 또한 너무 심하도다.〔萋兮斐兮, 成是貝錦. 彼譖人者, 亦已大甚!〕"라고 하였다. 남의 작은 허물을 교묘하게 얽어서 큰 죄로 꾸미는 것을 의미한다. 여기서는 인종이 승하한 이후, 소인(小人)들이 을사사화(乙巳士禍)를 일으켜 조사(朝士)들을 모함하여 다수를 죽이거나 추방했던 것을 말한다.

795 강가에……것 : 순 임금이 붕어하자, 순 임금의 두 비(妃)인 아황(娥皇), 여영(女英)이 흩뿌린 눈물이 소수(瀟水), 상수(湘水) 가의 대나무에 떨어져 생긴 반점을 반죽이라 한다.

말없는 하느님이 노련한 눈으로 밝게 비추시매	默默一天明老眼
깊숙한 병 근원이 남은 독기를 조금 늦추었구려	沈沈二豎逞餘頑
그 누가 좋은 소식 가지고 시약청 아래 와서	誰將吉語來廳下
패옥 울리며 달려가 하례 반열에 참여케 하는고	鳴玉趨回點賀班

'영(逞)'이 다른 본에는 '둔(遁)'으로 되어 있다.

주찬을 하사하신 데 대하여 감격하여 울다
賜酒饌感泣

황봉주[796]를 하사하시고	已賜黃封罷
병혈의 생선[797]까지 내려 주셨네	重宣丙穴新
하얀 살갗은 팔대[798]로 이뤄졌고	雪膚成八帶
붉은 속살은 가는 비늘에 싸였네	丹肉托纖鱗
궁중에 입시하면 땀만 흘린다지만[799]	侍禁徒云汗
어버이를 버리면 불인하지 않으랴[800]	遺親豈不仁
하늘의 마음이 재앙을 거두리니	天心應悔禍
만년의 수를 일제히 축원하노이다	齊祝萬斯春

796 황봉주(黃封酒) : 송대(宋代)에 관(官)에서 빚은 술을 황라(黃羅), 황지(黃紙)로 봉했기 때문에 붙여진 이름이다. 여기서는 어사주(御賜酒)의 뜻으로 쓰였다.

797 병혈(丙穴)의 생선 : 병혈은 아주 맛 좋은 고기를 생산한다는 동혈(洞穴)의 이름으로, 맛 좋은 생선을 의미한다.

798 팔대(八帶) : 문어(文魚)의 별칭으로, 팔초어(八稍魚)라고도 한다.

799 궁중에……흘린다지만 : 궁중은 워낙 엄중한 곳이라 몹시 조심스러워서 땀을 흘리게 된다는 의미인 듯하나 자세하지 않다.

800 어버이를……않으랴 : 맹자(孟子)의 말에 "인하면서 자기 어버이를 버리는 자는 있지 않으며, 의로우면서 자기 임금을 뒤로 하는 자는 있지 않다.〔未有仁而遺其親者也, 未有義而後其君者也.〕"라고 하였다. 《孟子 梁惠王上》 임금을 어버이에 빗대어, 궁중이 조심스러워서 땀을 흘릴지라도 가까이서 모셔야 한다는 뜻인 듯하다.

일재[801]가 별세했다는 소식을 듣다

聞一齋捐館

선생의 친구들이 서로 이어 별세하매	執友亡相繼
선생은 관직 떠나 자유로이 지냈었네	先生去自由
부음 가진 손이 오자 자리를 넓혔더니	訃來還廣坐
안색이 변하매 다시 근심이 깊어졌네[802]	色動更深憂
도를 강론함엔 남의 학설 승습 안 했고	講道非同襲
명성을 이루는 덴 구함이 남과 달랐네[803]	成名是異求
일생 동안 일경으로 늙은 자들이야[804]	從敎一經老
위태한 세상에 공연히 떠들기나 말거나	危世謾啁啾

801 일재(一齋) : 이항(李恒)의 호이다. 학행으로 천거를 받아 여러 벼슬을 거쳐 장령(掌令), 장악원 정(掌樂院正) 등을 역임하였다. 이항은 소재의 외당숙이다.

802 부음(訃音)……깊어졌네 : 처음에는 그가 부음을 가져온 손님인지 모르고 일단 맞이하여 자리를 넓히고 좌정(坐定)하게 하였는데, 이윽고 그가 슬픈 기색으로 부음을 전하자 소재 역시 깊은 근심에 젖게 되었다는 뜻이다.

803 명성(名聲)을……달랐네 : 공자(孔子)는 다름 아닌 온화하고 어질고 공손하고 검소하고 겸양하여 정사에 참여할 기회를 얻는 것이니, 부자의 구함은 남들과는 다르다는 말이다.《論語 學而》 이항의 명성은 스스로 구해서 얻은 것이 아니라 훌륭한 인품으로 자연스럽게 얻었다는 뜻이다.

804 일경(一經)으로 늙은 자들이야 : 한 경서(經書)나 겨우 통한 정도의 고루한 유자(儒者)들을 지칭한다.

칠석에 괴로이 읊다

七夕苦吟

상제는 상아에게 불사약을 내주었고[805]	帝發孀娥藥
신선은 시집갈 처녀의 향을 훔쳐 갔네[806]	仙偸嫁女香
거미들은 예전의 기교를 바쳐 오고[807]	蜘蛛輸舊巧
까막까치들은 새로운 상서를 바쳐 오네[808]	烏鵲報新祥
천사의 무리에겐 놀라 혀를 내두르고	吐舌千邪裔
만정의 곁에선 절로 의기양양하고요[809]	軒眉萬正傍

805 상제(上帝)는……내주었고 : 상아(孀娥)는 항아(姮娥)와 같은 말이다. 항아는 불사약을 먹고 신선이 되어 달 속으로 달아났기 때문에 다시는 시집을 가지 못했다고 한다. 직녀(織女) 또한 시집을 가지 못하고 있는 처지를 항아에 빗대서 한 말인 듯하다.

806 신선(神仙)은……갔네 : 진(晉)나라 가충(賈充)의 딸 가오(賈午)가 한수(韓壽)를 좋아하여 몰래 사통(私通)하였다. 앞서 무제(武帝)가 가충에게 특이한 향을 하사하였는데, 가오가 이것을 훔쳐서 한수에게 주었다. 한수의 몸에 밴 향으로 두 사람이 사귄다는 사실이 가충에게 발각되어 끝내 가오를 한수에게 시집보냈다. 《世說新語 惑溺》 여기서는 신선이 향을 훔쳐 가는 바람에 직녀 또한 향이 없어 시집을 가지 못했다는 뜻인 듯하다.

807 거미들은……오고 : 매년 칠석(七夕)에 궁녀들이 합 속에 거미를 잡아 넣어서 거미가 친 거미줄의 듬성함과 촘촘함을 가지고 직녀가 솜씨를 빌려준 징후로 삼았다. 《開元天寶遺事 蛛絲卜巧》

808 까막까치들은……오네 : 까막까치들이 은하에 다리를 놓아 견우와 직녀가 서로 만나게 해 주는 것을 뜻한다.

809 천사(千邪)의……의기양양하고요 : 천사는 수많은 부정(不正)한 무리를 지칭하고, 만정(萬正)은 수많은 정인(正人)들을 지칭한다.

병약한 나머지에 충심을 드러내어	餘尩赤心露
기나긴 밤 은하만을 바라보노라[810]	永夜白河望

810 병약한……바라보노라 : 견우와 직녀가 은하의 오작교를 건너 서로 만난다는 칠석이라서, 은하를 바라보며 인종(仁宗)의 비(妃)인 인성왕후(仁聖王后)의 병환이 쾌유되기를 기원하는 뜻인 듯하다.

들리는 말이 있어 밤중에 울다가 새벽에 쓰다
有聞夜泣晨書

돈변 같은 남은 간신들 녹훈은 아직 그대론데[811]	惇卞遺奸勳尙在
선인후의 병환에 왜 그리도 자주 방문하는고[812]	宣仁違豫訪何頻
고금과 대소가 또한 서로 다른지라[813]	古今大小還同異
백발의 외로운 신하는 밤중에 눈물을 흘리었네	白首孤臣夜淚新

811 돈변(惇卞)……그대론데 : 돈변은 장돈(章惇)과 채변(蔡卞)의 병칭이다. 모두 송 신종(宋神宗) 연간에 정승(政丞)이 되어 신법(新法)을 강행했던 왕안석(王安石)의 일파이다. 111쪽 주267 참조. 여기서는 명종(明宗) 초에 을사사화(乙巳士禍)를 일으켜 공신에 책록(策錄)되었던 간신들을 빗대서 한 말이다.

812 선인후(宣仁后)의……방문하는고 : 선인후는 송 영종(宋英宗)의 후비(后妃)인 선인성렬후(宣仁聖烈后)로, 철종(哲宗)이 어린 나이로 즉위하자 섭정하면서 왕안석의 당(黨)을 모조리 물리치고 사마광 등을 등용하여 원우 연간의 큰 치적을 이뤄 냈다. 장돈과 채변이 선인후를 무함하여 폐서인(廢庶人)으로 만들려고 하였지만 끝내 이루지 못했다.《宋史 后妃列傳上 英宗宣仁聖烈高皇后》 여기서는 인성왕후(仁聖王后)를 선인후에 빗대어, 을사사화를 일으키고 인성왕후를 적대시했던 간신 무리가 이때 인성왕후의 병환에 자주 문병한 것을 역겹게 여겨 한 말이다.

813 고금(古今)과……다른지라 : 고금은 을사사화를 일으키던 때와 현재를 말한 것이고, 대소(大小)는 을사사화를 일으켰던 간신 무리의 세력의 크고 작음을 말한 것이다. 을사사화를 일으킨 당시에는 세력이 대단히 강했지만 현재는 아주 약해졌음을 의미한다. 다르다는 것은 간신 무리의 태도가 을사사화 당시와 현재가 많이 달라졌음을 의미한 말인 듯하다.

사실을 기록하다 20운

紀事 二十韻

해는 강어적분약	强圉赤奮若
임종 달 명협 여덟 잎 떨어지던 날[814]	林鍾凋八蓂
공의전께선 겸양하사 시약을 꺼리시고	懿謙嫌侍藥
성상의 효성은 시약청 설치를 재촉했네	皇孝促開廳
군옥은 인길의 부가 되었고[815]	君沃副仁吉
준상은 수명의 종장이 되었는데[816]	浚祥宗壽銘
비록 노가 모든 일을 대면하여 의정하나[817]	雖盧面議定
선복만이 들은 말들을 입으로 진하네[818]	惟福口傳聽
인종대왕이 승하하신 이후론	憶自宮車晏

814 해는……날 : 강어(强圉)는 정(丁), 적분약(赤奮若)은 축(丑)의 고갑자(古甲子)이므로, 1577년(선조10)인 정축년을 가리킨다. 임종(林鍾)과 명협(蓂莢)은 168쪽 주417 참조. 명협 여덟 잎이 떨어졌다는 것은 이날이 바로 6월 23일이었음을 의미한다.

815 군옥(君沃)은……되었고 : 군옥은 박계현(朴啓賢)의 자이고, 인길(仁吉)은 정종영(鄭宗榮)의 자이다. 이때 정종영은 시약청 제조(侍藥廳提調)였고, 박계현은 부제조(副提調)였다.

816 준상(浚祥)은……되었는데 : 준상은 허준(許浚)과 이인상(李仁祥)의 병칭이고, 수명(壽銘)은 양예수(楊禮壽)와 손사명(孫士銘)의 병칭이다. 모두 내의(內醫)였다.

817 비록……의정하나 : 노(盧)는 소재를 지칭한다. 이때 소재가 시약청 도제조(侍藥廳都提調)였으므로 시약에 관한 모든 일을 여러 내의와 상의하여 결정하곤 하였다.

818 선복(善福)만이……전하네 : 선복은 여의(女醫)의 이름이다. 인성왕후(仁聖王后)의 처소와 시약청을 왕래하면서 병환의 경과 등을 시약청에 보고하곤 하였다.

왕후 자리가 편안하기 어려웠었지	難爲壼位寧
공환은 교묘한 함정을 설치하고	共驩施巧穽
장채는 엄한 옥사를 꾸미었는데[819]	章蔡具嚴圄
범 꼬리 밟던 초기엔 금목으로 다스리더니[820]	履虎初金木
못에 떨어뜨림엔 되레 위경으로 하였네[821]	墮淵更渭涇
붉은 화염이 하얀 옥을 불태우듯[822]	紅炎焚白玉

819 공환(共驩)은……꾸미었는데 : 공환은 《서경》 〈순전(舜典)〉에 "공공을 유주에 유배하고, 환두를 숭산에 방치하고, 삼묘를 삼위에 유찬하고, 곤을 우산에 가두어 네 사람을 죄주시니, 천하가 다 복종하였다.〔流共工于幽洲, 放驩兜于崇山, 竄三苗于三危, 殛鯀于羽山, 四罪而天下咸服.〕"라고 한 데서 온 말로, 흉악한 자들을 비유한다. 장채(章蔡)는 왕안석(王安石)의 일당인 장돈(章惇), 채변(蔡卞), 채경(蔡京) 등을 가리킨다. 공환과 장채는 을사사화(乙巳士禍)를 일으켜 수많은 조사(朝士)들을 죽이거나 유배시켰던 흉악한 간신(奸臣)들을 가리킨다.

820 범……다스리더니 : 범 꼬리를 밟았다는 것은 《주역》 〈이괘(履卦) 육삼(六三)〉에 "범의 꼬리를 밟아 사람을 무니, 흉하다.〔履虎尾, 咥人, 凶.〕"라고 한 데서 온 말로, 매우 위험한 지경에 처한 것을 말한다. 금목(金木)은 금속의 형구(刑具)와 목제의 형구를 병칭한 말이다. 간신들이 을사사화를 일으켜 수많은 조사를 처벌하던 당시를 말한 것이다.

821 못에……하였네 : 못에 떨어뜨린다는 것은 《예기》 〈단궁 하(檀弓下)〉에 "지금의 군자는 사람을 사랑하여 등용할 때는 마치 무릎 위에라도 올려놓듯 하고, 미워하여 쫓아낼 때는 마치 깊은 못에라도 떨어뜨리듯 한다.〔今之君子, 進人若將加諸膝, 退人若將隊諸淵.〕"라고 한 데서 온 말로, 사람을 곤경에 빠뜨리는 것을 의미한다. 위경(渭涇)은 맑은 위수(渭水)와 탁한 경수(涇水)의 병칭으로, 청탁우열(淸濁優劣)의 비유로 쓰인다. 즉 간신들이 조사들을 처벌할 때에 그 나름대로 청탁우열을 가려서 했다는 뜻인 듯하다.

822 붉은……불태우듯 : 《서경》 〈윤정(胤征)〉에 "불이 곤산을 태우면 옥과 돌이 모두 불탄다.〔火炎崑岡, 玉石俱焚.〕"라고 하였다. 선인이나 악인이 다 함께 재액을 당하는 것을 말한다.

자기가 명성을 쏘아 비추듯 하였지[823] 紫氣射明星
이로 인해 쌓인 열기가 맘의 번뇌가 되었고 積熱緣心惱
눈은 더위로 인하여 더욱 어두워졌네[824] 添昏爲暑冥
신열을 내리기 위해 호하[825]를 곁들였고 消除挾葫夏
원기를 보익함엔 삼령[826]을 주약재로 삼았네 補益主參苓
갈증은 양장[827]으로 해소시키고 渴以粱漿解
번열증은 죽력으로 진정시켜야 했지 煩須竹瀝惺
식사량을 늘리어 꿩고기로 속은 든든하고 加飡雉弗餒
위를 편케 하면서 붕어탕은 비리지 않네 安胃鯽無腥
근심스런 빛은 아직 삼전에 가득하나[828] 憂色猶三殿
환호성은 이미 사방에 떠들썩했으니[829] 歡聲已四坰

823 자기(紫氣)가……하였지 : 자기는 자줏빛의 서기(瑞氣)를 말한다. 진(晉)나라 때 문인 장화(張華)가 두(斗), 우(牛) 두 별 사이에 항상 자기가 뻗쳐 있는 것이 예장(豫章)의 풍성(豐城)에 묻힌 보검에서 나온 빛이라는 말을 듣고 뇌환(雷煥)을 풍성현에 보임시켜 풍성현의 옛 옥사(獄舍)의 터에서 춘추 시대 간장(干將), 막야(莫邪) 두 부부가 제작했다는 용천(龍泉), 태아(太阿) 두 보검을 발굴하게 하였다.《晉書 張華列傳》명성(明星)은 계명성(啓明星) 또는 직녀성(織女星)을 가리킨다. 즉 검의 살벌한 빛이 명성을 쏘아 비추듯이, 간신들의 선인을 해치는 행태가 몹시 살벌했음을 말한다.

824 이로……어두워졌네 : 당시 인성왕후의 병증을 말한다.

825 호하(葫夏) : 해열제로 흔히 사용되는 시호(柴葫), 전호(前葫), 반하(半夏)의 병칭이다.

826 삼령(參苓) : 보약재로 사용되는 인삼(人參), 복령(茯苓)의 병칭이다.

827 양장(粱漿) : 좁쌀미음을 말한 듯하다.

828 근심스런……가득하나 : 삼전(三殿)은 인성왕후(仁聖王后)의 공의전(恭懿殿), 선조(宣祖)의 대전(大殿), 의인왕후전(懿仁王后殿)의 병칭이다. 인성왕후의 병환으로 삼전이 모두 근심에 젖어 있었음을 의미한다.

인정은 깊고도 간절함을 보겠거니와 人情見深切
하늘 뜻도 간절하셨음을 힘입었도다 天意荷丁寧
참으로 두려운 건 훈적[830]을 남겨 두어 誠恐遺勳籍
공연히 국가의 기강을 어지럽혀 空令亂國經
도리어 전하께 후회를 끼쳐 드리고 翻貽殿下悔
끝내는 죽은 간신들이 사면받게 됨일세 終逭地中刑
만사는 음[831]이 항상 잘 자라는 법이라 萬事陰常長
쇠잔한 이 인생은 눈물만 흘릴 뿐이지만 殘生涕只零
내일 아침엔 기쁨과 두려움[832]을 안고 明朝抱喜懼
궁전의 하례하는 반열을 주관하련다[833] 列賀押彤庭

살펴보건대 군옥(君沃)은 부제조 박계현(朴啓賢)의 자이고, 인길(仁吉)은 제조 정종영(鄭宗榮)의 자이다. 허준(許浚), 이인상(李仁祥), 양예수(楊禮壽), 손사명(孫士銘)은 모두 내의(內醫)이다. 복(福)은 여의(女醫) 선복(善福)이다.

829 환호성은……떠들썩했으니 : 인성왕후의 병환이 잠시 차도가 있었으므로 이른 말이다.

830 훈적(勳籍) : 을사사화를 일으킨 간흉들에게 내려진 위사 공신(衛社功臣), 보익 공신(保翼功臣)의 책록(策錄)을 말한다.

831 음(陰) : 소인(小人) 또는 음흉한 일들을 의미한다.

832 기쁨과 두려움 : 인성왕후의 병환이 차도가 있는 것은 기쁘지만 병환이 다시 도지지나 않을까 하는 두려움도 있다는 뜻이다.

833 궁전의……주관하련다 : 이때 왕후의 병환이 차도가 있어 하례(賀禮)를 올리려고 한 말인 듯하다. 소재가 이때 시약청 도제조였기 때문에 하례의 반열을 주관하게 된 것이다.

일재 선생에 대한 만사 10운

一齋先生挽詞 十韻

도가 다문으로 근접할 수 있으랴만	道豈多聞近
지혜는 실견으로 열리고말고[834]	知應實見開
선생께서 한 번 변화하여 도에 이른 것은[835]	先生一變至
다만 사서에 근본하여 얻은 것이로다	只本四書來
한 치를 얻으면 한 치가 내 소득이 되거니	得寸爲吾寸
무엇인들 스스로 재단하지 못하겠는가[836]	何裁不自裁
남의 스승 되는 건 법도 따로 없지만	人師無異轍
군왕 보좌하는 덴 큰 재능이 있어야지	王佐有奇才
정학을 칭찬하신 신감에 유의했고[837]	賞正留神鑑

834 지혜는……열리고말고 : 실견(實見)은 '진실하게 아는 견해'라는 뜻으로, 진실하게 아는 견해로 인하여 지혜가 반드시 열리게 된다는 말이다.

835 선생께서……것은 : 공자(孔子)가 이르기를 "제나라가 한 번 변화하면 노나라의 경지에 이르고, 노나라가 한 번 변화하면 선왕의 도에 이를 것이다.〔齊一變, 至於魯; 魯一變, 至於道.〕"라고 하였다.《論語 雍也》 이항(李恒)의 학문 경지가 도에 이르렀다는 뜻이다.

836 무엇인들……못하겠는가 : 공자가 이르기를 "돌아가련다, 돌아가련다. 오당의 소자들이 뜻만 크고 소략하여 찬란하게 문장만 이루었을 뿐이요 그것을 재단할 줄을 모르는도다.〔歸與! 歸與! 吾黨之小子狂簡, 斐然成章, 不知所以裁之.〕"라고 하였다.《論語 公冶長》 이항의 학문은 뜻만 크고 소략한 사람들과 달리 스스로 재단할 줄을 알았다는 뜻이다.

837 정학(正學)을……유의했고 : 신감(神鑑)은 임금의 관찰력을 말한다. 소재가 지

인을 따르며 산재를 부끄럽게 여겼네[838]　依仁愧散材
정은 오촌 구생 간으로 얽히었고[839]　情紆從甥舅
의리는 예전의 뇌진과 부합했지[840]　義合昔陳雷
바다에 있을 땐 온갖 어려운 뜻 응답해 줬고　入海酬千難
돌아오는 길엔 한번 존안을 뵐 수 있었네　歸途獲一陪
지란은 이미 모두 시들었거니와[841]　芝蘭旣云歇
대들보가 갑자기 쓰러졌다[842] 전해 오누나　梁木忽傳摧
천상의 기린이 내려온 걸 기뻐했는데[843]　天上麒麟悅
인간의 연작들은 서로 시기했었지[844]　人間燕雀猜

은 〈유명조선국중훈대부장악원정일재선생이공묘갈명(有明朝鮮國中訓大夫掌樂院正一齋先生李公墓碣銘)〉에 "후일 경연에서는 선생에 대하여 '바른 학문을 칭찬할 만하다.'라는 하교가 있었다.〔他日經筵有"正學可賞"之敎.〕"라고 하였다.

838 인(仁)을……여겼네 : 인에 의지한다는 것은 공자의 말에 "도에 뜻을 두며, 덕을 굳게 지키며, 인에 의지하며, 예에 노닐어야 한다.〔志於道, 據於德, 依於仁, 游於藝.〕"라고 한 데서 온 말이다.《論語 述而》 산재(散材)는 쓸모없는 재목이란 뜻이다. 이항이 항상 스스로 재능이 부족하다고 여겼다는 뜻이다.

839 정(情)은……얽히었고 : 이항이 소재에게는 오촌 외당숙이 되기 때문에 한 말이다.

840 의리는……부합했지 : 뇌진(雷陳)은 후한(後漢) 때의 뇌의(雷義)와 진중(陳重)의 병칭이다. 297쪽 주783 참조. 여기서는 이항과 소재가 마치 뇌의, 진중의 사이와 같았다는 뜻이다.

841 지란(芝蘭)은……시들었거니와 : 세상에 현인군자(賢人君子)가 드문 것을 한탄하여 이른 말이다.

842 대들보가 갑자기 쓰러졌다 : 이항의 죽음을 선사의 죽음에 빗대서 한 말이다. 58쪽 주117 참조.

843 천상(天上)의……기뻐했는데 : 천상의 기린(麒麟)은 201쪽 주506 참조. 이항이 태어났을 때 남달리 총명했던 것을 위의 고사에 빗대서 한 말이다.

시사를 감상하니 나도 늙었는지라　　撫時嗟老矣

이분을 놔두고 그 누구를 애통해하랴　　捨此慟誰哉

844 인간(人間)의……시기했었지 : 연작(燕雀)은 제비와 참새의 병칭으로, 흔히 용렬하고 천박한 위인을 의미한다. 이항이 생전에 용렬한 인간들로부터 시기를 받았다는 뜻이다.

시약청에서 읊다

侍藥廳

고인(古人)의 시[845]에 차운하다. ○10월이다. 공의전(恭懿殿)께서 또 병환에 걸리셨다.

의약청은 거듭 설치했건만　醫藥重排設
제조[846]의 의술이 다만 부족하였네　提調顧淺微
원숭이가 서리 밖에 자는 광경 아니지만　異猿霜外宿
강가 새가 한밤중에 나는 풍경 똑같구려[847]　如鳥夜深飛
초가을 눈물이 다 마르기 전에　不盡初凉淚
초겨울 옷을 다시 눈물로 적시네[848]　還沾始凍衣
어지시단 명성은 만세토록 전하려니와　仁聲萬世有
내려질 은택은 한 시대에 어그러질 수도[849]　福澤一時違

845 고인(古人)의 시 : 두보(杜甫)의 시 〈야(夜)〉를 말한다.

846 제조(提調) : 직명이지만, 여기서는 의약을 관리하고 조제하는 의미를 겸하고 있다.

847 원숭이가……똑같구려 : 두보의 〈야〉 시에 "산 원숭이 서리 밖에 자고, 강가 새는 한밤중에 나네.〔嶺猿霜外宿, 江鳥夜深飛.〕"라고 한 것을 전용한 것이다.《杜少陵詩集 卷20》 두보가 거주하던 곳과 달리 여기에는 원숭이가 없기 때문에 그 광경이 서로 다르고, 새는 여기에도 있기 때문에 그 광경이 서로 같다는 뜻이다.

848 초가을……적시네 : 초가을 눈물이란 인성왕후(仁聖王后)의 병환이 처음 6월 하순경에 있었으므로 그때의 슬픔을 말한 것이고, 초겨울의 옷을 눈물로 적신다는 것은 10월인 현재 왕후의 병환이 다시 도졌으므로 이른 말이다.

849 내려질……수도 : 이때 인성왕후의 병환이 위독하였으므로, 왕후의 승하(昇遐)를 예측하여 이른 말이다.

절구 두 수를 읊다

兩絶

밤 북소리 조화로이 점차 더디 울려올 제	更鼓逄逄較漸遲
노신의 어수선한 꿈 헝클러진 실 같았네	老臣殘夢亂於絲
아침 되어 또 궁의를 불러 물어보고야	平明又唱宮醫下
가슴속 한 가닥 의심 덜 수가 있었네[850]	殺却胸中一道疑
옥천이랑 은정이랑 달여 오기 하 더디어라[851]	玉泉銀鼎煎來遲
수많은 의관들이 끊임없이 줄을 이었건만	多少醫官不絶絲
온 국인의 지극정성 넉넉히 하늘에 사무쳤는데	贏得國人誠意達
하느님은 어찌 이리 홀로 의심하시는고	上天何苦獨相疑

850 밤……있었네 : 인성왕후(仁聖王后)의 병환 걱정에 꿈도 어수선하여 혹 병환이 더치지나 않았는지 의심을 가졌다가, 아침에 내의(內醫)로부터 병환이 심하지는 않다는 소식을 듣고 의심을 덜었다는 뜻이다.

851 옥천(玉泉)이랑……더디어라 : 옥천은 불로장생한다는 선약(仙藥)으로, 옥장(玉漿)이라고도 한다. 은정(銀鼎)은 도가(道家)에서 단약(丹藥)을 고는 솥의 이름이다. 이 약들을 달여 오기가 더디다는 것은 인성왕후의 병환이 차도가 없으므로 한탄한다는 뜻이다.

울면서 율시 두 수를 쓰다

泣書二律

온갖 약재는 남위에 가득 채워 두고 百藥充南衛
두 냄비로 번갈아 상궁[852]께 올리면서 雙銚進上宮
낮에는 세 번씩 할미에게 물어보고 日愁三問媼
밤이면 그 얼마나 만세를 불렀던고 夜祝幾呼嵩
효성을 다하신 성상을 흠모하거니와 盡孝欽皇極
아는 게 없는 시중은 부끄럽기만 하네[853] 無知愧侍中
어디선가 들려오는 말이 있는 듯한데 依然若有聞
좋은 소식이 하늘로부터 내려온 듯하네 好語下蒼穹

당년의 옥사[854]에는 통곡해 마지않고 痛哭當年獄
오늘날 상궁께는 병환이 그치질 않네 沈綿此日宮
예전의 원통함은 바다로도 씻기 어려운데 舊冤難灑海
남은 불씨[855]는 다시 숭산을 불태울 기세로다 餘火更燒嵩
창오의 들 밖엔 구름이 다 걷혔는데[856] 雲盡蒼梧外

852 상궁(上宮) : 인성왕후(仁聖王后)를 지칭한다.

853 아는……하네 : 시중(侍中)은 재상(宰相)이었던 소재를 말한 것으로, 자신이 아는 것이 없어 인성왕후의 병환을 잘 다스리지 못한다는 겸사이다.

854 당년(當年)의 옥사(獄事) : 을사사화(乙巳士禍) 당시의 일을 가리킨다.

855 남은 불씨 : 을사사화를 일으킨 간신(奸臣) 무리를 지칭한다.

856 창오(蒼梧)의……걷혔는데 : 창오는 순(舜) 임금이 붕어(崩御)한 곳의 지명이

푸른 대밭엔 회오리바람 불어오네[857] 風回翠篠中
외론 신하는 가서 약을 지어 올리고 孤臣歸侍藥
곧바로 하늘님께 만수를 호소하련다 直欲籲層穹

다. 《史記 五帝本紀》 오래 전에 승하한 인종(仁宗)을 순 임금에 빗대서 한 말이다. 구름이 다 걷혔다는 것은 인종이 승하한 지 오래되어 능(陵) 주변이 적막해진 광경을 뜻한다.

857 푸른……불어오네 : 여기서는 인성왕후를 아황, 여영에 빗대서 한 말로, 대밭에 회오리바람이 불어온다는 것은 인성왕후의 병환이 깊어지고 있음을 의미한다. 300쪽 주795 참조

스스로 애도하다

自悼

백발 서생이 푸른 등불 마주하고	書生白首對青燈
천장 보며 한탄할 제 눈물 줄줄 흐르네	仰屋長吁淚似澠
삼십 년 전 활 잡은 일 더없이 망극커니와[858]	卅載攀弓渾罔極
열흘 동안 시약해도 전혀 효험 없구려	一旬嘗藥莽無徵
꼴만 찾고 울지 않는 말 신세가 가소롭다	不鳴自笑求芻馬
밥 축내며 자리만 지키는 중을 누가 가련해하랴[859]	未退誰憐伴食僧
다만 내 고향 음곡이 있으니 그곳에서 지내면서	只有故山陰谷裏
밤낮으로 쉴 새 없이 산 같은 수복 축원하련다	乾乾日夜祝岡陵

858 삼십……망극(罔極)커니와 : 활을 잡은 일은 185쪽 주461 참조. 이때로부터 30여 년 전에 중종(中宗), 인종(仁宗)이 잇달아 승하한 일을 지칭한다.

859 꼴만……가련해하랴 : 소재가 아무 재능도 없으면서 높은 자리만 차지하고 있다는 겸사이다.

이 일 저 일을 섞어 기록하여 번민을 제거하다
雜書撥悶

옻칠에 머리 감고 펴지길 구하고[860]	已知沐漆還求解
기름을 태우면서 밝은 걸 싫어하네[861]	更學煎膏反惡明
백발토록 이룬 것 없이 죄악만 쌓아 왔으니	皓首無成徒積戾
일편단심은 민멸치 않았다는 건 허명일 뿐일세	丹心不泯只虛名
모친은 팔순 넘어도 자식 병만 걱정하는데	慈踰頤耋常憂疾
성상께선 한창이시라 정신을 분발하시네	聖富春秋正厲精
대비께서 또다시 병환을 앓으시니	再屬東朝違豫日
늙은 신하 두 눈에 눈물만 흐른다오	老臣惟有涕雙傾

860 옻칠에……구하고 : 안 될 일을 하면서 되기를 바란다는 뜻으로, 벼슬을 하기는 싫지만 가정 형편 때문에 어쩔 수 없이 벼슬을 하는 처지를 비유한 것이다. 《柯山集 卷40 送秦少章序》

861 기름을……싫어하네 : 스스로 모순된 생활을 하고 있다는 뜻이다.

주찬을 하사하다

賜酒饌

대비전의 열 오름이 걱정되고 두려운 때	憂畏中炎上
궁중의 주찬을 전해 불러 하사하셨네	傳呼內賜降
가을 향내[862]는 보자기 밖 먼저 풍기고	秋香先透帕
춘색[863]은 항아리 속 다시 둥둥 떴구려	春色更浮缸
날개 펼친 산량[864] 한 마리에	嗅得山梁一
꿈틀거리는 해곡[865]이 두 마리네	蜿看海曲雙
이 주찬을 모친께 나눠 주시니	分遺及耋母
분에 넘친 은총에 눈물이 비 오듯 하누나	橫寵淚如瀧

862 가을 향내 : 향기로운 과실(果實)을 말한 듯하다.

863 춘색(春色) : 노란빛을 띤 좋은 술의 대명사로 쓰인 것이다.

864 날개 펼친 산량(山梁) : 산량은 산에 있는 교량으로, 《논어》 〈향당(鄕黨)〉에 "공자가 이르기를 '산량의 암꿩이 제때로구나, 제때로구나.' 하였다. 자로가 꿩을 잡아다가 올리니, 세 번 냄새를 맡고 일어났다.〔曰: "山梁雌雉, 時哉時哉!" 子路共之, 三嗅而作.〕"라고 한 데서 온 말로, 전하여 꿩을 가리킨다. '후(嗅)' 자에 대해 유 빙군(劉聘君)은 날개를 편다는 뜻의 '격(狊)' 자로 보았는데, 소재도 그 설을 따른 듯하다.

865 해곡(海曲) : 바다 구석이란 뜻인데, 여기서는 바다 생선의 뜻으로 쓰였다.

울면서 절구 세 수를 쓰다 11월 1일이다.
泣書三絶 十一月初一日

앉아서 경경 점점의 교체하는 걸 세노라니[866]	坐數更更點點交
산란한 실 같고 꽁꽁 언 듯 타는 듯도 한데[867]	如絲如凍復如焦
이때 무단히 의녀 할미는 궁중에서 내려와	無端醫嫗從天降
이 소심한 사람의 간담을 깜짝 놀라게 하네[868]	驚破殘生小膽消

천도는 하도 높아 어진 이를 사랑하지 않는지	天道高高不愛仁
자유로이 왔다 갔다 하는 게 무슨 까닭인고	能來能去是何因
우리 백성 예로부터 받은 재액 많은네	斯民自古多遺厄
나라에선 몇 번이나 백성을 교화해 주었나	幾度偏荒見作新

여중요순[869]의 덕이야말로 그 어떠했던가만	女中堯舜德如何

866 앉아서……세노라니 : 경경(更更)은 오경(五更) 밤을 일경, 이경, 삼경, 사경, 오경으로 하나하나 세는 말이고, 점점(點點)은 누수(漏水)가 한 방울씩 떨어지는 상태를 말한다. 소재가 인성왕후(仁聖王后)의 병환이 몹시 걱정되어 밤새도록 잠을 못 이루고 시각을 세고 있었다는 뜻이다.

867 산란한……한데 : 산란한 실 같다는 것은 근심 걱정에 정신이 몹시 산란해짐을 뜻하고, 꽁꽁 언 듯하다는 것은 두려움으로 인하여 마음이 몹시 떨리는 상태를 말하고, 타는 듯도 하다는 것은 근심 걱정에 몹시 애간장이 타는 것을 말이다.

868 이때……하네 : 왕후(王后)에게 혹 병환이 심하다는 등의 좋지 않은 소식이 있을까 염려한다는 뜻이다.

869 여중요순(女中堯舜) : 송 영종(宋英宗)의 후비(后妃)인 선인성렬후(宣仁聖烈

원우 때엔 흉년 들고 소성 때만 풍년 들었네[870] 元祐無年紹聖多
간신들의 비방을 완전히 씻어 버리기 어려워 奸謗難成十分灑
늙은 신하는 여전히 눈물이 강물 쏟듯하네 老臣依舊淚翻河

后), 즉 고 황후(高皇后)를 지칭한 것으로 306쪽 주812 참조. 여기서는 인종(仁宗)의 비(妃)인 인성왕후(仁聖王后)를 송 영종의 후비인 선인후에 빗대서 한 말이다.

870 원우(元祐)……들었네 : 원우와 소성(紹聖)은 모두 송 철종(宋哲宗)의 연호이다. 선인성렬후가 태황태후(太皇太后)의 존호를 받고 원우 연간 8년 동안을 섭정하여 훌륭한 정치를 이룩하였는데, 그런 성덕(聖德)을 지닌 태후의 섭정 기간에 흉년이 들었으므로 천도(天道)를 믿을 수 없다는 뜻에서 한 말이다. 인성왕후를 선인성렬후에 빗대어, 천도가 어진 이에게 보답을 내리지 않음을 안타깝게 여긴 것이다.

스스로 탄식하다

自歎

사람이 의술을 몰라서는 안 되니[871]	人生不可不知醫
지금에야 이 뜻을 더욱 믿게 되었네	此意于今益信之
군신좌사[872] 기준으로 비교하고 구분하여	較以君臣佐使物
현색실허 증세가 나타날 때 쓰나니[873]	施諸絃濇實虛時
음양의 묘한 이치 통달해야만	惟能洞達陰陽妙
음양 합산 적의함[874]을 알게 되리	然後方知合散宜
모두 장수의 경지에 오르고자 할진댄	誠欲共登仁壽域
기황의 진결[875]을 날로 깊이 연구해야 하리라	岐黃眞訣日潛思

871 사람이……되니 : 정호(程顥)가 이르기를 "부모를 섬기는 자는 또한 의술을 알지 못해서는 안 된다.〔事親者亦不可不知醫.〕"라고 하였다. 《二程外書 卷12》

872 군신좌사(君臣佐使) : 병증에 대하여 약을 쓰는 데 있어 주약(主藥)이 되는 것과 보조약(補助藥)이 되는 것을 군, 신, 좌, 사의 네 등급으로 나누어 양(量)을 조절하여 조제(調劑)하는 데서 온 말이다.

873 현색실허(絃濇實虛)……쓰나니 : 현색은 현맥(絃脈)과 색맥(濇脈)을 말하고, 허실은 맥과 기(氣)의 허실을 통틀어 말한 것이다. 현은 현(弦)과 통용한다.

874 음양 합산 적의함 : 음기와 양기가 정상적으로 모이고 흩어지고 하는 현상이다.

875 기황(岐黃)의 진결(眞訣) : 기황은 의가(醫家)의 시조로 일컬어진 기백(岐伯)과 황제(黃帝)의 병칭이고, 진결은 도가(道家)의 의술(醫術)에 관한 비법을 의미한다.

앞의 운을 거듭 쓰다

疊前韻

이기[876]를 깊이 밝히는 게 참다운 의술이거니	深明理氣是眞醫
피부[877]도 아직 밝히지 못한 게 부끄러워라	愧殺皮膚亦未之
시약청의 근심 속에 날짜만 허비하고 있으니	却做廳憂空費日
하례 반열에 달려가는 게 과연 어느 때일꼬	得趨班賀果何時
처량한 눈으로 문려 기대심은 계속되려니와	倚閭寒眼疑長在
공목[878] 가에 나는 넋은 가 뵈어야 마땅코말고	拱木飛魂去最宜
오문 밖의 협소한 집에 가만히 드러누웠노니	蝸室午門僵臥了
어찌 무슨 생각 하느냐는 남의 물음을 들으랴	豈容人問有何思

876 이기(理氣) : 의술의 가장 오묘한 경지를 말한다.

877 피부(皮膚) : 의술의 오묘한 경지가 아닌 겉핥기 정도를 형용한 말이다.

878 공목(拱木) : 아름드리나무를 이르는 말로, 43쪽 주67 참조. 여기서는 여러 해 전에 작고한 부친의 묘소를 지칭한다.

동지에 축수드리는 말

冬至祝言

휘일(諱日)[879]이 또 이르렀다.

오늘 밤엔 병환 다스릴 것 없음을 알겠도다 心知此夜不須醫
하늘이 초양을 내려 회복시켜 주실 터이니[880] 天與初陽以復之
궁녀들은 괜히 실 가닥 더하길 겨루는 날이요[881] 宮女謾爭添線日
시약청 신하는 계서가 없이 지내는 때로다[882] 廳臣閑度啓書時
사당 참사를 아이가 대신함은 참람타 하겠지만 祠參兒攝雖云僭
아버지 제사는 몸소 행함이 또한 마땅코말고 禰祭躬行亦足宜
그 누가 이 어리석은 생각[883] 바꿀 줄 알게 하여 誰誘愚衷解更始
옛 견해 다 버리고 새로운 생각 일으키게 해 줄꼬 全除舊見起新思

879 휘일(諱日) : 소재의 부친인 노홍(盧鴻)의 기일(忌日)을 가리킨다.

880 하늘이……터이니 : 초양(初陽)은 일양(一陽)과 같은 뜻으로, 동지일(冬至日) 자시(子時)에 일양이 처음 생기는 것을 이른다. 회복한다는 것은 일양이 처음 생기는 복괘(復卦)를 의미함과 인성왕후(仁聖王后)의 건강이 회복되리라는 의미를 동시에 부여한 것이다.

881 궁녀(宮女)들은……날이요 : 당대(唐代)에 궁중에서 여자의 일을 해의 길고 짧음에 따라서 행했던바, 동지 이후로는 해가 점차 길어짐에 따라 평상시에 비하여 날로 '실 한 가닥〔一線〕'쯤의 일을 더하게 했던 데서 온 말이다.《杜少陵詩集 卷6 至日遣興奉寄北省舊閣老兩院故人二首》

882 시약청(侍藥廳)……때로다 : 계서(啓書)는 서계(書啓)와 같은 뜻이다. 이때 서계를 하지 않았다는 것은 인성왕후의 병환에 어떤 특이 증세가 있지 않아서 복명하지 않고 있다는 뜻이다.

883 어리석은 생각 : 예전 예법(禮法)을 지키려는 고집스러움을 겸사로 표현한 말인 듯하다.

주찬을 하사하여 나누어 주었다

賜酒饌分遺

하사품엔 날것과 익힌 것을 겸했어라	有賜兼生熟
근심하던 차에 황송 감격 더해지네	方憂更感惶
노란 밀감은 벌꿀에 달인 것이고	黃甘經煎蜜
오비는 마른 서릿발을 일으키누나[884]	烏椑起乾霜
들 쑥 먹는 사슴의 두 다리[885]는 통통하고	食野雙蹄腯
바다에 숨었던 여덟 마리 생선은 기다랗네	潛溟八尾長
청춘의 빛이 노인 얼굴에 돌아오고	春光還老面
기쁜 기운이 고당에 가득하리라[886]	喜氣入高堂

884 오비(烏椑)는……일으키누나 : 오비는 검푸른 빛을 띤 감의 일종이다. 마른 서릿발을 일으킨다는 것은 아마 오비로 만든 곶감 겉죽의 시설(柹雪)을 이른 듯하다.

885 들……다리 : 들 쑥 먹는 사슴은 《시경》 〈소아 녹명(鹿鳴)〉에 "사슴이 울어라, 들판에서 쑥을 뜯네.〔呦呦鹿鳴, 食野之苹.〕"라고 한 데서 온 말이다. 여기서는 궁중에서 하사한 노루 다리를 의미한다.

886 청춘의……가득하리라 : 여러 가지 좋은 하사품들을 늙은 모친께 가져가 봉양하겠다는 뜻이다.

여의가 왕후의 병세가 조금 우선해진 듯하다고 말하였다

女醫言內候似少解

약 안 드신 지가 수일 남짓 되었으니	勿藥如今數日强
식사만 잘하시면 만년수를 누리시리	加飡從此萬年長
황천이 혁혁하게 우리 동방을 붙들어 주는 건	皇天赫赫扶東國
어질단 명성과 효로 다스림이 드러난 때문이네[887]	只爲仁聲孝理彰

887 어질단……때문이네 : 어질단 명성이 드러났다는 것은 인성왕후(仁聖王后)를 지칭하고, 효(孝)로 다스렸다는 것은 선조(宣祖)를 지칭한다.

재계만 하고 참사하지 않았다[888]

齋不祭

상은 종신토록 복 입는 상을 만났는데[889]	喪遇終身服
벼슬은 하루의 휴가도 낼 수가 없구려	官違一日休
군친과의 관계는 근본이 똑같거니와[890]	君親無異本
애경은 또한 서로 같은 유이고말고[891]	哀敬有同流
옳은지의 여부[892]는 판단할 수 없지만	未判可不可
근심에 근심을 겸했음을 어쩐단 말가	奈兼憂與憂
높은 하늘엔 이 사소한 뜻[893] 단절되어	高天絶些意
말없이 고개만 숙이고 있을 뿐이네	泯默只垂頭

888 재계(齋戒)만……않았다 : 소재가 이때 부친의 기일(忌日)을 당했으나 시약청 도제조(侍藥廳都提調)로서 인성왕후(仁聖王后)의 병환에 전념하고 있던 터라, 사가(私家)의 제사라서 재계만 하고 직접 참사(參祀)하지 않았던 듯하다.

889 상(喪)은……만났는데 : 기일을 만난 것을 이른다. 《예기》 〈제의(祭義)〉에 "군자는 종신토록 상이 있다는 것은 기일을 이른 말이다.〔君子有終身之喪, 忌日之謂也.〕"라고 하였다.

890 군친(君親)과의……똑같거니와 : 자식으로서 어버이 섬기는 도리와 신하로서 임금 섬기는 도리가 서로 같다는 뜻이다.

891 애경(哀敬)은……유(流)이고말고 : 소재가 어버이 기일을 당하여 슬퍼하는 것과 인성왕후의 병환에 공경을 다하는 것이 서로 똑같은 도리라는 뜻이다.

892 옳은지의 여부 : 소재가 부친의 기일에 재계만 하고 참사하지 않은 것을 가지고 한 말이다.

893 사소한 뜻 : 소재가 부친의 기제(忌祭)에 직접 참사하고자 하는 뜻을 말한다.

울면서 40언을 쓰다 2수

泣寫四十言 二首

아우는 금양에서 집에 왔으련만[894] 有弟衿陽至
형은 궁중에서 돌아갈 형편이 안 되니 無兄禁裏回
제수는 능히 준비할 수 있으련만 能爲祭需備
축사는 그 누가 지어 쓴단 말인가 誰與祝詞裁
제복으로 갈아입은 건 하루뿐이지만 易服雖終日
흐느껴 울어라 이 슬픔을 어찌 다하랴 呑聲詎盡哀
밝은 향기가 아득히 신령에 감통하여 明香杳爾感
신령의 길이 바람결처럼 열린 듯하네 神路颯然開

다 함께 일어날 땐 축시일 게고 咸起應初丑
제사를 행할 땐 오경이리라[895] 將行必五更
어슴푸레 신령 소리 귀에 쟁쟁하거든 咿嚘怳盈耳
갓끈 늘어뜨리고 묵묵히 눈물 흘리겠지 漕泫默垂纓
젊은 시절에는 양장 길이 익숙했었고[896] 少日羊腸熟

894 아우는……왔으련만 : 금양(衿陽)은 경기 금천(衿川)의 별칭으로, 노극신(盧克愼)이 금천 현감(衿川縣監)으로 재직 중이었다.

895 다……오경(五更)이리라 : 일반적으로 사가(私家)에서 기제(忌祭)를 지낼 때는 자정(子正)을 지나서 모두 잠자리에서 일어나 제사 준비를 갖춘 다음 행사(行事)는 오경, 즉 새벽에 하게 되는 것을 의미한다.

896 젊은……익숙했었고 : 20여 년 동안의 유배 생활을 양장판에 빗대서 한 말이다.

삼 년 동안은 범의 꼬리 밟는 듯 놀랐네[897] 三年虎尾驚
지금부터라도 음곡에 가서 늙게 되면[898] 從今老陰谷
그나마 여생에 위로가 될 수 있으련만 猶得慰殘生

897 삼……놀랐네 : 범의 꼬리를 밟았다는 308쪽 주820 참조. 소재가 관직을 수행하는 가운데 최근 3년 동안에 가장 위험함을 느꼈다는 뜻이다.

898 지금부터라도……되면 : 음곡(陰谷)은 소재의 고향인 상주(尙州)의 한 골짜기 이름으로 추측되나 문헌으로 확인하지는 못했다.

밤에 앉아서 회운을 거듭 사용하다[899]

夜坐疊回韻

대내에서 주식(酒食)을 하사하고 경신일 밤을 지새우게 하였다.[900]

동짓달 초여드레 기제일이	至月初八日
지금까지 일곱 번 돌아왔는데[901]	於今爲七回
이제 알았네 제사에 참여하지 않아서	方知祭不與
마침내 예를 이루지 못하게 한 것을[902]	遂使禮無裁

899 회운(回韻)을 거듭 사용하다 : '회(回)' 자 운(韻)을 거듭 사용한다는 것은 〈울면서 40언을 쓰다〔泣寫四十言〕〉의 첫째 수의 운사를 말한 것이다.

900 경신일……하였다 : 도가(道家)에서 형체도 없이 사람의 몸에 기생하고 있다는 삼시충(三尸蟲)을 빠져나가지 못하게 하기 위해서 하는 것이다. 60일 만에 한 번씩 돌아오는 경신일이 되면, 이 삼시충이 사람이 잠든 틈을 타서 몸 밖으로 빠져나가 상제(上帝)에게 사람이 저지른 그동안의 죄과(罪過)를 낱낱이 고해 바쳐서 수명(壽命)을 단축시킨다고 한다. 이 때문에 도가에서는 경신일이 되면 밤을 새워서 삼시충이 몸 밖으로 빠져나가지 못하게 함으로써 천수(天壽)를 다하기 위한 장생법(長生法)으로 삼았다. 여기서는 인성왕후(仁聖王后)의 병환이 쾌유되기를 축원하는 뜻에서 조신(朝臣)들에게 대신 이날 밤을 지새우도록 했던 듯하다.

901 동짓달……돌아왔는데 : 1568년(선조1) 동짓달 초여드렛날에 부친상을 당했으니, 1577년인 당시에는 부친상 당한 지 이미 9년이 되었지만, 여기서 '일곱 번'이라고 한 것은 삼년상 2년을 제외한 7년의 기제사(忌祭祀)를 말한 것이다. 이해에는 특히 시약청 도제조(侍藥廳都提調)로서 인성왕후의 위독한 병환을 수발하는 일 때문에 부친의 기제사에 참여하지 못하였다.

902 이제……것을 : 제사에 참여하지 않았다는 것은 공자(孔子)가 이르기를 "내가 제사에 참여하지 않으면 제사를 지내지 않은 것과 같다.〔吾不與祭, 如不祭.〕"라고 한 데서 온 말이다. 예를 이루지 못했다는 것은 《논어집주》 범씨(范氏)의 말에 "내가 제사에

벽에는 쇠잔한 등불 어둑하게 비치고	壁照殘釭暗
곁에선 오만 귀신도 엿보고 슬퍼한 듯	旁窺萬鬼哀
우두커니 홀로 앉아 있노라니	塊然成獨坐
시름겨워 찡그린 눈썹을 누가 펴 줄꼬	眉鎖爲誰開

하사한 건 경신일 밤을 지새우란 것이요	賜是庚申守
구하는 건 정도로 복록을 구하는 것이네	求非福祿回
소복 입은 나는 놀라 어찌할 줄 모르는데	素衣驚罔措
늙은 모친은 감격함을 가누시기 어려우리[903]	鶴髮感難裁
성탁 소리는 서리를 읊조려 구슬프고[904]	城拆吟霜慘
창문 바람은 창지를 안고 슬퍼하누나	櫺風抱紙哀
내일 새벽에는 관례대로 회집하여	來晨隨例集
건춘문 여는 소리 또다시 듣겠네[905]	又聽建春開

참여하지 않으면 제사를 지내지 않은 것과 같다는 말은 곧 정성이 실이 되고, 예가 허식이 된다는 뜻이다.〔"吾不與祭, 如不祭", 誠爲實, 禮爲虛也.〕"라고 한 데서 온 말이다.《論語集註 八佾》

903 소복(素服)……어려우리 : 궁중에서 주찬(酒饌)을 하사하고 모친에게도 음식물을 나누어 보내어 황공하다는 뜻이다.

904 성탁(城柝)……구슬프고 : 성탁은 옛날 밤중에 성상(城上)에서 순찰을 돌면서 두드리던 목탁(木鐸)을 가리키고, 서리를 읊조린다는 것은 차가운 밤중에 울려 퍼지는 목탁 소리의 처량함을 형용한 말이다.《晦庵集 卷9 延平水南天慶觀夜作》

905 건춘문(建春門)……듣겠네 : 관료들의 아침 출사(出仕)를 위해 대궐 문을 여는 것을 의미한다.

경 자 운을 거듭 사용하다

疊更韻

성후[906]를 누가 예측할 수 있으랴 聖候誰能測
깊은 근심을 바꿀 수가 없구려 殷憂不可更
주운의 칼 빌리는 건 기약하기 어렵고[907] 難期借朱劍
종군의 밧줄도 청할 길이 없어라[908] 無路請終纓
공평한 의론[909]은 어느 때나 정해질런고 公議何時定
사사로운 슬픔[910]으로 여러 날을 놀랐네 私哀累日驚
세상에는 오만 일들이 가득한데 萬端彌世裏
이 태감생이 스스로 가소로워라[911] 自笑大憨生

906 성후(聖候) : 인성왕후(仁聖王后)의 병환 경과를 말한다.

907 주운(朱雲)의……어렵고 : 주운은 한 성제(漢成帝) 때의 직신(直臣)으로, 간신 장우(張禹)의 목을 벨 칼을 내려 달라고 전각의 난간을 부여잡고 청하다가 난간이 부러졌다고 한다. 《漢書 朱雲傳》 간신들을 처단하고 싶지만 기회를 잡기가 어렵다는 뜻이다.

908 종군(終軍)의……없어라 : 종군은 한 무제(漢武帝) 때 사람이다. 밧줄을 내려 주면 남월왕(南越王)을 묶어 오겠다고 자청하여 마침내 남월왕을 잘 설득하여 사명을 완수하였다. 《漢書 終軍傳》 의기(義氣)는 있지만 그럴 계제를 얻지 못했다는 뜻이다.

909 공평한 의론 : 을사사화(乙巳士禍)를 일으킨 간신 무리의 처벌에 대한 의론을 말한다.

910 사사로운 슬픔 : 인성왕후의 병환을 수발하느라 수일 전 부친(父親)의 기제(忌祭)에 참여하지 못하고 매우 애통해했던 일을 가리킨다.

911 세상에는……가소로워라 : 태감생(太憨生)은 어리고 천진하여 사랑스러우면서 세상 물정을 전혀 모르는 소녀를 이르는 말이다. 《隋遺錄》 소재가 순진하여 세상 물정을 모른다는 겸사이다.

뜻밖에도 마음은 잡아 간직키 어렵고 不道心難捉
세상이 자주 변천하는 것만 알겠구려 空知世屢更
산은 있어 납극은 간직해 두었지만[912] 有山藏蠟屐
어느 물에서 진영[913]은 씻는단 말인가 何水濯塵纓
하나하나의 공명은 내 삶을 그르쳤고 箇箇功名誤
분잡스러운 영예와 모욕엔 놀랐었네 紛紛寵辱驚
구름 깊숙한 한 구역 산수 속으로 雲深一丘壑
끝내 이 늙은 서생의 몸을 붙이련다 終著老書生

912 산은……두었지만 : 납극(蠟屐)은 밀 칠한 나막신으로, 54쪽 주109 참조. 여기서는 사영운(謝靈運)처럼 등산이나 즐기는 것은 할 수 있다는 뜻이다.

913 진영(塵纓) : 세속의 때 묻은 갓끈이란 뜻으로, 벼슬살이 등을 비롯한 모든 세속의 일에 속박된 것을 의미한다.

무제

亡題

궁중의 해는 처마를 지나 썰렁해지고	宮日經簷冷
성 위의 구름은 금원에 내려와 그늘지네	城雲下苑陰
백년 일생의 일[914]들을 몽땅 가지고	都將百年事
다시 이순의 정성을 다하였노라[915]	更破二旬心
꿈속에선 채색옷 입고 장난했는데	夢裏斑衣戲
서책 가엔 물시계 소리가 들려오네	書邊玉漏侵
사람 만나면 내게 서로 말해 주기를	逢人相說與
하례 반열 찾을 날이 있으리라 하누나[916]	有日賀班尋

914 백년 일생의 일 : 일생 동안 마음에 간직해 온 우국충정(憂國衷情)을 가리킨다.

915 이순(二旬)의 정성을 다하였노라 : 이때 시약청 도제조(侍藥廳都提調)로서 인성왕후(仁聖王后)의 병환을 정성껏 수발해 온 지 20여 일이 되었음을 말한 것이다.

916 하례……하누나 : 인성왕후의 병환이 쾌유되기를 희망하는 말이다.

사운을 입으로 불러 읊다

口占四韻

예전 갑진년에는 경연에 있으면서	憶備經筵在甲辰
명정전에서 용 수염 붙든 신하일 뿐이러니[917]	只爲明政挽髯臣
지금 정축년엔 재상 자리에 앉아	慙居台鼎當丁丑
동양의 약 수발하는 사람이 되었네[918]	仍作東陽侍藥人
천도는 바로 지금 우리 성상[919]을 돌보시거니와	天道卽今長眷聖
민심은 예로부터 어진 이[920]를 그리워했지	民心從古每懷仁
삼령은 서로 다퉈 후회할 줄 알았는데[921]	三靈已覺爭追悔
간신들은 되레 사이비 무리를 용납해 주네	群慝還容踵亂眞

917 예전……뿐이러니 : 갑진년은 1544년(중종39)을 말하고, 경연(經筵)에 있었다는 것은 이해에 시강원 사서(侍講院司書), 홍문관 수찬(弘文館修撰) 등을 지내면서 경연에 출입했던 일을 말한다. 용(龍)의 수염을 붙잡았다는 185쪽 주461 참조.

918 동양의……되었네 : 이때 소재가 시약청 도제조(侍藥廳都提調)로서 인성왕후(仁聖王后)의 병환에 약 수발을 하였다.

919 우리 성상(聖上) : 선조(宣祖)를 지칭한다.

920 어진 이 : 이미 승하한 인조(仁祖)와 병환 중인 인성왕후의 병칭이다.

921 삼령(三靈)은……알았는데 : 삼령은 천신(天神), 지기(地祇), 인귀(人鬼)의 병칭이다. 삼령이 을사사화(乙巳士禍) 같은 앙화(殃禍)를 내린 데 대하여 서로 후회하고 태평성대를 내리고자 한다는 뜻이다.

동사[922]에 참배하고 어머니를 알현하다

參東祠謁北堂

15일에 돌아가면서 직숙(直宿)하라는 전교가 있었다.

열성왕께서는 신령이 감동하시었고	列考明神動
편모께서는 백발이 한결 더하였네	偏慈白髮新
모친이 눈물 훔치는 건 반면이 적어서인데	沾衣反面少
아내는 공손히 밥상 가져와 누차 밥을 권하네	齊案勸飡頻
사람은 충과 효를 구분하고자 하지만	人欲分忠孝
하늘은 임금과 부모를 하나로 여기리	天應一主親
이른 새벽에 대궐엘 들어가지 못하니	淸晨不詣闕
무엇으로 이 회포를 푼단 말인가	何以此懷伸

922 동사(東祠) : 첫 구절에서 열성왕(列聖王)을 언급한 것으로 보아 종묘(宗廟)를 달리 이른 말인 듯하나 자세하지 않다.

직숙하면서 축수드리는 말

直宿祝言

대전(大殿)께 모두 함께 직숙한다고 아뢰었다.

외훈을 개혁하면 인심이 상쾌해질 게고[923]	外勳乍革群情快
내질이 사라지면 이성이 즐거워하시리[924]	內疾終消二聖歡
외론 백발 신하는 웃으며 죽을 게고	白髮孤臣笑入地
지금 천하에 어려운 일 없게 되리라	只今天下事無難

923 외훈(外勳)을……게고 : 외훈은 을사사화를 일으킨 간신들에게 내리진 녹훈(錄勳)을 지칭한 말이다. 그들에게 삭훈(削勳)의 처벌을 내리면 인심이 상쾌하게 여길 것이라는 뜻이다.

924 내질(內疾)이……즐거워하시리 : 내질은 인성왕후(仁聖王后)의 병환을 가리키고, 이성(二聖)은 선조(宣祖)와 그 비(妃)를 병칭한 말이다.

상전[925]께서 슬피 통곡하시었다

上殿哭之慟

공의전께서 삼십여 년 동안에[926]	懿殿三十年
가슴 답답한 병이 점점 위독해져서	鬱結疾漸篤
술잔 속의 쇠뇌 그림자를 안 보시고도	不待尊中弩
심화의 열기가 이미 의혹을 일으켰네[927]	心熱已疑惑
이날에는 어떤 소식이 있었기에	是日有何聞
또다시 대성통곡을 하셨단 말인가	又作大聲哭
혈맥이 돈다 한들 그 얼마나 남았으랴	有脈能幾餘
기름과 불이 서로 재촉해 태우듯 한지라	膏火自相促
이 신하는 시약청에서 숙직하면서	臣直侍藥廳
한밤중에 홀로 눈물을 흘리노라	中宵涕泣獨
아득히 회상하건대 나 같은 하찮은 몸으로	緬懷此身微

925 상전(上殿) : 당시의 임금인 선조(宣祖)를 가리킨다.

926 공의전(恭懿殿)께서……동안에 : 공의전은 인성왕후(仁聖王后)를 가리킨다. 30여 년이란 을사사화로부터 이때 정축년(1577, 선조10)까지가 33년이 된 것을 이른다.

927 술잔……일으켰네 : 술잔 속의 그림자는 진(晉)나라 악광(樂廣)이 친구와 술을 마셨는데 그 친구가 술잔 속에 비친 뱀의 그림자를 보고는 마음이 섬뜩하여 그 길로 병이 났다가, 뒤에 그것이 청사(廳事) 벽에 걸린 각궁(角弓)의 그림자였음을 알고 나서는 병이 저절로 나았다는 고사에서 온 말이다.《晉書 樂廣列傳》 여기서는 인성왕후가 일찍이 간신들의 간악한 행위에 놀란 나머지 항상 심화(心火)를 앓게 되었다는 뜻으로 한 말이다.

오랫동안 세자궁의 요속으로 있으면서[928]	久備宮僚屬
이미 봉룡 같은 자품을 우러러 뵈었고	已瞻姿鳳龍
다시 금옥 같은 자질을 가까이 모실 제	更近質金玉
효성과 우애의 정이 성대히 우러나시고	孝友藹然生
어질고 공경스런 자태가 환히 드러났네	仁敬森可掬
어찌 털끝만 한 티끌이나마	詎有一埃纖
행여 마음속에 끼인 것이 있었던가	或爲靈臺梏
옥궤의 일은 성강의 일과 같거니[929]	憑几如成康
하늘에선 참으로 수족처럼 친근하시어	在天眞手足
두 성왕께선 날로 서로 즐거우실 텐데	兩聖日懽娛
인간들이 너무나 간악한 짓을 하였네[930]	人間太巧曲
무함이 장차 저녁에 내려오면은	巫咸且夕降
점을 쳐서 길흉을 널리 고해 줄런가[931]	其能徧播告
신의 마음은 막을 수가 없거니와	臣心不可緘
신의 말은 감히 함부로 할 수 없기에	臣言不敢黷
원하노니 하느님이 잘 살피시어	但願蒼蒼監
어제 난 병이 오늘 속히 낫게 해 주시길	昔疾今愈速

928 오랫동안……있으면서 : 인종(仁宗)이 세자(世子)로 있던 1544년(중종39)에 소재가 세자시강원 사서(世子侍講院司書)를 지냈던 일을 말한다.

929 옥궤(玉几)의……같거니 : 옥궤의 일은 주 성왕(周成王)이 임종 시에 옥궤에 비기어 태자(太子) 강왕(康王)에 대하여 임종(臨終)의 유언을 남겼던 일을 가리킨다. 《書經 顧命》 여기서는 인종이 임종 시에 명종(明宗)에게 유언을 남겼다는 뜻이다.

930 인간들이……하였네 : 을사사화를 일으킨 간신 무리의 행위를 지칭한다.

931 무함(巫咸)이……줄런가 : 무함은 은 중종(殷中宗) 때의 신무(神巫)이다. 《楚辭 離騷》 여기서는 인성왕후의 병환에 대하여 신무에게 점이라도 쳐 보고 싶다는 의미이다.

상께서 삭훈을 명하였다

上命削勳

28일에 상께서 대신(大臣)을 불러 전교하기를 "삭훈(削勳)과 복작(復爵)[932]할 일을 이미 상전(上殿)께 고하였다."라고 하였다.

월건으론 자월이요 해로는 정축년	月子年丁丑
스무날 하고도 여드렛날에[933]	中旬又八明
전교를 받들고는 시약청이 경동했고	承傳一廳動
부름을 받들고는 네 신하가 놀랐네	宣召四臣驚
상서론 눈발은 천인의 눈물을 흘리는 듯	瑞雪垂千涕
상서론 바람은 만민의 소망을 재촉한 듯	祥飆急萬情
성상의 전교 열 글자[934]의 큰 은혜를	絲綸十箇字
받들고 여생을 흐뭇하게 울며 지내련다	擎荷泣餘生

네 신하는 홍(洪), 박(朴), 노(盧), 강(姜)[935]이었다.

932 삭훈(削勳)과 복작(復爵) : 삭훈은 을사사화를 일으킨 공으로 공신에 책록(策錄)된 간신 무리의 녹훈을 삭제하는 것을 말하고, 복작은 을사사화 때 무고하게 사사되었거나 오랫동안 유배 생활을 겪었던 조관들에게 관작을 복구해 주는 것을 말한다.

933 월건(月建)으론……여드렛날에 : 자월(子月)은 동짓달을 가리킨다. 여기서는 정축년(1577, 선조10) 동짓달 28일이다.

934 성상(聖上)의……글자 : 선조(宣祖)가 내린 "삭훈과 복작할 일을 이미 상전께 고하였다.〔削勳復爵事已告于上殿〕"라는 10자를 가리킨다.

935 홍(洪)……강(姜) : 홍은 영의정 홍섬(洪暹), 박(朴)은 영중추부사 박순(朴淳), 노(盧)는 좌의정 소재, 강은 우의정 강사상(姜士尙)이다.

삼십삼 년[936] 동안의 일이 三十三年事
마치 태양이 거듭 밝아진 듯하네 如天日重明
선인후께서는 궁전 위에서 웃으시고 宣仁殿上笑
장채 무리는 땅속에서 깜짝 놀라리[937] 章蔡地中驚
모든 이목엔 새로운 정치로 개혁되었고 耳目更新跡
은택과 위엄은 사람 본정에 꼭 맞았구려 恩威稱本情
자연의 이치는 반드시 회복되나니 自然無不復
슬프다 너희 만백성들이여 嗟爾萬蒼生

다음 날인 29일 저녁에 시약청(侍藥廳)을 더 가까운 곳에 배설(排設)하였는데 이윽고 승하(昇遐)하시니, 그 슬픔은 호천망극(昊天罔極)이었다.

936 삼십삼 년 : 을사사화 때로부터 이때 정축년(1577)까지가 33년이 된 것을 이른다.

937 선인후(宣仁后)께서는……놀라리 : 선인후와 장채(章蔡)는 306쪽 주812 참조. 여기서는 인성왕후(仁聖王后)를 선인후에, 을사사화를 일으키고 인성왕후를 적대시했던 간신 무리를 장채에 빗대서 한 말이다.

지은이 **노수신(盧守愼)**

1515년(중종10)~1590년(선조23). 조선 중기의 문신으로, 본관은 광주(光州), 자는 과회(寡悔), 호는 소재(穌齋)・이재(伊齋)・암실(暗室)・여지노인(茹芝老人)이다. 장인인 이연경(李延慶)을 사사하였다. 1543년 문과에 장원급제하였다. 이후 홍문관 수찬, 시강원 사서, 병조 좌랑 등을 역임하였고 사가독서(賜暇讀書)를 하였다. 1545년(명종 즉위년)에 을사사화가 일어나자 파직되어 순천(順天)에 유배되고, 다시 양재역 벽서 사건(良才驛壁書事件)에 연루되어 진도(珍島), 괴산(槐山) 등지에서 유배생활을 하였다. 1567년에 선조가 즉위하자 홍문관 교리로 서용되었다. 이후 홍문관 부제학, 충청도 관찰사, 대사헌, 이조 판서, 문형 등을 역임하고, 1573년(선조6) 우의정, 1578년 좌의정을 거쳐 1585년 영의정이 되었다. 1589년 기축옥사가 일어나자 이에 연루되어 파직되었다. 시, 문, 서예에 뛰어났으며 양명학(陽明學)에 조예가 있었다. 승려 휴정(休靜), 선수(善修) 등과도 교유하였다. 저술로는 《소재집》 등이 있다. 시호는 문의(文懿)였으나 뒤에 문간(文簡)으로 고쳤다.

옮긴이 **임정기(任正基)**

1951~2019년. 전남 보성에서 태어났다. 가학을 전수받았으며, 민족문화추진회 부설 국역연수원 연수부를 졸업하였다. 한국고전번역원 자문위원 및 번역위원으로 한국문집 번역에 참여하였다. 번역서로 《목은집》, 《점필재집》, 《사가집》, 《백사집》, 《상촌집》, 《한수재집》, 《다산시문집》, 《완당전집》, 《허백당집》, 《매천집》 등이 있다.

소재집 5

노수신 지음 | 임정기 옮김

2020년 10월 30일 초판 1쇄 발행

발행인 신승운 | 발행처 한국고전번역원
등록 2008. 3. 12. 제25100-2018-000049호
주소 (03310) 서울시 은평구 진관1로 85
전화 02-350-4800 | 팩스 02-350-4994 | 홈페이지 www.itkc.or.kr

연구총괄 양기정 | 연구기획 정미경

책임편집 하현주 | 편집진행 박정열
편집교정 김상순 서세영 | 조판 김지현 | 제작 김형석
디자인 씨디자인 | 인쇄 ㈜가나씨앤피

값 20,000원
ISBN 978-89-284-0734-7 94810
978-89-284-0229-8 (세트)